ENUNCIAÇÃO E DISCURSO

tramas de sentidos

Maria da Glória di Fanti e Leci Borges Barbisan (orgs.)
Aracy Ernst Pereira • Diana Pessoa de Barros
Dominique Maingueneau • José Gaston Hilgert • José Luiz Fiorin
Maria Cecília Souza-e-Silva • Marlene Teixeira
Rosângela Hammes Rodrigues • Tânia Maris de Azevedo
Telisa Furlanetto Graeff • Valdir do Nascimento Flores

ENUNCIAÇÃO E DISCURSO

tramas de sentidos

editoracontexto

Foto de capa
Edouard Manet, *La serveuse de bocks* (óleo sobre tela)

Montagem de capa e diagramação
Gustavo S. Vilas Boas

Preparação de textos
Maria da Glória di Fanti e Leci Borges Barbisan

Revisão
Daniela Marini Iwamoto

Dados Internacionais de Catalogação na Publicação (CIP)
(Câmara Brasileira do Livro, SP, Brasil)

Enunciação e discruso / organizadoras Maria da Glória di Fanti
e Leci Borges Barbisan. – São Paulo: Contexto, 2012.

Vários autores.
Bibliografia.
ISBN 978-85-7244-741-6

1. Análise do discurso 2. Linguística I. Fanti, Maria da Glória di.
II. Barbisan, Leci Borges.

12-11392 CDD-401.41

Índices para catálogo sistemático:
1. Enunciação : Discurso : Linguística 401.41
2. Estudos enunciativos : Discurso : Linguística 401.41

2012

EDITORA CONTEXTO
Diretor editorial: *Jaime Pinsky*

Rua Dr. José Elias, 520 – Alto da Lapa
05083-030 – São Paulo – SP
PABX: (11) 3832 5838
contexto@editoracontexto.com.br
www.editoracontexto.com.br

Sumário

ENUNCIAÇÃO, DISCURSO E ARGUMENTAÇÃO NA LÍNGUA

ENUNCIAÇÃO E DISCURSO: PERSPECTIVAS ATUAIS

Maria da Glória di Fanti
Leci Borges Barbisan

Muito se fala, se escreve e se discute atualmente – na Europa e, há algum tempo, no Brasil – sobre questões relativas a *enunciação* e *discurso*. Pensar em estudos da enunciação exige reflexões complexas em torno das bases epistemológicas que levaram à criação de diferentes olhares sobre os fenômenos discursivos e enunciativos. Leituras atentas dos primeiros estudos feitos sobre linguística, que resultaram no *Curso de linguística geral* – anotações de aulas ministradas por Ferdinand de Saussure — têm permitido a alguns pesquisadores encontrar subsídios, ainda não esgotados, para a fundamentação de teorias enunciativas e discursivas.

Incontáveis discussões já foram realizadas em torno da *linguagem*, vista pelo mestre de Genebra como constituída pela *língua* e pela *fala*. Durante boa parte do século XX, escritos diversos focalizaram a relação entre os dois conceitos, vendo-os muitas vezes separadamente e dando prioridade ao estudo da língua, interpretações de que várias teorias são até hoje devedoras. Algumas leituras, centradas na relação entre língua e fala, têm problematizado, entretanto, esse posicionamento, aprofundando e alargando o olhar sobre a questão.

Dando continuidade a essas reflexões, portanto ainda não exauridas, pode-se pensar que algumas afirmações atribuídas a Saussure – não esquecendo que o *Curso de linguística geral* não foi escrito por ele – muito provavelmente não estiveram na sua teoria. Mas é verdade que, até há poucos anos, a mansão da família Saussure ainda não havia revelado ao mundo dos linguistas os manuscritos que, transcritos, constituíram os *Escritos de linguística geral*, que hoje se conhece. Tem-se nessa publicação realmente o pensamento e a "mão" de Ferdinand de Saussure, e aí é possível ler-se alguns enunciados reveladores, tais como "a língua só é criada em vista do discurso", "a língua entra em ação como discurso" e outros, que são apresentados na página 277 da edição francesa publicada em 2002. Encontram-se, muito provavelmente, nessas palavras do mestre, os fundamentos de teorias que se inscrevem hoje no campo da enunciação e do discurso.

Sabe-se também que há teóricos do discurso que não conheceram Saussure e outros que entraram, até mesmo, em tenso diálogo com ele, assumindo diferentes fundamentações filosóficas. No entanto, não se pode dizer que haja alguma vertente do discurso que defenda a separação entre *língua* e *fala*. Em outras palavras, as várias teorias do discurso têm como ponto comum, o que permite colocá-las no mesmo campo, a compreensão de que a língua e o emprego da língua são indissociáveis. Algumas dessas teorias atuais, fundamentadas em diferentes princípios, podem ser encontradas, nesta obra, como apoio à discussão sobre enunciação e discurso.

Os capítulos que compõem este livro estão distribuídos em três seções. Abre a primeira seção, **Enunciação e discurso**, o trabalho de Dominique Maingueneau, intitulado "Enunciação ligada, enunciação desatada". Nele, o analista do discurso traz para debate duas problemáticas que têm instigado suas reflexões: a de aforização e a de autor. Embora elas possam parecer muito distantes uma da outra, já que a aforização trata das frases sem textos e a noção de autor é fundamentalmente ligada à responsabilidade pelo texto, Maingueneau propõe-se a mostrar a produtividade da comparação entre ambas no plano enunciativo, no que tange às noções de enunciação "desatada" e enunciação "ligada".

Diana Pessoa de Barros, em "Algumas reflexões semióticas sobre a enunciação", propõe-se a tratar de questões de enunciação a partir da semiótica discursiva de origem francesa. A linguista-semioticista ou semioticista-linguista, como se designa, pautada nos estudos de A. J. Greimas, considera a semiótica francesa uma teoria do discurso que tem por finalidade o exame dos processos de significação dos textos, para mostrar o que neles é dito, que sentidos produzem e com que procedimentos linguístico-discursivos constroem os sentidos. A autora analisa anúncios publicitários de bancos mostrando duas direções assumidas pelas reflexões semióticas: a do exame da enunciação como organização sintática narrativa de seus actantes, especialmente do sujeito, articulado em enunciador e enunciatário; a de tratar da enunciação como investimento semântico de seu autor, em um conjunto de textos.

Em "Dialogismo, enunciação e argumentação", José Luiz Fiorin assume a tese de que a argumentação diz respeito ao discurso, cujo funcionamento é dialógico, e não à língua. Parte do silogismo artistotélico, em termos de raciocínio necessário, vinculado à lógica. Considera, a seguir, a noção de preferível, ligada à retórica, como arte oratória de convencer pelo discurso, e refere os sofistas e Greimas. Apoiado em exemplos retirados principalmente de textos literários, o autor demonstra sua tese com conceitos greimasianos.

Marlene Teixeira, em "Um olhar enunciativo sobre o discurso", traz para discussão formulações a respeito da linguagem, desenvolvidas por Émile Benveniste, procurando mostrar que suas contribuições chegam a outras áreas do conhecimento, ultrapassando, desse modo, a descrição intralinguística. Com esse objetivo, a autora propõe uma reavaliação do alcance da noção de subjetividade em Benveniste, levando-a para além dos indicadores clássicos, no sentido de poder pensar, numa perspectiva enunciativa, o discurso situado socialmente.

Na segunda seção do livro, **Enunciação, discurso e produção de sentidos**, José Gaston Hilgert, em "Os problemas de compreensão na fala na perspectiva da construção interativa da compreensão", analisa dificuldades de compreensão que fazem com que, na própria interação, sejam construídas sequências para a solução da incompreensão. Considerando que a compreensão é condição para a eficiência das interações sociais e que só é percebida sua importância quando os falantes se deparam com dificuldades no desenrolar de uma conversa, o autor propõe-se a mostrar que não se trata de verdadeiros "problemas", mas de instâncias que são próprias à construção da compreensão no diálogo.

Em "'Escovando' palavras: movimentos possíveis de interpretação", Aracy Ernst Pereira traz para debate a preocupação com a constituição dos sentidos a partir da relação entre descrição e interpretação. Para tanto, tendo como base a análise do discurso de orientação francesa, a autora busca uma teoria que considere a língua com características de incompletude e equivocidade, que entenda um sujeito determinado pelo inconsciente e pela ideologia, e que olhe o sentido sob seus aspectos social e histórico. Nesse contexto, apresenta três conceitos-chave para a interpretação: a *falta*, o *excesso* e o *estranhamento*. Tais conceitos deverão permitir a identificação de elementos para a formulação de processos de análises.

No capítulo "Contribuições dos estudos de gêneros do discurso para os estudos da língua", Rosângela Hammes Rodrigues, observando a problemática no diálogo entre os estudos do discurso e dos gêneros e os estudos da língua, no que se refere à falta de bilateralidade nas contribuições, apresenta reflexões sobre a contribuição da teoria de gêneros para o estudo da língua. No desenvolvimento da proposta, a autora baseia-se no referencial teórico dos gêneros do discurso do Círculo de Bakhtin.

Maria Cecília Souza-e-Silva, em "Sistemas de ensino: produção discursiva de sentidos sobre a educação e o trabalho do professor", discute, sob o ponto de vista discursivo, a mercantilização do ensino no Brasil, relacionando-a à atividade de trabalho do professor e ao avanço da tecnologia. A problematização é desencadeada por três questões: a apreensão dos sentidos de discursos sobre os sistemas de ensino; o impacto da tecnologia sobre esse dispositivo; o saber necessário para compreender o trabalho do professor que utiliza tais sistemas.

Na terceira seção, **Enunciação, discurso e argumentação na língua**, Leci Borges Barbisan, em "O sentido no discurso: o olhar da Teoria da Argumentação na Língua", tomando como objeto de estudo o discurso, dedica-se a buscar uma explicação para o sentido construído no emprego da língua. Encontrando no conceito de alteridade de Platão a fundamentação filosófica da Teoria da Argumentação na Língua, criada por Oswald Ducrot na École des Hautes Études en Sciences Sociales de Paris, a autora, embora reconheça a complexidade da constituição do sentido na linguagem, procura refletir sobre as noções de valor e relação saussurianas como possibilidade de explicação, em diferentes níveis, da natureza do sentido no discurso.

Em "Sentidos argumentativos e polifônicos de *pecar* em poema de Gregório de Matos", Telisa Furlanetto Graeff, tomando como base a Teoria da Argumentação na

Língua, na versão que alia conhecimentos da Teoria da Polifonia com a Teoria dos Blocos Semânticos, analisa os sentidos da palavra *pecar* no poema "A Jesus Cristo Nosso Senhor". Mostra, desse modo, como a Teoria dos Blocos Semânticos mantém e até mesmo radicaliza a ideia fundadora de que a argumentação está na língua.

Em "Semântica Argumentativa: a Teoria e seu potencial para a pesquisa e o ensino", Tânia Maris de Azevedo observa que a argumentação é constitutiva do sentido do que se produz por meio de uma língua, já que a argumentação está inscrita no próprio sistema linguístico utilizado para dizer. A autora apresenta reflexões teórico-metodológicas da semântica argumentativa para a descrição do sentido do discurso, visando possibilitar a aplicação da teoria à pesquisa e ao ensino. Apresenta alguns resultados da proposta, bem como da transposição didática que pode tornar possível a utilização da teoria no ensino da língua materna.

Valdir do Nascimento Flores, em "Sobre a *fala* no *Curso de linguística geral* e a indissociabilidade *língua/fala*", propõe uma leitura do *Curso de linguística geral*, de Ferdinand de Saussure, em que se observe o tratamento dado à *linguística da fala*. Para tanto, foca atenção em três pontos: a explicitação do *programa* da *linguística da fala*, apresentado no "Prefácio" do *Curso*, o tratamento dado à *fala* no livro e uma reflexão, a partir de estudo específico acerca da *analogia*, visando argumentar em favor da indissociabilidade *língua/fala*. Este texto, que encerra a terceira seção, tem a peculiaridade de discutir as bases saussurianas, que subsidiam a Teoria da Argumentação na Língua, referencial teórico que fundamenta os trabalhos da seção.

Agradecemos aos autores dos capítulos desta obra, especialistas em suas áreas de atuação – análise do discurso, semiótica discursiva, linguística da enunciação, linguística aplicada, semântica argumentativa, etc. –, por terem aceitado o desafio de participar deste projeto, trazendo a público importantes reflexões teórico-metodológicas acerca da enunciação e do discurso. São diferentes olhares voltados para um mesmo fim: explicar o funcionamento da linguagem em variadas materializações.

Se, por um lado, cabe-nos fazer reverência aos autores pelas imprescindíveis contribuições, por outro, cabe-nos convidar os leitores a percorrer os labirintos da linguagem postos em cena em *Enunciação e discurso: tramas de sentidos.* O nosso desejo é que a obra instaure um espaço privilegiado de reflexão sobre a língua em uso e que não só apresente respostas pontuais aos questionamentos, mas também instigue interrogações e aponte caminhos.

Bibliografia

SAUSSURE, Ferdinand de. *Cours de Linguistique Générale*. Paris: Payot, 1969.

_____. *Écrits de Linguistique Générale*. Texte établi et édité par Simon Bouquet et Rudolf Engler. Paris: Gallimard, 2002.

ENUNCIAÇÃO E DISCURSO

ENUNCIAÇÃO LIGADA, ENUNCIAÇÃO DESATADA

Dominique Maingueneau

Neste capítulo, eu gostaria de pôr em relação duas problemáticas sobre as quais trabalhei recentemente: a da aforização e a do autor. Essa relação pode surpreender porque elas são aparentemente muito distantes uma da outra: a aforização trata das frases sem textos, enquanto a noção de autor é fundamentalmente ligada à responsabilidade de textos, ou até mesmo, mais frequentemente, à responsabilidade de conjuntos de textos. Mas nós nos esforçaremos para mostrar que sua comparação permite extrair semelhanças interessantes no plano enunciativo e dar assim consistência à noção de enunciação "destacada", oposta à noção de enunciação "ligada".

Do autor ao auctor

A noção de autor não é usualmente reservada às produções verbais. Certamente, não se dirá, salvo em contextos muito particulares, "o autor do carro" ou "o autor da bricolagem", mas veem-se proliferar descrições definidas tais como "o autor das injúrias", "o autor das facadas", "o autor da agressão", etc., tantas designações que se relacionam claramente com a esfera judiciária, quando há necessidade de determinar uma atribuição dentro de um conjunto de origens possíveis, uma *responsabilidade*. Nessa acepção misturam-se estreitamente

- atribuição de *origem* (X é a causa do enunciado),
- dimensão *ética* (X deve poder responder por isso).

Mas a noção de autor que interessa aos especialistas da linguagem não é propriamente falando de ordem judiciária – até mesmo se a enunciação, como toda ação socialmente reconhecida, é referida a uma origem e a uma responsabilidade. A primeira pergunta que se deve fazer é a de saber em que condições um enunciado, qualquer que seja sua natureza, é suscetível de ter um "autor". Não se dirá facilmente que uma conversa tem "autores": fala-se mais de "participantes" ou, simplesmente, de "interlocutores". Usualmente, parece, uma produção textual pode ser atribuída a um "autor",

- se ela é um monólogo (a descrição definida "o autor de uma conversa" não é usual, enquanto "o autor de um diálogo" é amplamente atestado);
- se ela é enunciada publicamente em uma situação formal;
- se ela é o objeto de uma reapresentação, que pode ser apreendido globalmente de fora.

Mas, mesmo considerada assim de modo restrito, a noção de autor permanece instável. Duas grandes zonas de emprego podem ser distinguidas:

1. a do autor como a instância que *responde por um enunciado*: não é nem o enunciador nem o produtor em carne e osso que tem um estado civil. Poder-se-ia denominá-la "autor-responsável";
2. o autor como instância que responde por uma *obra*. Poder-se-ia falar aqui de *auctor*. Se todo texto implica por natureza um "autor-responsável", só um número muito restrito de indivíduos é associado a uma "obra", a um agrupamento de textos que formam uma totalidade.

O surgimento de uma figura de *auctor* pode acontecer de dois modos: ou um locutor produz um ou vários textos em gêneros que o qualificam automaticamente como "auctor" (um romance, por exemplo, ou um ensaio); ou ele reúne textos dispersos para convertê-los em obra: é o caso do jornalista que agrupa crônicas que apareceram em jornais, do predicador que publica uma seleção de seus sermões, etc. Esse agrupamento pode também ser feito por um terceiro; é o caso particularmente quando o produtor morreu ou está incapacitado de intervir. O caso extremo é o de "auctores" que só o foram pela intervenção de terceiros que, partindo do postulado de que eles eram "auctores", construíram para eles um *Opus*. A história da Antiguidade tem muito autores que foram construídos, porque era necessário referir um texto ou um conjunto de textos a uma fonte.

É significativo que o termo "autor", quando é empregado sem complemento nominal ("um autor"), seja reservado às atividades de natureza estética, isto é, àquelas que parecem engajar um ponto de vista singular sobre o mundo. Fala-se de "filme de autor" precisamente quando se trata de obras que excedem o gênero. Como destaca M. Foucault, a noção de obra adquire consistência pelo fato de que ela é referida à unidade de uma consciência:

> deve haver um nível – em um certo nível de seu pensamento ou de seu desejo, de sua consciência ou de seu inconsciente – um ponto a partir do qual as contradições se resolvem, os elementos incompatíveis encadeando-se finalmente uns aos outros ou organizando-se em torno de uma contradição fundamental ou originária. (1969, p.830)

Entre os "auctores", só um número restrito tem acesso ao estatuto de *autoridade*, cuja figura é associada a um *Opus*. Uma *autoridade* leva a noção de "auctor" e a de "obra" ao apogeu: o "grande autor" realiza plenamente as propriedades ligadas à noção de auctor, bem como o "grande homem" o faz para a noção de homem. Se se torna autoridade, o auctor beneficia-se de um tratamento privilegiado: publicam-se até mesmo textos dele que não eram destinados a ser obras: rascunhos, correspondência privada, deveres de escola, cadernos, diários íntimos... São decisões autorais que fazem com que determinado gênero, por natureza excluído da publicação, entre nisso. Mas todos os textos assim publicados fazem daí por diante parte das "obras" desses diversos "auctores".

A partir do momento em que há obra, em que um ponto de vista singular é identificado, há desqualificação do gênero, relegado a um segundo plano. Colocado como obra ou fragmento de uma obra, o texto é menos lido como atividade de um gênero de discurso do que como a expressão de um Sujeito. Os comentadores esforçam-se inutilmente para restituir o gênero com o qual cada texto se relaciona; lemos cartas de Machado de Assis ou uma novela inserida em suas "obras completas" não como cartas ou novela de determinado gênero, mas como cartas ou novela de Machado de Assis, textos que fazem sentido em relação à personalidade e ao percurso dessa autoridade da literatura brasileira. O auctor no sentido pleno, a autoridade, é instância que de fato se apropria dos gêneros, que não é a eles assujeitado como podem ser os locutores engajados nas práticas discursivas com as quais é tecida a vida em sociedade. Quando escreve suas cartas ou sua novela, Machado de Assis ativa gêneros de discurso; quando esses textos são retomados em seu *Opus*, eles são destacados das práticas que os tornaram possíveis e associados a uma nova instância, a de um grande nome do *Thesaurus* literário brasileiro. O destinatário não é mais aquele de determinado gênero, mas um público de certo modo universal.

O acesso ao estatuto de autoridade implica a intervenção de terceiros. Quanto a isso, os casos mais exemplares são os de autoridades que nem mesmo se colocaram como autores, mas foram constituídos como autoridades após a morte. É a situação de Pascal que, em vida, não publicou nenhum texto que pretendesse ser obra. Convertidos em *Pensamentos sobre a religião cristã*, depois só *Pensamentos*, os materiais que ele destinava à redação de uma apologia da religião cristã não são mais um rascunho, mas uma obra, ela própria componente de um *Opus*, dirigido a um público indeterminado. A partir daí, sua figura é dominada pela de um hiperenunciador, garantia de um *Thesaurus* compartilhado pelos membros de uma mesma comunidade cultural: "a Literatura francesa".

O aforizador

Percebe-se facilmente em que a questão da auctorialidade entra em consonância com a da aforização, o auctor com o aforizador. A enunciação "aforizante" (Maingueneau, 2006, 2010), relembremos, é a de uma frase "sem texto". A própria ideia de uma frase "sem texto" pode surpreender. De fato, poucas pessoas hoje contestariam a ideia de que o texto constitui a única realidade empírica de que o linguista trata: unidades como a frase ou a palavra são necessariamente retiradas de textos. O texto é de fato a contrapartida do gênero de discurso, que é o quadro de toda comunicação pensante. Refere-se comumente essa posição a Bakhtin, particularmente a seu artigo "Problemas dos gêneros do discurso", escrito em 1952-1953.

Coloca-se, entretanto, um problema quando se trata dos enunciados que se apresentam fora de qualquer texto; muito frequentemente eles são constituídos por uma única frase. Essas "frases sem texto" são de tipos muito diversos: *slogans*, máximas, provérbios, títulos de artigos de imprensa, ditados, intertítulos, citações célebres, etc. Devem-se distinguir aí duas classes muito diferentes: 1) aqueles que, por natureza, são independentes de um texto particular (provérbios, *slogans*, emblemas...); 2) aqueles que resultam do destacamento de um fragmento de texto: entra-se então em uma lógica de citação, no sentido usual.

Mas, muito frequentemente, o leitor ou o ouvinte não podem voltar ao texto de onde eles foram retirados. Deve-se assim operar uma distinção entre destacamento *forte* (enunciados dissociados do texto-fonte) e destacamento *fraco* (enunciados que se encontram próximos do texto-fonte).

A comparação dos enunciados destacados e de sua contraparte – reafirmados ou não – no texto dos quais eles são extraídos mostra que, na maior parte do tempo, o enunciado sofre uma alteração quando é destacado, até mesmo quando se trata de um destacamento "fraco". Tudo acontece como se existisse uma zona de tolerância, como se fosse comumente considerado normal que os dois enunciados divergissem.

Para nós, essas divergências são reveladoras de um estatuto pragmático específico para as frases sem texto, que se relacionam de fato com um regime de enunciação que propomos chamar "enunciação aforizante". Consideramos, portanto, que entre uma "aforização" e um texto não há diferença de tamanho nem de natureza.

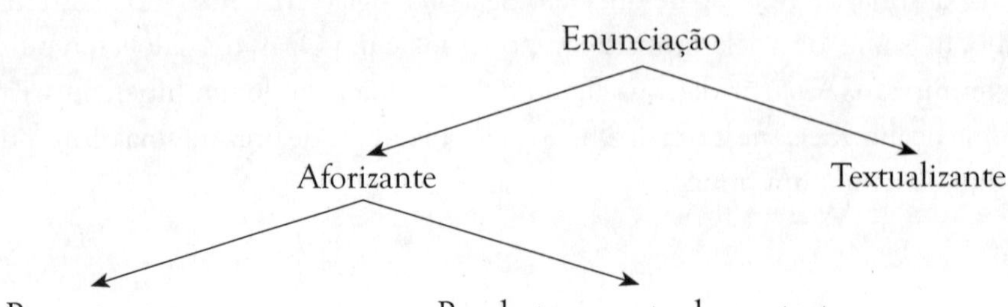

Com a aforização, para o locutor, trata-se de voltar para trás ou de ir além da diversidade infinita das interações imediatas, dos gêneros de discurso e dos textos. O "aforizador" assume o *éthos* do locutor que adquire importância, do indivíduo autorizado no contato com uma Fonte transcendente; ele não se dirige a um interlocutor posto no mesmo plano que ele e que pode responder, mas a um auditório universal. Ele é visto como enunciando sua verdade, dispensada de negociação, exprimindo uma totalidade vivida: quer seja uma doutrina ou certa concepção da existência. Através da aforização vê-se coincidir *sujeito de enunciação* e Sujeito no sentido *jurídico e moral*: alguém se coloca como responsável, afirma valores e princípios diante do mundo, dirige-se a uma comunidade para além dos alocutários empíricos que são seus destinatários.

Quanto a isso, nada é mais significativo do que esses inumeráveis artigos de imprensa que apresentam duas vezes o "mesmo" enunciado: no corpo do texto e retomado sob forma de aforização. É o caso no exemplo extraído do *Le Monde*, em que se percebe o contraste entre os dois regimes enunciativos, o da aforização e o da palavra relatada em discurso direto:

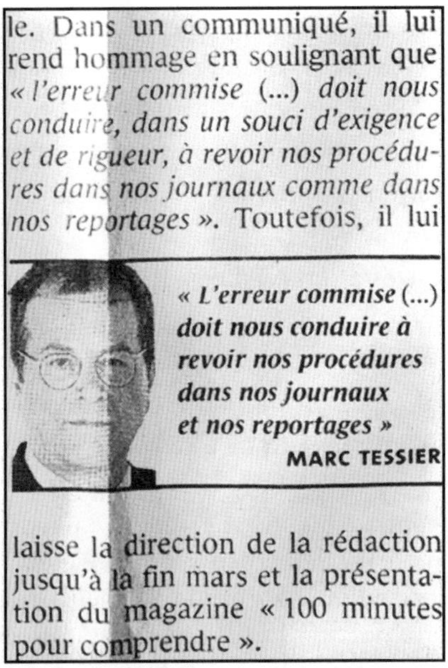

le. Dans un communiqué, il lui rend hommage en soulignant que « *l'erreur commise (...) doit nous conduire, dans un souci d'exigence et de rigueur, à revoir nos procédures dans nos journaux comme dans nos reportages* ». Toutefois, il lui

« L'erreur commise (...) doit nous conduire à revoir nos procédures dans nos journaux et nos reportages »
MARC TESSIER

laisse la direction de la rédaction jusqu'à la fin mars et la présentation du magazine « 100 minutes pour comprendre ».

Figura 1 – *Le Monde*

No corpo do artigo, o locutor responsável pela citação em estilo direto é uma não pessoa, uma das personagens da narrativa contada pelo jornalista. Com a aforização, não se trata mais da palavra de uma personagem: isolado em uma célula separada por dois traços do resto do texto, o aforizador associado a um rosto dirige-se diretamente ao leitor. O nome próprio escrito abaixo em letras maiúsculas é uma assinatura, não o locutor de uma enunciação. Assim, o indivíduo designado como "Marc Tessier" apresenta-se duas vezes, com dois estatutos distintos: como *locutor* minúsculo inscrito numa situação de comunicação que se descreve em um texto, e como *aforizador* associado a um rosto, fora de qualquer situação de comunicação.

Aí está o nó do problema: o aforizador é uma consequência do destacamento. Quando se extrai um fragmento de texto para fazer dele uma aforização, converte-se *ipso facto* seu locutor original em aforizador. Encontramo-nos assim diante de um paradoxo constitutivo. O aforizador é o produto de uma operação de destacamento – no sentido amplo, isto é, incluindo aforizações "inventadas" como no exemplo anterior –, ele resulta da intervenção de um terceiro. Mas, em virtude mesmo da aforização, o aforizador aparece como o Sujeito falante por excelência, aquele que exerce plenamente a palavra. Em outros termos, é preciso que se manifeste ostensivamente a intervenção de um terceiro, que o "artifício" torne-se visível para que se dê a ver o Sujeito plenamente Sujeito, sem artifícios. Como enunciação de uma subjetividade soberana, a aforização é assim paradoxalmente uma enunciação citada, implicitamente enquadrada por um "Ele/ela disse: [...]", dominada por um agenciador invisível, o locutor citante. É na medida em que, como numa cena de teatro, a instância que sustenta a palavra é posta em espetáculo por um terceiro que ela pode enunciar com majestade. A palavra deve ser retomada para poder ser plenamente *dita*. E isso vale também para as aforizações primárias, que só existem através de uma série ilimitada de retomadas, sempre como o eco de outras enunciações, de certo modo citações originais.

O aforizador tem esse estatuto privilegiado porque em um nível muito arcaico há desqualificação de toda palavra assujeitada ao gênero de discurso, compartilhada por interlocutores, uma palavra que não tem centro, nem origem, nem Sujeito. Em uma fórmula célebre, Bakhtin evoca a figura do "Adão mítico", único ser falante que teria escapado ao dialogismo ao qual está assujeitado o discurso:

> O discurso encontra o discurso de outrem em todos os caminhos que levam a seu objeto, e não pode não entrar com ele em interação viva e intensa. Só o Adão mítico, abordando com o primeiro discurso um mundo virgem e ainda não dito, o solitário Adão, podia de fato evitar absolutamente essa reorientação mútua em relação ao discurso de outrem, que se produz no caminho do objeto. (Bakhtin, em Todorov, 1981, p.98)

A aforização nos revela uma outra faceta desse "Adão mítico": ele pode falar fora do texto e do gênero de discurso, ele diz o que pensa, ele exprime seu foro interior, dirigindo-se não a determinada pessoa, definida por um papel em uma situação tipificada e validada por uma instituição, mas a todos.

Auctor e aforizador

Recapitulemos alguns traços da aforização secundária, que enfatizamos:

1. É a palavra de um Sujeito com majestade que se dirige a um auditório indeterminado;
2. Ela "retoma", "reapresenta" uma enunciação anterior;
3. Ela se apresenta como não assujeitada ao gênero de discurso;
4. Ela implica a intervenção de um terceiro que converte o locutor em aforizador.

As semelhanças com o auctor saltam aos olhos. Não mais do que o aforizador, o auctor, cuja "autoridade" está em plena realização, não pode autoinstituir-se como tal. À semelhança de aforizador, ele supõe a intervenção de um terceiro e um espaço em que se constituem e se estabilizam enunciados de valor. Sem a intervenção de um terceiro, não há Sujeitos que falem ao conjunto de uma comunidade, mas somente indivíduos que representam um papel, engajados em gêneros de discurso particulares. Como os aforizadores, os *Opus* destacam de sua configuração original os enunciados que os constituem. E do mesmo modo que há locutores que se tornam aforizadores de enunciados que eles não sobreasseveraram, há autores que só são construídos por terceiros.

Mas essas duas instâncias – o aforizador e o auctor – operam em níveis complementares. Cada uma a seu modo, uma e outra são liberadas dessa restrição que exige que se fale num texto e que esse último esteja relacionado a um tipo e a um gênero de discurso, que toda fala seja informada pelo lugar onde ela é proferida.

- Uma escapa a essa restrição "por cima", convertendo os textos em fragmentos de uma unidade superior, o *Opus*, expressão de um Sujeito maiúsculo, de uma autoridade.
- A outra escapa "por baixo": o texto se desfaz em *frases*, em aforizações, mais perto da interioridade de uma consciência.

Nos dois casos, não se trata mais de locutores, mas do que se poderia chamar de "Fontes", que são o produto de um duplo destacamento: destacamento de locutores distintos na multidão inumerável dos locutores, destacamento de uma frase (aforização) ou de um grupo de textos (*Opus*) liberados do texto e do gênero de discurso. Essas "Fontes" são assim o correlato de enunciações *desatadas*, aquelas que se distinguem das enunciações que se podem dizer *ligadas*, que entram na lógica do texto e do gênero de discurso. Palavras são retiradas das trocas e mostradas como espetáculo; elas pedem não uma resposta a um colocutor que estaria colocado no mesmo plano, mas um comentário.

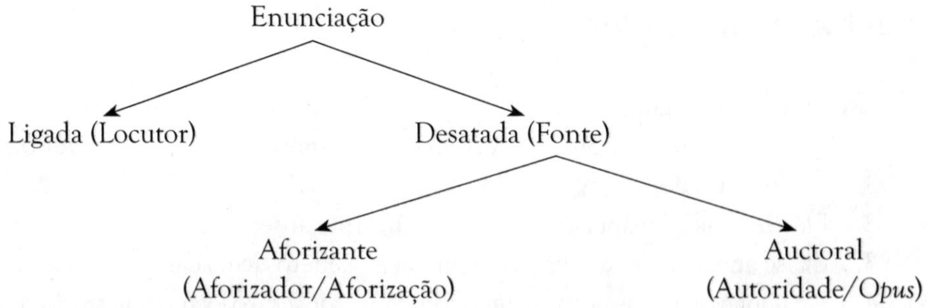

Na enunciação "desatada", o enunciado é levado para uma nova cena. Ele é *retomado* e é isso que o torna *original*, relacionado a uma Fonte. Só há aforização citada, e só há *Opus* se o texto, já dito, é apresentado de novo em uma unidade de outra natureza. Para ser *original*, a enunciação tem necessidade dos atos que a destacam; para ser primeira, lhe é necessário ser terceira.

No quadro mais compreensivo da enunciação "desatada", a linguagem se carrega assim de poder, reapresentando-se em outra cena. É através dessa representação que podem ser instituídos os enunciados de valor por meio dos quais se reúne uma comunidade.

Quando aforizador e auctor coincidem

Nessas condições, somos levados a olhar de modo diferente os casos singulares de coincidência entre "autoridade" e "aforizador". O *Opus* do filósofo cínico Diógenes, por exemplo, é apenas uma série de aforizações, cuja contextualização, sob a forma de micronarrativas, coincide com sua "vida".

Assim, quando o doxógrafo Diógenes Laércio evoca a figura desse filósofo cínico, ele se contenta com encadear curtas narrativas que se organizam em torno de uma aforização. Eis um exemplo:

> Vendo um dia um menino que bebia na mão, ele tomou a jarra que ele tinha em sua sacola, e jogou-a fora dizendo: "*Estou vencido, esta criança vive mais simplesmente do que eu.*" Ele jogou fora igualmente, de outra vez, seu prato porque tinha visto do mesmo modo um jovem, que tinha quebrado o seu, fazer um buraco no pão para colocar aí a lentilha. (Diogène Laërce, *Vie, doctrines et sentences des philosophes illustres*, tome 2, "Diogène de Sinope", tradução para o francês de R. Grenaille, GF-Flammarion, 1965.)

Das inúmeras palavras de Diógenes foram destacadas algumas aforizações, às quais a narrativa atribui um contexto de enunciação, o que permite ao filósofo cínico aceder ao estatuto paradoxal de aforizador original. Desde a primeira enunciação, o filósofo dirige-se com majestade a um auditório universal, a particularidade se dá por *exemplum*. Mas isso só é possível porque o aforizador Diógenes é duplicado por um narrador homônimo, Diógenes Laércio, que organiza o espetáculo da aforização supostamente original.

Durante séculos, as aforizações da Antiguidade greco-latina constituíram assim um repertório de motivos que se podia contar sobre os mais variados suportes. O episódio da jarra quebrada de Diógenes ("Estou vencido; esta criança vive mais simplesmente do que eu"), por exemplo, foi tratada por Poussin em 1648 em um quadro célebre: "Diógenes jogando sua jarra". Só quem já conhece a aforização e a narrativa que a sustenta tem condições de compreender quem é o homem em pé, em farrapos, que joga essa jarra no chão e que bebe no riacho.

Figura 2 – *Diógenes jogando sua jarra* – Quadro de Poussin, de 1648.

Se acreditarmos em certos comentadores, nesse quadro Diógenes volta as costas à civilização, cujas construções aparecem ao fundo. Mas como esquecer que o aforizador Diógenes só existe representado em majestade na e por essa civilização da qual ele é parasita? Existe, aliás, uma homologia profunda entre Diógenes e a aforização: um vive ao mesmo tempo dentro e fora da cidade, o outro ao mesmo tempo dentro e fora do texto.

O que Poussin nos mostra, dentre muitos outros, é a construção do contexto de enunciação "original" de uma aforização que, contendo nela mesma a série aberta de suas retomadas, teria sido proferida de repente como aforização. Quer se trate de pintura clássica ou de fotos contemporâneas, a necessidade é a mesma.

Vê-se isso, por exemplo, nessas duas imagens que associam M. Luther King e sua aforização emblemática "I have a dream". Numa, o aforizador, reduzido a um rosto apresentado de perfil, destaca-se sobre um fundo preto, ao lado de sua aforização, sem retorno à situação de comunicação-fonte. Se seu rosto está assim de perfil, é para apreendê-lo no meio de sua atividade oratória e dar a impressão de que o texto sai de sua boca.

Figura 3 – *Martin Luther King*

A segunda imagem é a capa de um DVD que contém o filme do discurso do qual é extraída a célebre aforização: "The electrifying speech that changed the hearts and minds of a bitterly divided nation".

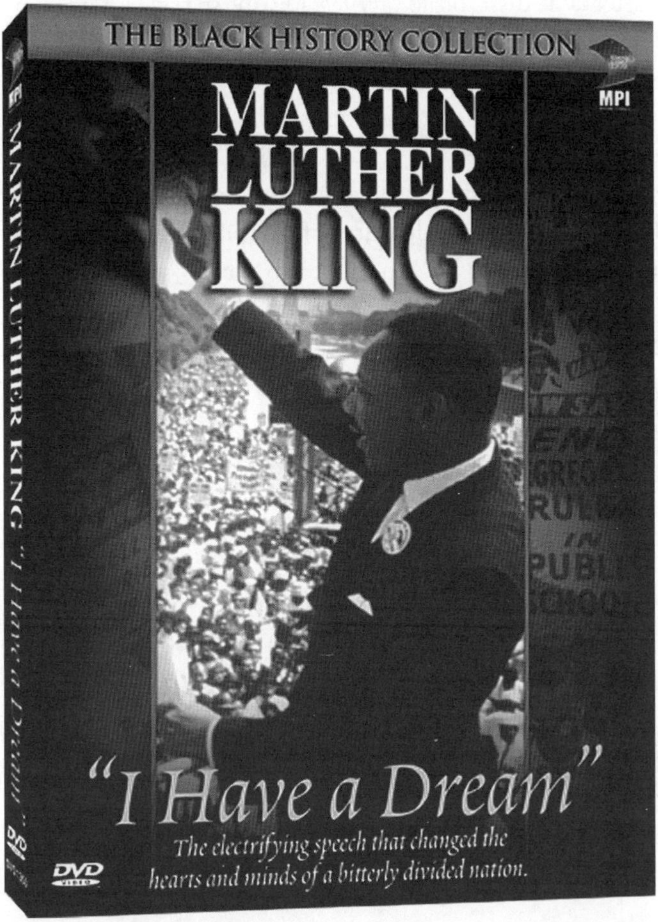

Figura 4 – *Martin Luther King*

Como no quadro de Poussin, o contexto representado não é aqui um contexto efetivo, aquele no qual o orador produziu essa frase, mas aquele de uma aforização "original" em que foram apagadas as particularidades da situação de comunicação, tal como um historiador poderia descrevê-la. O locutor não se mostra de frente para seu público, que, no entanto está presente na foto, mas de perfil, como se ele se dirigisse a outro público, mais além, em outra cena. As duas faces de um lado e de outro da parte central mostram sobreimpressa a bandeira americana e um *patchwork* de títulos de imprensa dos Estados Unidos dos anos 1960 que tratam da discriminação racial. São assim evocados ao mesmo tempo a comunidade à qual se dirige a aforização (não tal público, mas todo os Estados Unidos) e o universo midiático por meio do qual se constituiu, se difundiu e se manteve essa aforização.

Conhecemos a fórmula de Auguste Comte segundo a qual "os mortos governam os vivos", tema de dissertação privilegiada que se pode interpretar de diferentes formas. Pode-se entender também em termos de discurso: "as palavras dos mortos governam as palavras dos vivos". A aforização e o *Opus* contribuem para isso, em palavras mortas-vivas, que devem ser destacadas das palavras mortas para serem plenamente vivas.

É, por exemplo, o caso da aforização no centro da bandeira brasileira, que constitui, aliás, a condensação de outra aforização de Augusto Comte: "O amor por princípio e a ordem por base; o progresso por objetivo", que é considerado o resumo do *Opus* do filósofo positivista. A bandeira é a de um povo bem vivo, mas a palavra no centro só é plenamente palavra porque ela é a de um autor/aforizador.

(Tradução de Leci Borges Barbisan, com revisão do autor.)

Bibliografia

FOUCAULT, Michel. "Qu´est-ce qu´un auteur? ", *Bulletin de la Société Française de Philosophie*, 63:3, p.73-104, 1969. [Retomado em *Dits et écrits* I. Paris: Gallimard, 1954-1975, 1994, p.817-849].

MAINGUENEAU, Dominique. *Cenas da enunciação*. Organizado por Sírio Possenti e Maria Cecília Pérez de Souza-e-Silva. Trad. M. Cecília de Souza-e-Silva et al. Curitiba: Criar, 2006. Nova edição: São Paulo: Parábola, 2008.

_____. *Doze conceitos em análise do discurso*. Organizado por Maria Cecília Pérez de Souza-e-Silva e Sírio Possenti. Trad. Adail Sobral et al. São Paulo: Parábola, 2010.

TODOROV, Tzvetan. *Mikhaïl Bakhtine*: le principe dialogique. Paris: Seuil, 1981.

Algumas reflexões semióticas sobre a enunciação

Diana Pessoa de Barros

Procuramos mostrar, em vários trabalhos, que os diferentes estudos do texto e do discurso trouxeram novas posturas e objeto aos estudos da linguagem a partir da segunda metade do século XX, e que o fizeram com fundamentos diferentes, em quadros teóricos diversos. Insistimos, porém, em que há um ponto de vista comum a tais estudos: eles ocupam o espaço vazio entre posições bem definidas e separadas pelos estudos linguísticos anteriores (língua *vs.* fala, competência *vs.* *performance*, enunciação *vs.* enunciado, linguístico *vs.* extralinguístico). Ao tratar assim, e ao mesmo tempo, do social e do individual, da argumentação e da informação, da intersubjetividade e da subjetividade, da organização do discurso e do dialogismo, esses estudos ocasionaram mudança de posicionamento nos estudos da linguagem e puderam atribuir novos papéis a tais estudos.

Os estudos do texto e do discurso têm as funções gerais dos estudos da linguagem: a de contribuir para o conhecimento da linguagem e, pela linguagem, do homem; a de concorrer para o desenvolvimento da própria disciplina; a de levar a que se conheçam melhor, por meio dos discursos, a cultura e a sociedade, no caso brasileiras. Há, porém, especificidades teóricas e metodológicas dos estudos do texto e do discurso que permitem que eles cumpram suas funções de forma peculiar no âmbito dos estudos da linguagem. Ao ocupar o lugar instável do "vão" entre pontos bem estabelecidos, tais estudos abrem-se mais aos diálogos com outras teorias e favorecem o alargamento do objeto. Os estudos da linguagem, graças aos do discurso, caminham, assim, para a multidisciplinaridade e para o exame de outras linguagens além da verbal, ainda que o verbal continue a ter papel privilegiado na linguagem e em seus estudos, mesmo nos discursivos.

Dessa forma, os estudos da linguagem têm, por meio dos estudos do discurso, a possibilidade e a responsabilidade de dar a conhecer, de uma outra perspectiva, o homem, a história, a sociedade.

Se os estudiosos do discurso do Brasil têm procurado cumprir seus múltiplos papéis e dado uma pequena contribuição para que as teorias linguísticas avancem e para que se conheça um pouco melhor a sociedade brasileira, há ainda muito a ser feito. Mesmo que muitos torçam o nariz e digam que isso não é objetivo da linguística, estamos convencidos de que uma das tarefas dos estudiosos da linguagem é contribuir para que se saiba um pouco mais sobre a sociedade brasileira. Por que apenas os historiadores devem falar dos "heróis nacionais" e das intolerâncias e preconceitos ou os sociólogos, dos sem-terra? Há outra perspectiva, outro ponto de vista, outro objeto, portanto, como diria Saussure, construído pelos estudiosos do discurso no exame dos discursos dos sem-terra ou sobre eles, do separatismo ou do racismo. E só o estudioso da linguagem, e o do discurso em especial, pode enfrentar esse outro viés e dar conta de descrever e explicar esse novo objeto.

Dessa forma, os estudos do discurso tiveram e têm um papel digno de nota entre os estudos linguísticos, pois romperam com a tradição de estabilidade desses estudos e recuperaram a instabilidade própria da linguagem, e, com isso, estabeleceram ou retomaram diálogos com outras disciplinas e campos do conhecimento. Bakhtin (1970, 1974), em seus escritos, distingue as ciências humanas das ciências exatas e biológicas pela relação com o texto. Para o autor, as ciências humanas estudam o homem no texto, enquanto as exatas e biológicas o examinam fora do texto. Entende-se com isso o papel privilegiado dos estudos do discurso e do texto para o estabelecimento de diálogos fecundos entre a linguística e a retórica, a teoria e a crítica literária, os estudos de comunicação e de marketing, a antropologia, a história, a sociologia, e muitas outras áreas e disciplinas.

O objetivo deste capítulo é tratar de questões de enunciação no quadro de um dos estudos do texto e do discurso, o da semiótica discursiva, de origem francesa, perspectiva em que trabalhamos (Barros, 1988, 1990) como uma linguista-semioticista ou como uma semioticista-linguista. É desse ponto de vista que acreditamos poder estabelecer os diálogos teóricos propostos, no exame da enunciação.

A Teoria Semiótica Discursiva tem seu marco fundador nos seminários de A. J. Greimas (1966, 1970, 1983) na École des Hautes Études en Sciences Sociales e na publicação de *Sémantique structurale*, em 1966. Além de uma clara filiação saussuriana (noções de relação, de valor, de sentido da diferença, etc.), a semiótica em suas origens dialoga, fortemente, com Hjelmslev (e a semântica estrutural), Lévi-Strauss, Dumézil e Propp. Esse caminho faz da semiótica francesa uma teoria do discurso, com características específicas em relação às outras teorias do discurso, pois os estudos do texto e do discurso são diversos, e têm, cada qual, um quadro teórico e metodológico bem estabelecido, com graus de formalização diferentes. Esses estudos não podem ser confundidos com leituras "livres e intuitivas" dos textos.

A semiótica de linha francesa tem por finalidade o exame dos processos de significação dos textos, para mostrar o que o texto diz, que sentidos produz e com que procedimentos linguístico-discursivos constrói os sentidos. Entre esses procedimentos incluem-se as relações intertextuais e interdiscursivas que contextualizam o texto em exame. Trata-se de uma teoria geral, que procura dar conta dos diferentes níveis de organização dos textos e dos discursos.

Nesse quadro teórico, serão apontados alguns elementos para o estudo da enunciação.

O estudo da enunciação no quadro da semiótica discursiva

Se num primeiro momento de sua história a semiótica deixou de lado as questões da enunciação e de suas relações com o discurso enunciado, pouco a pouco seus desenvolvimentos teóricos levaram à recuperação e ao acrescentamento dos estudos enunciativos nos seus quadros. Foram esses estudos (com os do plano da expressão) que puseram a semiótica em diálogo com a retórica e a estilística, e também com os estudos da comunicação, da interação e da conversação, com os estudos bakhtinianos e com os literários.

Para a semiótica, a instância de enunciação de um discurso (ou enunciado) está sempre pressuposta e nunca presente nesse discurso. Seu estudo se faz, portanto, de dois modos: em primeiro lugar, pela reconstrução da organização sintática narrativa da enunciação, a partir das estratégias de persuasão empregadas no discurso e que assinalam as relações entre enunciador e enunciatário, em segundo lugar, pela construção semântica do ator da enunciação, a partir principalmente do exame dos temas e figuras do discurso e das relações intertextuais e interdiscursivas.

Os estudos enunciativos desenvolveram-se, assim, no primeiro caso, no nível do que a semiótica chama de sintaxe discursiva, tanto com o exame das categorias de tempo, de espaço e de pessoa que produzem efeitos de proximidade e de distanciamento da enunciação[1] quanto com o estudo das relações narratológicas que se estabelecem entre enunciação e enunciado e entre enunciador e enunciatário, em que a enunciação é, nesse caso, concebida como um "espetáculo" que se organiza narrativamente. Além disso, o sujeito da enunciação, definido pelos papéis que assume nessa narrativa, nesse espetáculo, ao construir seu texto, constrói-se não só sintaticamente, mas também no nível do que a semiótica chama de semântica discursiva. Em outras palavras, constrói-se como um ator da enunciação, preenchido por crenças e valores, modos de ser e de fazer, decorrentes de papéis temáticos e figurativos. A semiótica desenvolveu, na semântica do discurso, os conceitos de tematização e de figurativização: os temas, abstratos, disseminam-se pelo texto em percursos que, por sua vez, podem ser "concretizados" sensorialmente pelo procedimento de figurativização. Finalmente, e já estamos no segundo caso ainda apontado, para a determinação desse ator da enunciação, é preciso considerar ainda as relações entre textos e discursos, que permitem diferençar o ator da enunciação do ator da narração de um dado discurso e construir o *éthos* do enunciador, sua identidade e seu estilo.

Sintaxe discursiva: a organização narrativa da enunciação

O sujeito da enunciação cumpre dois papéis narrativos: o de sujeito pragmático da ação de criar o texto, seu objeto, como "casa sintática" de seus valores, crenças e aspirações; o de destinador, que instala no discurso seu destinatário. Nesse caso, a enunciação se desdobra em enunciador e enunciatário, e cabe ao enunciador exercer o fazer persuasivo por meio das estratégias e procedimentos do texto, para convencer o enunciatário a aceitar seus valores e crenças e a agir de acordo com eles, e ao enunciatário, realizar o fazer interpretativo e, a partir dessa interpretação, acreditar ou não e aceitar ou não o contrato que lhe está sendo proposto. A semiótica desenvolveu, para tanto, uma sintaxe modal, examinou o funcionamento da manipulação, da comunicação e da interação, sempre fortemente inter-relacionadas, e desenvolveu os conceitos de contrato fiduciário, que gerencia as relações entre destinador e destinatário dos textos, e de simulacros entre eles, que determinam a intersubjetividade. Ao contrário do que ocorre nas relações entre máquinas, na comunicação entre homens, os sujeitos envolvidos não são lugares vazios, e sim casas cheias: de valores, de projetos, de aspirações, de desejos, de modos diferentes de ver o mundo. Com base nesses elementos, procura-se, em toda relação de comunicação, convencer o outro de alguma coisa, persuadi-lo, levá-lo a acreditar em algo, a experimentar algo e a fazer o que se quer que ele faça. As estratégias de persuasão do discurso caracterizam o sujeito da enunciação por seu modo de ação. Apresentam-se, sobretudo, como "escolhas" da enunciação de tempo, de espaço e de ator (de pessoa), com a finalidade de convencer o destinatário da verdade (ou da falsidade) do discurso enunciado.

A Teoria Semiótica mostra, assim, que toda comunicação é uma forma de manipulação e, dessa forma, são utilizados pelo destinador diferentes modos de persuasão que podem ser agrupados em quatro grandes tipos:

- *tentação*: em que são apresentados valores que o destinador julga que o destinatário deseja (Mãe a filho: Se você comer tudo, eu lhe dou uma bicicleta no Natal);
- *intimidação*: em que são apresentados valores que o destinador acha que o destinatário teme e quer evitar (Mãe a filho: Se você não comer, você ficará de castigo e não irá jogar bola);
- *sedução*: em que são apresentadas imagens positivas do destinatário e de sua competência, e que o destinador considera que o destinatário queira confirmar e manter (Marido a mulher: Meu bem, ninguém passa minhas camisas como você);

- *provocação*: em que são apresentadas imagens negativas do destinatário e de sua competência, e que o destinador acredita que o destinatário queira afastar (Marido a mulher: Tudo bem, você não é capaz de passar minhas camisas como minha mãe, mesmo).

Para que a manipulação funcione é preciso ainda que o destinatário manipulado interprete a persuasão do outro, acredite no destinador e faça o que dele se espera. A comunicação depende, assim, da persuasão do destinador e da interpretação do destinatário, com base em seus valores, crenças, sentimentos, emoções. Diferentes estratégias de comunicação são, portanto, empregadas, conforme variem o público, a sociedade e a época. Os que trabalham com marketing sabem muito bem disso.

Com o exame das relações enunciativas como relações de manipulação, comunicação e interação estabelecidas por estratégias e procedimentos discursivos e textuais, integram-se, numa teoria geral do discurso, as questões retóricas da argumentação, as questões de persuasão no marketing e na publicidade, renovam-se os diálogos dos estudos linguísticos com a retórica e os estudos de comunicação e marketing e abrem-se novos caminhos para o exame dos textos científicos, políticos, publicitários, entre outros.

PROCEDIMENTOS DE PERSUASÃO DO ENUNCIATÁRIO

Para a semiótica, os sujeitos participam de dois tipos de relações: entre sujeito e objeto, relação que simula a do homem com o mundo, sobre o qual age; entre sujeitos, relação que simula as de comunicação e interação entre os homens. Toda comunicação é, como já foi apontado, uma forma de manipulação, em sentido amplo, ou seja, deve ser entendida como uma relação em que o destinador exerce, principalmente, um fazer persuasivo e o destinatário, um fazer interpretativo.

Os sujeitos envolvidos na comunicação não são, como vimos, lugares vazios, e sim casas cheias de valores, de crenças, de projetos, de aspirações, de desejos, de sentimentos. A comunicação entre os homens distingue-se nesse aspecto, entre outros, das relações entre máquinas, na telecomunicação ou na informática. A relação que se estabelece entre os sujeitos envolvidos na comunicação, tal como concebida na Teoria Semiótica, é uma relação de interação. Nesse quadro, em estreita relação com a comunicação e a manipulação, a interação se define como um fenômeno sociocultural e discursivo.

As relações entre sujeitos que definem a interação são de tipos diferentes – racionais ou inteligíveis, sensoriais, emocionais ou afetivos – e resultam de estratégias também de ordens diversas. No primeiro tipo, o da interação racional ou intelectual, as estratégias de persuasão e de interpretação são, principalmente, os procedimentos discursivos que produzem efeitos de objetividade. Em outras palavras, os objetos de comunicação são modalizados como proveitosos ou prejudiciais, obrigatórios ou dispensáveis, possíveis ou impossíveis, com base em suas qualidades "objetivas". No segundo tipo, o da interação sensorial, as estratégias de persuasão e interpretação são procedimentos que visam à construção de efeitos de subjetividade, enquanto aproximação corporal ou sensorial, de ordens diversas – visuais, táteis, gustativas e outras – e que podem levar, em última instância, à interação estésica. Nesse caso, no das relações estésicas, os objetos de comunicação são ditos belos ou feios, harmônicos ou desarmônicos, e assim por diante, conforme ainda o quadro de valores de diferentes estéticas. Finalmente, no terceiro tipo, o da interação afetiva ou passional, as estratégias de persuasão e de interpretação são constituídas por procedimentos que buscam o estabelecimento de efeitos de subjetividade afetiva. São estabelecidos laços afetivos de amor, de interesse, de confiança, de cumplicidade, de antipatia, entre os sujeitos que interagem.

Do que foi dito no item anterior, pode-se concluir que os efeitos de sentidos mais gerais que a interação produz são o de cooperação e o de conflito, admitindo cada um deles a determinação pela objetividade e pela subjetividade (sensorial ou afetiva). A interação, seja ela cooperativa ou de conflito, será dita assim objetiva ou subjetiva. Os efeitos de objetividade e de subjetividade dos discursos decorrem dos modos diversos pelos quais a instância da enunciação projeta e produz seu texto-enunciado. As estratégias são, principalmente, as de escolha das categorias enunciativas de pessoa, de tempo e de espaço desses textos-enunciados. A partir daí, dois tipos de discursos podem ser distinguidos: os projetados em primeira (e segunda) pessoa, no tempo do "agora" e no espaço do "aqui", que caracterizam uma enunciação enunciada, e os organizados em terceira pessoa, no tempo de "então" e no espaço do "lá", que são ditos enunciados enunciados. Os discursos do primeiro tipo (enunciação enunciada) produzem, geralmente, efeitos de sentido de aproximação da enunciação e de relação dialógica entre sujeitos, pois se apresentam como simulacros da enunciação. Em outras palavras, constroem interações com efeitos de subjetividade e, portanto, predominantemente sensoriais e emocionais. Os discursos do segundo tipo (enunciado enunciado) produzem, por sua vez, os efeitos de distanciamento da enunciação e de um certo "monologismo" ou autoritarismo das verdades "únicas" e "objetivas". Constroem, por conseguinte, interações com efeitos de objetividade e, predominantemente, racionais ou intelectuais.

Na fala, por exemplo, e em especial na conversação face a face, os discursos são, por princípio, enunciações enunciadas e produzem, portanto, os efeitos de sentido de aproximação da enunciação, subjetividade e reciprocidade (relação dialógica entre sujeitos). As interações são, nesse caso, principalmente sensoriais (corporais) e emocionais.

Examinamos, em trabalhos anteriores (Barros, 2000, 2001, 2006a), as diferenças entre fala e escrita. Nesses estudos, foram analisados os traços temporais, espaciais e actoriais que caracterizam o discurso falado e o escrito, e chegou-se à conclusão de que o discurso falado (e o escrito também) produz efeitos de sentido particulares de oralidade e de que esses sentidos podem ser determinados positiva ou negativamente, conforme o quadro que segue:

QUADRO 1

	Valorização	
Efeitos de sentido de oralidade	positiva	negativa
• proximidade	subjetividade, afetividade, sensorialidade	falta de objetividade, excesso de intimidade, deselegância
• descontração, informalidade	sinceridade, franqueza, cumplicidade	excesso de envolvimento
• falta de completude	novidade, atualidade	incompletude, má elaboração,
• caráter passageiro	em que tudo pode ser dito, verdadeiro	efêmero, que não dura, que tem pouco efeito
• simetria, reciprocidade	cumplicidade, igualdade, identidade	excesso de envolvimento

Se nas conversações face a face os discursos são sempre enunciações enunciadas e produzem, por princípio, os efeitos de sentido de oralidade arrolados, a subjetividade e a cumplicidade podem ser exacerbadas na conversação, com o emprego do eu-você e, por exemplo, de *você* em lugar da terceira pessoa indeterminada, ou atenuadas, com o uso de papéis sociais, de nomes próprios ou de *a gente* em lugar de *você*, *nós* ou *eu*, entre outros procedimentos. A atenuação da relação dialógica ou da subjetividade ocorre, em geral, nos casos em que se quer reforçar ou apresentar os papéis sociais dos sujeitos envolvidos na conversação e não tanto a reciprocidade própria da conversação, como será mostrado nos exemplos extraídos de anúncios publicitários, nos próximos itens.

VANTAGENS DESSE TIPO DE ABORDAGEM DA ENUNCIAÇÃO

Se a semiótica discursiva de linha francesa tem como um de seus veios de origem as teorias linguísticas, em especial, os trabalhos de L. Hjelmslev (1968), os diálogos atuais, ao contrário dos fundadores, tomam caminhos diferentes, e não apenas o de mão única dos estudos linguísticos aos semióticos; isso se deve, em boa parte, aos estudos semióticos da enunciação.

Além de fornecer, como uma teoria do discurso, princípios teóricos e metodológicos para os estudos da linguagem que se debruçam sobre os discursos, como é o caso, entre outros, dos estudos sobre as ideias linguísticas, em que, por exemplo, gramáticas e dicionários são examinados como discursos, ou dos estudos sobre a intolerância e o preconceito linguísticos, a partir dos diferentes discursos preconceituosos e intolerantes, a semiótica dá, atualmente, como contribuição efetiva para o estudo da linguagem, as reelaborações e revisões semióticas de conceitos, categorias, procedimentos que participam da construção dos sentidos do texto e que foram inicialmente desenvolvidos e estabelecidos no âmbito dos estudos linguísticos. É o caso, entre outros, dos estudos de pessoa, tempo e espaço do discurso e de sua aspectualização, ou dos de modalização de enunciados. A grande contribuição da semiótica é a de dar a tais procedimentos e categorias (tempo, espaço, pessoa, aspecto, etc.) descrição e explicação geral e independente das particularidades das línguas e dos demais sistemas de significação. Isso permite, portanto, que as especificidades de cada língua e de cada sistema de significação sejam tratadas em um mesmo quadro teórico e metodológico, e possam, assim, ser comparadas. Exemplificamos, muito de passagem, com os estudos sobre as pessoas, os tempos e os espaços.

Os estudos semióticos sobre as pessoas, os tempos e os espaços do discurso (as categorias dêiticas) mostram, como foi anteriormente apontado, que há dois tipos mais gerais de organização dessas categorias: a que produz, nos discursos, efeitos de aproximação da enunciação e a que cria efeitos de distanciamento. Esses efeitos de sentido dos discursos decorrem dos modos diversos pelos quais a instância da enunciação projeta e produz seu texto-enunciado. As estratégias são, nos textos verbais, principalmente as de escolha das categorias enunciativas de pessoa, de tempo e de espaço desses textos-enunciados. A partir daí, os dois tipos de discursos anteriormente mencionados podem ser distinguidos: os projetados em primeira (e segunda) pessoa, no tempo do "agora" e no espaço do "aqui", que caracterizam uma enunciação enunciada, e os organizados em terceira pessoa, no tempo do "então" e no espaço do "lá", que são ditos enunciados enunciados. Os discursos do primeiro tipo (enunciação enunciada) produzem, geralmente, efeitos de sentido de aproximação da enunciação e de relação dialógica entre sujeitos, pois se apresentam como simulacros da enunciação, e podem ser considerados como de interação plena ou perfeita. Os discursos do segundo tipo (enunciado enunciado) criam, por sua vez, os efeitos de distanciamento da enunciação e de "monologismo" ou autoritarismo das verdades "únicas" e "objetivas", em que os fatos se contam por si mesmos, sem a interferência de um *eu* e sem se dirigirem a um *você* ou a um *tu*. Constroem, por conseguinte, interações com efeitos de objetividade e, predominantemente, racionais ou intelectuais.

A partir desses procedimentos mais gerais podem ser previstas combinatórias e rupturas diversas – substituir uma aproximação por um distanciamento (*a Diana não pensa dessa forma*, por exemplo, em lugar de *eu não penso dessa forma*) e assim por diante – e indicados os lugares que ocupam, nesse modelo mais abrangente, o presente do indicativo do português, o *passé simple* do francês, o emprego do *eu* e o do *você* nos textos verbais, o uso da focalização pela câmera no cinema e na televisão, ou a gestualidade representada na pintura e na fotografia, entre outros.

Nos textos literários, por exemplo, se destaca a questão do jogo das projeções das categorias de pessoa, de tempo e de espaço, que, exacerbado, tem caracterizado boa parte da literatura contemporânea (vejam-se, por exemplo, os romances de Vargas Llosa).

Já o exame das organizações enunciativas de pessoa nos discursos das gramáticas, outro caso aqui selecionado como exemplo, mostra que elas fazem parte também dos recursos de persuasão do enunciador.[2] Como se trata de um discurso "científico" de tipo temático, em princípio os recursos característicos dessa classe de discurso são as projeções de pessoa: em 3ª pessoa, que produz efeitos de objetividade, próprios da ciência; em 1ª pessoa do plural, que corresponde, na verdade, a três procedimentos diferentes – a 1ª pessoa do plural, usada em lugar da 1ª do singular, no chamado plural de autor, produzindo o efeito de sentido de autoridade, de conhecimento, de cientificidade; a 1ª pessoa do plural, empregada em vez da 3ª do plural (indeterminada), com o efeito de sentido de voz do senso comum ou dos gramáticos em geral, com que o enunciador concorda ou a que se opõe; a 1ª pessoa do plural, como primeira pessoa do plural mesmo, como nós inclusivo (*eu + você (s), nós, leitores desta gramática*), exclusivo (*eu + ele (s)*) – *nós, gramáticos; nós, linguistas*), misto (*eu + você (s) + ele (s)*) – *nós, usuários ou falantes da língua; nós, portugueses; nós, brasileiros*) –; em 1ª pessoa do singular, para produzir o efeito de responsabilidade e sobretudo de originalidade, de novidade, quando o sujeito quer contrapor-se a outro estudioso, distinguir-se do senso comum na área, marcar posição própria e nova. As gramáticas portuguesas do século XVI, por exemplo, diferenciam-se bastante quanto ao uso das pessoas do discurso, e, por conseguinte, têm concepções de autorias diferentes e produzem efeitos de sentido também diferentes.

Em *A grammatica da lingoagem portuguesa* (1536), Fernão de Oliveira usa as projeções de pessoa e de tempo que, em geral, ocorrem nos discursos temáticos científicos e que produzem os efeitos de sentido, já mencionados, de objetividade, de cientificidade, tais como a terceira pessoa, a primeira pessoa do plural, no chamado plural de autor, o nós misto (eu + vocês + eles), ou seja, *nós, os usuários da língua portuguesa; nós, os portugueses*. Sua gramática apresenta, porém, algumas especificidades, algumas peculiaridades que devem ser relatadas:

- em primeiro lugar, o uso da 1ª pessoa do plural como terceira pessoa do plural, ou seja, como uma voz geral ou do senso comum no discurso gramatical da época, a que o autor se opõe: "Mas nós somos tão grandes bugios dos Latinos que tomamos suas coisas sem muito sentir delas quanto nos são necessárias. E por nossa vontade damos nossas avantagens aos Latinos e Gregos..." (p.61);
- em segundo lugar, o emprego da primeira pessoa do singular, para contrapor-se ao *ele* (dos gramáticos em geral e do senso comum) e para produzir os

efeitos de sentido de subjetividade, de novidade e de polêmica em relação aos valores vigentes no discurso gramatical dominante: "E deixadas outras razões desta divisão [feita pelos gramáticos] por esta que a mim melhor parece:" (p.49).

As projeções de pessoa apontam, assim, uma certa dualidade do discurso de Fernão de Oliveira: coloca-se como um representante da ciência e, ao mesmo tempo, afirma seu distanciamento em relação ao discurso gramatical dominante; assume o *eu* do discurso e fala, em *nós*, pelos portugueses e usuários da língua, em geral.

João de Barros, na sua *Grammatica da língua portuguesa* (1540), também organiza a categoria de pessoa, em princípio, com os recursos utilizados no discurso científico temático. Sua gramática tem, contudo, outras especificidades:

a) a terceira pessoa (do singular ou do plural) é empregada: para produzir o efeito de objetividade do discurso científico, sendo o uso mais frequente na gramática, com o pronome *eles*, para contrapor-se a *nós*, quando se quer marcar uma discordância sem nomear de quem ou de que se discorda (em geral, da voz do senso comum); em lugar da 1ª do plural como "os gramáticos" em lugar de "nós, os gramáticos" (nós exclusivo eu + eles), para produzir o efeito de sentido de identificação com os gramáticos, de "pertencimento" ao seu grupo;
b) a primeira pessoa do plural é usada: em lugar da primeira pessoa do singular, no chamado plural de autor, em que o autor fala em nome da ciência. Esse uso produz efeitos de autoridade e de cientificidade e tem papel fundamental na gramática de João de Barros, pois faz parte, com os recursos já mencionados de objetividade e de identificação com os gramáticos, das estratégias discursivas empregadas para marcar a inserção do autor e de sua obra no discurso gramatical dominante; como primeira pessoa do plural mesmo, como nós exclusivo (*eu* + *eles*), isto é, eu e os demais gramáticos ou nós, os gramáticos; como primeira pessoa do plural mesmo, como nós inclusivo (*eu* + *vocês*), em que vocês são os destinatários da gramática; e como nós misto (*eu* + *vocês* + *eles*), ou seja, como *nós, usuários da língua portuguesa*; *nós, portugueses*;
c) a primeira pessoa do singular é utilizada: como primeira pessoa do singular mesmo, para produzir efeito de subjetividade e de verdade do que é visto, vivido ou para marcar uma tomada de posição contrária às expectativas ou mesmo discordante, e é pouco frequente: "como ũa oração a qual eu vi tirada em linguagem per um letrado" (p.51); em lugar da primeira do plural, sobretudo do nós misto. Há uma certa vacilação de uso: para introduzir um exemplo encontram-se *como quando digo* ou *como quando dizemos*.

Em síntese, as projeções de pessoa em João de Barros apontam três principais efeitos de sentido: o de objetividade da ciência, de participação no discurso científico dominante e de fusão do *eu* nesse *nós* discursivo; o de subjetividade, tímido e nem sempre bem explorado; o de inclusão do destinatário no projeto de uma gramática com fins pedagógicos.

Os recursos enunciativos de pessoa usados nas duas gramáticas do século XVI apresentam, portanto, diferenças e semelhanças. Em comum, há as projeções de pessoa que produzem efeitos de sentido de objetividade e de cientificidade (3ª pessoa, 1ª do plural pela 1ª do singular). As diferenças dizem respeito sobretudo às questões da contraposição de Fernão de Oliveira aos discursos gramaticais dominantes e à incorporação desses discursos e dos demais discursos políticos, morais e religiosos por João de Barros. Para contrapor-se aos discursos dominantes, Fernão de Oliveira serve-se da primeira pessoa do singular, da mesma forma que João de Barros utiliza a 3ª pessoa em lugar da 1ª do plural, do *nós* exclusivo – *nós, os gramáticos* –, para com eles concordar, para marcar sua participação no discurso científico dominante.

Esses procedimentos enunciativos de pessoa, entre muitos outros, nos levam a dizer que ambos são homens de sua época: João de Barros dialoga em conformidade com os diferentes discursos sociais e gramaticais dominantes, Fernão de Oliveira vive as ambiguidades do Renascimento e mostra sua face de independência e inovação. A gramática de João de Barros fez escola, mas não a de Fernão de Oliveira.

EXEMPLO DE TEXTOS VERBAIS, SINCRÉTICOS E VISUAIS, NA PUBLICIDADE

A publicidade oferece bons exemplos de organização enunciativa em textos verbais, visuais e sincréticos, que mostram, assim, a importância de uma proposta geral sobre a enunciação que permita o exame das estratégias enunciativas em diferentes tipos de texto, com diferentes substâncias da expressão.

Para examinar os textos de marketing e publicidade, na perspectiva da semiótica discursiva, deve-se considerar que o enunciador e o enunciatário desses textos mantêm entre si relação de comunicação e interação e analisar essas relações com uma teoria narrativa, tal como está sendo proposto. Os estudos da linguagem, e em particular os semióticos, trazem contribuição inegável aos estudos da comunicação, da publicidade e do marketing, pois a semiótica desenvolveu princípios teóricos e metodológicos para examinar a comunicação e a interação, com os estudos narratológicos da enunciação, entre outros (Barros, 2007).

Serão aqui rapidamente apresentados, como exemplos de análise semiótica da enunciação, alguns estudos dos recursos empregados em anúncios publicitários de bancos, publicados na imprensa escrita (Barros, 2002b, 2010). Como os anúncios são textos sincréticos, em que a expressão é tanto verbal quanto visual, não são apenas os diferentes pronomes marcadores da pessoa na língua que produzem os efeitos de aproximação e distanciamento da enunciação ou de objetividade e subjetividade já mencionados. Há outros recursos – topológicos, de localização no espaço, de dimensão, de focalização, de relações de cores e de formas, de gestualidade – que constroem esses efeitos. Neste texto, vamos mostrar apenas algumas escolhas pronominais do verbal dos anúncios e alguns recursos gestuais para a determinação das pessoas do discurso.

Nos anúncios, instala-se uma relação de interação entre o destinador do anúncio e seu destinatário, explicitados ou não no texto. Além disso, o texto estabelece internamente outra ou outras relações de comunicação, internas à primeira, e que assumem no texto geral do anúncio o papel argumentativo de exemplos, ilustrações, modelos, etc. Serão analisadas as relações de enunciação do primeiro tipo, isto é, as que se estabelecem entre o destinador e o destinatário do texto global do anúncio, em que o destinador visa a persuadir o destinatário a manter-se ou a tornar-se cliente do banco, a acreditar no banco e em suas qualidades, a preferi-lo em detrimento dos demais bancos, a identificar-se com ele, afetiva e corporalmente, a amá-lo, a confiar nele e assim por diante. Constroem-se, para tanto, verbal e visualmente, discursos dos dois tipos: enunciação enunciada e enunciado enunciado. Os exemplos que seguem são das pessoas nos discursos verbais:

> Nós cuidamos bem de tudo que você quer bem (enunciação enunciada – anúncio de seguros do Bradesco);
>
> Quem tudo quer, investe no Itaú (enunciado enunciado).

Nos anúncios examinados ocorreram, sobretudo, seis diferentes organizações da categoria de pessoa, no verbal, conforme o quadro abaixo, sendo as cinco primeiras casos de enunciação enunciada e a sexta, de enunciado enunciado (Barros, 2002b).

QUADRO 2

	Destinador	Destinatário
1	1ª pessoa do singular (*eu*)	2ª pessoa do singular (*você*)
2	1ª pessoa do plural (*nós* misto: eu + você + ele)	Implícito (*você* ou *vocês*)
3	1ª pessoa do plural (*nós*) em lugar da 1ª do singular	2ª pessoa do singular (*você*)
4	1ª pessoa do plural (*nós*) em lugar da 1ª do singular	3ª pessoa (*ele*) em lugar da 2ª pessoa
5	3ª pessoa (*ele*) em lugar da 1ª do singular ou do plural	2ª pessoa do singular (*você*)
6	3ª pessoa	

Essas organizações podem ser exemplificadas com alguns anúncios:

1. Você já tem o meu cartão? (Santander).
2. Nossas estrelas foram brilhar em Sydney (com a bandeira do Brasil sem estrelas, em anúncio do Banco do Brasil, por ocasião das Olimpíadas).

3. Nós cuidamos bem de tudo que você quer bem (seguro Bradesco).
   Para nós, o mais importante da sua árvore genealógica não é o passado. É o futuro (previdência Bradesco).
4. Nossa homenagem a quem trabalha todos os dias para construir um país melhor. 28 de outubro. Dia do Servidor Público (Itaú-Banerj) (acentua-se o papel temático de servidor público).
   Parabéns São Paulo. No que depender de nós você está em boas mãos (Bradesco) (é reforçada a figura de São Paulo e há, além disso, alternância com *nós* vs *você*).
5. Este é mais um dos serviços que o Banco Real desenvolveu pensando em você.
   Se você procura recursos para garantir a energia da sua empresa, loja ou até mesmo sua casa, o Unibanco tem a solução sob medida.
   Investimentos podem ser vistos de muitos lados. O Bradesco sempre vê o melhor lado para você.
6. Pessoas especiais merecem destaque. Destaque no que dizem, destaque no que fazem, destaque no que escolhem. Ser cliente BankBoston é apenas uma consequência. BankBoston. Simplesmente primeira classe.
   Ética e responsabilidade social. Valores são muito importantes (Banco Real). Bradesco Corporate. O primeiro a receber o certificado de qualidade ISO9002 no relacionamento com grandes grupos empresariais.
   Quanto mais as pessoas conhecem o mercado financeiro, mais elas gostam do Unibanco Strategy.
   Itaucard. O único cartão que tem um Itaú de vantagens.
   Uma iniciativa assim só poderia contar com a adesão do Bradesco e vem reforçar ainda mais a transparência e a ética do banco no mercado de capitais e com seus acionistas.
   O Banco do Brasil trabalha 24 horas por dia para oferecer soluções personalizadas que fazem a diferença para os seus clientes.
   O Itaú investe no Brasil.

O exame da categoria de pessoa nos anúncios permite comparar as organizações das pessoas e a interação entre os interlocutores neles encontradas com as dos textos de língua falada, por exemplo.

Na fala "ideal" (Barros, 2000, 2001), predominam a enunciação enunciada *eu* vs. *você* e os efeitos de subjetividade, reciprocidade e proximidade enunciativa. A interação *eu* vs. *você* (caso 1) praticamente não ocorreu nos anúncios, sendo a relação *nós* vs. *você* (caso 3), também pouco frequente, a que mais se aproximou desse modelo de fala.

A organização das pessoas, nos anúncios examinados, constrói três efeitos de sentido principais:

1. o efeito de sentido de identificação entre destinador (banco) e destinatário (cliente), com o uso do nós misto (caso 2);
2. o efeito de sentido de comprometimento, de cumplicidade do banco com o cliente com o emprego de você (casos 1, 3 e 5);
3. o efeito de sentido de objetividade e assimetria na interação com o uso da 3ª pessoa, nos discursos de enunciado enunciado (caso 6).

Os anúncios preferem, portanto, produzir os efeitos de ausência de interação, com a identificação entre o destinador e o destinatário, graças ao *nós* misto (caso 2), ou de interação assimétrica, em graus variados, ao colocar ora o destinador (caso 5), ora o destinatário (caso 4), ora ambos fora da situação de enunciação (caso 6). No caso 5 (*ele* vs. *você*), os efeitos são de objetividade e seriedade do banco e, ao mesmo tempo, de comprometimento com o cliente. No caso 4 (*nós* vs. *ele*), os sentidos são o de relativa subjetividade do banco e de afastamento educado e polido do cliente. No caso 6, apaga-se a interação, com o discurso em 3ª pessoa, e o banco e o cliente são construídos como sujeitos diferentes, objetivos, educados, polidos, sofisticados.

Em síntese, os anúncios usam a categoria de pessoa para produzir os efeitos de não interação, seja com a identificação do *nós* misto, seja com a 3ª pessoa do enunciado enunciado, afastando-se assim da fala "ideal", ou os de interação assimétrica, chegando, nesses casos, um pouco mais perto da fala, em graus diferentes de aproximação.

As várias escolhas das pessoas do discurso nos anúncios examinados mostram que esses procedimentos contribuem para a construção das identidades dos bancos anunciantes. Três blocos identitários se destacam: o dos bancos nacionais-sociais, que usam o *nós* misto (nós, os brasileiros, os paulistas, etc.) para criar identificação sensorial e afetiva entre o banco e o cliente, com os sentimentos de patriotismo e de orgulho de nossa gente, de nossas coisas e de nossos atletas; o dos bancos cúmplices ou comprometidos, que não se confundem com os clientes, mas com eles se comprometem, por eles se interessam, a eles se dedicam, e que, para tanto, empregam o *você* do destinatário; o dos bancos sérios, refinados, elegantes, sofisticados, que utilizam o discurso em 3ª pessoa, do enunciado enunciado, com os efeitos de distanciamento educado e polido. A análise da categoria de pessoa nos discursos dos anúncios permite assim que se conheçam as identidades que cada banco constrói nesses anúncios, e, a partir daí, os valores em circulação na nossa sociedade.

Serão agora mostrados, também nos anúncios, alguns procedimentos gestuais que organizam a enunciação desses textos, e que podem ser analisados com os mesmos princípios teóricos e metodológicos (Barros, 2010).

A gestualidade representada na pintura, na fotografia ou na publicidade assume papéis narrativos, funções retóricas e enunciativas. Greimas (1970) distingue a práxis gestual da comunicação gestual pela concepção da palavra *sentido*: de *direção* ou *intencionalidade*, na práxis gestual, de *remissão* de um código a outro ou *semiose*, na comunicação gestual. A gestualidade representada tem funções diferentes segundo os tipos de gestualidade, práxis ou comunicação gestual, e segundo o nível de análise semiótica considerado, nível do enunciado ou da enunciação.

No enunciado, a gestualidade, seja ela práxis ou comunicação gestual, deve ser examinada como procedimento narrativo. Nesse sentido, a gestualidade de *pôr os sapatos*, *de apagar a luz* ou *de dar nó na gravata* investe figurativamente transformações narrativas modais ou pragmáticas, ou estados de sujeitos. Da mesma forma, a gestualidade comunicativa de *sacudir a cabeça para concordar com alguém* ou *a de cumprimentar com um movimento da mão, da cabeça ou dos olhos* são coberturas figurativas das relações de comunicação/manipulação entre sujeitos e das interações sensoriais e passionais entre eles. Vejamos um exemplo de anúncio de práxis e outro de comunicação gestual representadas no enunciado:

Figura 1 – Banco do Brasil

Figura 2 – Banco Itaú

Vamos observar apenas a gestualidade representada no nível da enunciação, ou seja, como a gestualidade organiza a enunciação. Nesse nível, trata-se da comunicação gestual entre o enunciador e o enunciatário ou entre o narrador e o narratário do anúncio (não faremos aqui essa distinção, pois, para tanto, precisaríamos examinar um conjunto de anúncios).

A comunicação gestual entre enunciador e enunciatário ou entre narrador e narratário pode-se estabelecer em primeira ou em terceira pessoa. Há gestos "em primeira pessoa" e gestos "em terceira pessoa", e a gestualidade estabelece também o contexto temporal e espacial da situação de comunicação. Pelo olhar, pelo movimento da cabeça e das mãos, principalmente, o destinador do anúncio comunica-se diretamente ou indiretamente com seu destinatário. A comunicação gestual em primeira pessoa produz os efeitos de sentido próprios da oralidade, anteriormente apontados, graças à criação do simulacro de comunicação em situação, à instituição de um *eu, aqui, agora*, ao efeito de aproximação espacial, temporal e actorial.

A publicidade de bancos emprega efeitos de sentido de oralidade, tentando, em geral, produzir os sentidos positivos mencionados: de reciprocidade, de cumplicidade, de proximidade, de sinceridade. Esses efeitos são criados tanto pelo verbal escrito, como foi visto, quanto pela gestualidade representada visualmente.

Vejamos alguns exemplos de comunicação gestual em 1ª pessoa, com os efeitos positivos de oralidade, e em 3ª pessoa, sem esses sentidos.

Comunicação gestual em 3ª pessoa entre enunciador/narrador e enunciatário/narratário:

Figura 3 – Banco do Brasil

Figura 4 – Banco Bradesco

Esses textos são enunciados que criam efeitos de distanciamento da enunciação e efeitos de objetividade: o enunciatário observa uma cena em 3ª pessoa, de que não participa diretamente. A gestualidade do rosto, das mãos ou do corpo não se dirigem a ele, e sim aos demais atores do enunciado.

Comunicação gestual em 1ª pessoa, entre enunciador/narrador e enunciatário/narratário:

Figura 5 – Banco do Brasil

Figura 6 – Banco Itaú

No primeiro texto, instala-se, sobretudo pelo olhar, mas também pela gestualidade do corpo e das mãos, uma comunicação em 1ª pessoa entre o destinador, que, com esses procedimentos, diz *eu*, e o destinatário, que é instalado como *você*. No segundo texto com enunciação enunciada, há, além da gestualidade dos olhos e do corpo, o gesto de "mostrar", de "indicar".

A comunicação gestual, em geral, tal como proposta por Greimas, cumpre cinco das funções jakobsonianas da linguagem: a função fática, a função apelativa, a função emotiva; a função metalinguística (gestualidade mimética) e a função estética (gestualidade lúdica). Essas funções aparecem na comunicação gestual representada, tanto no nível do enunciado, quanto no da enunciação, que nos interessa aqui e que examinaremos a seguir.

A gestualidade mimética tem, como foi dito, função metalinguística. Ela fala dos signos visuais ou gestuais da práxis gestual. Os melhores exemplos do *corpus* examinados são de anúncios do banco Itaú, que criaram uma espécie de logotipo gestual do banco: um dedo para fazer gestualmente o arroba, mas com i, a letra inicial do nome do banco, para acentuar sua modernidade tecnológica. O gesto é dirigido diretamente ao destinatário-cliente, em uma enunciação enunciada, estabelecendo uma comunicação em primeira pessoa, com função metalinguística:

Figura 7 – Banco Itaú

Se a comunicação gestual pode ter várias funções, ela, em geral, é pobre no que diz respeito à função informativa ou referencial da linguagem. Segundo Greimas (1970, p.40), quem gesticula só pode falar de si mesmo e se revela incapaz de contar o mundo. Os gestos mais próximos dessa função que encontramos no material analisado são os gestos de "mostrar" ou de "indicar", apresentados em textos em primeira pessoa (como no segundo texto de enunciação enunciada, anteriormente examinado), que, embora tenham função predominantemente conativa ou apelativa, assumem também o papel de dar ao enunciatário/narratário informação sobre o que é mostrado.

A comunicação gestual com função fática e/ou apelativa e/ou emotiva é a mais comum nos anúncios. Decorre daí o caráter fortemente emocional e passional da comunicação gestual, em detrimento do racional e do inteligível. Na comunicação gestual no nível da enunciação, a gestualidade com essas funções se faz, em geral, em primeira pessoa.

Nos textos apresentados em "primeira pessoa", a gesticulação tem a função fática dominante de estabelecer a comunicação, mas também função conativa ou apelativa, própria da publicidade, e, principalmente, função emotiva. A gestualidade com função emotiva ou atributiva comunica emoções, sentimentos, paixões e reforça o caráter emocional e passional dos textos gestuais em 1ª pessoa. Nos anúncios de bancos são principalmente paixões de alegria, de felicidade e de prazer (por movimentos da boca e dos olhos), e de tranquilidade, de serenidade e de paz (por gestos da boca, dos olhos, da mão e da postura do corpo), conforme se pode observar nos anúncios que seguem, o primeiro, com a tranquilidade e a serenidade, o segundo, com a alegria e o prazer:

Figura 8 – Banco Itaú

Figura 9 – Banco do Brasil

A gestualidade representada no nível da enunciação dos anúncios organiza, assim, a enunciação desses textos: assegura relações de aproximação ou de distanciamento entre o destinador e o destinatário dos textos, estabelece, quando há gestualidade em 1ª pessoa, o simulacro de uma comunicação em presença e, nesse caso, aproxima os interlocutores corporalmente, sensorialmente e, mesmo, quase "oralmente". Nos anúncios das instituições financeiras, os efeitos da comunicação gestual em primeira pessoa são, sobretudo, de subjetividade, de sinceridade, de franqueza, de informalidade, de envolvimento passional entre destinador e destinatário. Essas estratégias são empregadas principalmente nos anúncios que se dirigem ao público mais jovem, às mulheres, aos aposentados, às camadas menos prestigiadas da sociedade a que o senso comum e as pesquisas de opinião atribuem sensibilidade mais aguçada aos valores emocionais e sensoriais.

Semântica discursiva: o ator da enunciação

No item anterior, mostramos de forma muito simplificada como a semiótica trata da enunciação enquanto organização sintática narrativa, no nível da sintaxe discursiva, construindo os actantes da enunciação, o sujeito da enunciação, o enunciador e o enunciatário e usando procedimentos de projeção do tempo, do espaço e da pessoa do discurso, nessa organização. Agora, vamos observar como se constrói o ator da enunciação no âmbito da semântica discursiva.

O ATOR DA ENUNCIAÇÃO E O *ÉTHOS* DO ENUNCIADOR

Greimas e Courtés (1979, p.8) distinguem o actante da enunciação do ator da enunciação:

> Do ponto de vista da produção do discurso, poder-se-á distinguir o actante da enunciação, que é um actante logicamente implícito, logicamente pressuposto pelo enunciado, do ator da enunciação: neste último caso, o ator será, por exemplo, "Baudelaire", na medida em que se define pela totalidade de seus discursos.

O actante, para a semiótica, é uma posição sintática, enquanto o ator é a concretização semântica (temática e figurativa) desse actante. O ator da enunciação é, assim, o actante da enunciação "preenchido" semanticamente por papéis temáticos e por investimento figurativo, o que lhe dá "corpo" – cheiros, cores, formas, sons, etc. – e determina seu modo de ser, de fazer e de sentir.

Para a semiótica, a construção do ator da enunciação é a construção da identidade do enunciador, de seu *éthos*. A noção de *éthos* aqui utilizada foi retomada de Aristóteles e da sua retórica (1991) na perspectiva da semiótica discursiva (ver, sobretudo, Discini, 2003 e Fiorin, 2004): o *éthos* se explica nos textos a partir das marcas da enunciação deixadas no enunciado; o *éthos* do enunciador é a sua imagem construída nos textos como um ator da enunciação e não como um actante da enunciação ou como um autor de carne e osso; deve-se distinguir o *éthos* do enunciador do *éthos* do narrador (Fiorin, 2004, p.122), sendo o *éthos* do narrador definido por um único discurso, e o do enunciador, por um conjunto, uma totalidade de discursos.

Com base na análise de um único texto, é, por conseguinte, difícil diferenciar a identidade do enunciador da do narrador instalado ou implícito no texto, pois só a observação de um conjunto de textos separará o *éthos* do enunciador do do narrador (Discini, 2003).

PAPÉIS TEMÁTICOS E FIGURATIVOS

Temas e figuras constituem a semântica discursiva: os temas são os conteúdos semânticos tratados de forma abstrata, e as figuras, o investimento semântico-sensorial dos temas. Segundo Fiorin (1988, p.1-19), a semântica discursiva depende mais diretamente de fatores sociais, apresenta-se como o campo da determinação ideológica inconsciente, e é o nível em que as determinações sócio-históricas e ideológicas ocorrem de forma mais cabal. Os temas e figuras são, portanto, determinados sócio-historicamente e trazem para os discursos o modo de ver e de pensar o mundo de classes, grupos e camadas sociais, assegurando assim o caráter ideológico desses discursos. Podem-se exemplificar os temas e as figuras com a rápida análise (Barros, 2002a, p.51-52) de parte de um ensaio de Roberto Pompeu de Toledo, "Pode deixar o carro aí mesmo, doutor" (Toledo, 1996):

> Lá vem o grão-senhor em seu ginete. Ploc, ploc, ploc. Ouve-se o som do galope, ploc, ploc, cada vez mais próximo. Agora ele diminui a velocidade, ploc, enfim chega à porta do castelo. Então salta da montaria e enfia-se direto castelo adentro – claro que não se preocupa em amarrar o cavalo, menos ainda em desatrelá-lo. Não são coisas para pessoa de sua categoria. Quando chegou, o serviçal ao qual se dá o nome de palafreneiro, ou cavalariço, ou estribeiro, já estava a postos para executar o serviço. Da mesma forma, quando o senhor voltar a sair, lá estará o criado, presto, com o ginete no jeito para que as augustas botas não se deem ao trabalho de outro passo senão galgar o estribo. Hoje o nome do palafreneiro é manobreiro, ou manobrista. Manobreiro no Rio de Janeiro, manobrista em São Paulo. Os tempos mudaram, e com eles os trajes e muitas outras coisas. Os castelos rareiam, como habitação, e os animais perderam terreno, como meio de transporte, mas no país chamado Brasil o equivalente do palafreneiro continua firme e forte, à porta dos restaurantes. "Boa tarde, doutor, pode deixar aí mesmo". O doutor larga o carro onde lhe for de maior conforto. O manobrista (ou manobreiro) cuida do resto.

O tema, no texto citado, é o do atraso medieval do Brasil, em que se mantêm as desigualdades sociais e em que triunfa o interesse individual sobre o coletivo. O tema tem duas coberturas figurativas, que se relacionam metaforicamente: a do grão-senhor, do castelo, do cavalo, do criado, das botas, do palafreneiro; a do manobrista, do doutor, do carro, do restaurante. O tema e as coberturas figurativas da semântica discursiva mostram que, nesse lugar discursivo, ocorrem, fortemente, as determinações ideológicas da linguagem. Opõem-se no ensaio dois discursos: o do direito ao privilégio da classe social dominante, o do caráter medieval e burro de uma elite que não se atualizou. A escolha desse texto como exemplo deveu-se, sobretudo, ao fato de o ensaísta nele explicitar a determinação ideológica dos discursos, como pode ser percebido, com clareza nas suas considerações finais:

> Na verdade, a causa das causas, a origem de tudo, para além do dono do restaurante e da pobre figura do moderno palafreneiro, é uma certa maneira de ser – é a cabeça de um senhor (e uma senhora) acostumado(a) a ser servido(a) e assistido(a) nas atividades mais simples, mesmo que isso cause prejuízo e transtorno a terceiros. A manobra que se vê na porta dos restaurantes tem origem em hábitos tão entranhados na vida dos brasileiros mais ricos que lhes parecem naturais como a água que bebem, ou o ar que respiram.

Algumas pistas do ator da enunciação aparecem nesse texto, muito embora, como afirmamos, não seja possível separar o *éthos* do enunciador do *éthos* do narrador, se se analisa um único texto.

Essas marcas são: o estilo contundente e objetivo (uso do presente, em lugar do pretérito perfeito; emprego da 3ª pessoa do enunciado enunciado; utilização de expressões como "na verdade" e de relações de causa e efeito), que, na dimensão racional do texto, constrói um enunciador/narrador competente e que diz a verdade; a ironia constante (com o uso de expressões como "*claro que* não se preocupa em amarrar o cavalo, menos ainda em desatrelá-lo", ou "augustas botas", "pessoa de sua categoria", "galgar o estribo", "continua firme e forte", "ploc, ploc, ploc", e com a comparação entre os senhores medievais e os ricos dos tempos atuais) que, nas dimensões do inteligível, mas, sobretudo, do emocional, do passional, do sensorial, cria um enunciador/narrador crítico, engajado, comprometido. O tom é, ao mesmo tempo, didático, com as comparações mencionadas, o uso das relações causais do discurso do exercício (Zilberberg, 2007) e a objetividade da enunciação, e poético, com as estratégias da ironia, com a aproximação da enunciação pela presentificação temporal, com alguns recursos sensoriais, com a escolha de um vocabulário mais "arcaico" para mostrar o atraso medieval dos brasileiros ricos: ginete, grão-senhor, presto, etc.[3]

Observa-se, assim, que a construção do ator da enunciação mostra claramente sua inserção sócio-histórica e ideológica, a partir do exame dessas determinações inconscientes dos temas e figuras do discurso.

Além disso, conforme foi já apontado, as figuras dão investimento sensorial aos temas e, a partir daí, "corpo" ao ator da enunciação. Com o barulho do cavalo ou as rimas de grão-senhor e doutor, com os traços visuais de castelo, cavalo, botas, palafreneiro, manobrista/manobreiro, Brasil, São Paulo, Rio de Janeiro, restaurantes, o enunciador cria um texto figurativo e, ao mesmo tempo, constrói-se sensorialmente como figura.

O exame dos atores da enunciação é, portanto, o modo como os estudos semióticos procuram dar à enunciação traços corporais e sócio-históricos.

Considerações finais

Os princípios teóricos e metodológicos da semiótica propostos para o exame da enunciação pretendem dar conta da enunciação de quaisquer tipos de texto (visuais, verbais, sincréticos) e permitir a comparação e a aproximação deles.

A semiótica tem, cada vez mais, voltado-se para o exame da enunciação. Este estudo procurou mostrar as duas direções assumidas pelas reflexões semióticas: a de examinar a enunciação como a organização sintática narrativa dos actantes da enunciação, em especial, do sujeito da enunciação, articulado em enunciador e enunciatário; a de tratar da enunciação como investimentos semânticos do ator da enunciação, em um conjunto de textos. Se o sujeito-ator da enunciação não é o autor de carne e osso, conforme se tem insistido, ele participa de uma narrativa, de uma história de manipulações, de ações e de busca de sentido, e tem identidade, valores e um corpo discursivo.

Notas

[1] Os estudos de Fiorin sobre a enunciação, em particular *As astúcias da enunciação*, de 1996, fundamentam as considerações sobre a sintaxe enunciativa.

[2] Para o exame das categorias de pessoa, remete-se a Fiorin (*As astúcias da enunciação*, 1996).

[3] Ver exemplos de construção do *éthos* do enunciador em Fiorin (2004).

Bibliografia

Aristóteles. *Rhétorique*. Paris: Librairie Générale Française, 1991.

Bakhtin, Mikhail. *La poétique de Dostoiévski*. Paris: Seuil, 1970.

_____. *La cultura popular en La Edad Media y Renacimiento*. Madrid: Barral Editores, 1974.

Barros, Diana Luz Pessoa de. *Teoria do discurso. Fundamentos semióticos*. São Paulo: Atual, 1988.

_____. *Teoria semiótica do texto*. São Paulo: Ática, 1990.

_____. Entre a fala e a escrita. Algumas reflexões sobre as posições intermediárias. In: PRETI, Dino. *Fala e a escrita em questão*. São Paulo: Humanitas, 2000, p.57-77.

_____. Enunciação e língua falada. In: URBANO, Hudinilson et al. (org.). *Dino Preti e seus temas*. 1.ed., v.11. São Paulo: Cortez, 2001.

_____. A comunicação humana. In: FIORIN, J. L. (org.) *Introdução à linguística I*. Objetos teóricos. São Paulo: Contexto, 2002a.

_____. Interação em anúncios publicitários. In: PRETI, Dino. *Interação na fala e na escrita*. São Paulo, Humanitas, 2002b, p.17-44.

_____. Efeitos de oralidade no texto escrito. In: PRETI, Dino. *Oralidade em diferentes discursos*. São Paulo: Humanitas, 2006a, p.57-84.

_____. O discurso da norma nas gramáticas portuguesas do século XVI. *Estudios Portugueses* JCR, v.5, 2006b, p.11-24.

_____. Rumos da semiótica. *Todas as Letras* (São Paulo), v.9, n.1, 2007, p.12-23.

_____. Os sentidos da gestualidade: transposição e representação gestual. CASA, v.8, 2010, p.5-25.

BARROS, João de. *Gramática da língua portuguesa*. 3.ed. organizada por José Pedro Machado, Lisboa, 1957 (1ª edição de 1540).

_____. *Gramática da língua portuguesa. Cartinha, gramática, dialogo em louvor da nossa linguagem e dialogo da viciosa vergonha*. Reprodução fac-similada, leitura, introdução e anotações por Maria Leonor Carvalhão Buescu. Lisboa: Faculdade de Letras da Universidade de Lisboa, 1971 (1ª edição de 1540).

DISCINI, Norma. *O estilo nos textos*. São Paulo: Contexto, 2003.

FIORIN, José Luiz. *Linguagem e ideologia*. São Paulo: Ática, 1988.

_____. *As astúcias da enunciação*. São Paulo: Ática, 1996.

_____. O *éthos* do enunciador. In: CORTINA, A.; MARCHEZAN, R. C. (org.) *Razões e sensibilidade*: a semiótica em foco. Araraquara: Laboratório Editorial/FCL/Unesp, São Paulo: Cultura Acadêmica Editora, 2004.

GREIMAS, Algirdas Julien. *Sémantique structurale*. Paris: Larousse, 1966.

_____. *Du sens*. Paris: Seuil, 1970.

_____. Conditions d'une sémiotique du monde naturel. In: *Du sens*. Paris: Éditions du Seuil, 1970, p.49-91.

_____. *Du sens II*. Paris: Seuil, 1983.

GREIMAS, Algirdas Julien; COURTÉS, Joseph. *Dicionário de semiótica*. São Paulo: Cultrix, 1979.

HJELMSLEV, Louis. *Prolégomènes à une théorie du langage*. Paris: Minuit, 1968.

OLIVEIRA, Fernão de. *Grammatica da lingoagem portuguesa*. 3.ed. por Rodrigo de Sá Nogueira, Lisboa, 1956 (1ª edição de 1536).

_____. *Gramática da linguagem portuguesa*. Introdução, leitura actualizada e notas por Maria Leonor Carvalhão Buescu. Lisboa: Imprensa Nacional. Casa da Moeda, 1975 (1ª edição de 1536).

TOLEDO, Roberto Pompeu de. Pode deixar o carro aí mesmo, doutor. *Veja*, São Paulo, 5 de junho de 1996.

ZILBERBERG, Claude. Louvando o acontecimento. *Galáxia* 13, 2007, p.13-28.

Dialogismo, enunciação e argumentação

José Luiz Fiorin

Aristóteles, seguindo uma longa tradição, divide os raciocínios em necessários e preferíveis (1991, I, 2, 1356b-1358a; 1991, I, 1; II, 27). O primeiro é aquele cuja conclusão decorre necessariamente das premissas colocadas, ou seja, sendo verdadeiras as premissas, a conclusão não pode não ser válida. O tipo perfeito de raciocínio necessário era, para o filósofo, o silogismo demonstrativo:

> Todos os metais são bons condutores de eletricidade.
> Ora, o mercúrio é um metal.
> Logo, o mercúrio é um bom condutor de eletricidade.

Como é verdadeiro que os metais são bons condutores de eletricidade e que o mercúrio é um metal, não pode não ser verdade que o mercúrio é um bom condutor de eletricidade. Nesse caso, a conclusão não depende de valores, da visão de mundo, de posições religiosas, de sentimentos, etc.

Os raciocínios preferíveis são aqueles cuja conclusão é possível, provável, plausível, mas não necessariamente verdadeira, porque as premissas sobre as quais ela se assenta não são logicamente verdadeiras. O silogismo dialético ou retórico é um exemplo desse tipo de raciocínio.

> Os bancos antigos são sólidos.
> Ora, X é um banco antigo.
> Logo, X é sólido.

Nesse caso, é possível, é provável, é plausível, mas não logicamente verdadeiro, que X seja sólido, uma vez que os bancos antigos não são necessariamente sólidos. Nesse caso, a admissão de certas premissas e, portanto, de determinadas conclusões depende de crenças e de valores.

Os raciocínios necessários pertencem ao domínio da lógica e servem para demonstrar determinadas verdades. Os preferíveis são estudados pela retórica e destinam-se a persuadir alguém de que uma determinada tese deve ser aceita, porque ela é mais justa, mais adequada, mais benéfica, mais conveniente e assim por diante. Nos negócios humanos, não há, na maioria das vezes, verdades lógicas. Por exemplo: o aborto é um direito ou um crime; a parceira civil de pessoas do mesmo sexo é a reparação de uma situação de iniquidade ou uma aberração; deve-se fazer o que é conveniente ou o que é justo? Nenhuma dessas conclusões é logicamente verdadeira, porque elas dependem de valores, de crenças, de temores, de anseios, etc.

A persuasão faz-se, segundo Cícero, pelo convencimento, quando se mobilizam argumentos para levar a aceitar uma tese; pela comoção, quando isso é feito insuflando o estado de espírito do destinatário, suas paixões, seus preconceitos, etc.; pelo encantamento, pelo deleite (1932, II, 28, 121; cf. Tringale, 1988, p.21).

Para Michel Meyer, a unidade sobre a qual se debruça a retórica é o discurso, manifestado pelos textos, quando discute o que é provável, incerto, contestável, quando apresenta o que poderia ser diferente ou mesmo poderia não ser. Ela tem por objeto uma discursividade diferente da examinada pela lógica (In: Aristóteles, 1991, p.38). Para o autor francês, a retórica visa a estabelecer uma "negociação da distância entre sujeitos", no sentido de que ela produz efeitos pragmáticos e passionais (por exemplo, ameaça, indignação, apaziguamento) com vistas à adesão a uma tese que se pretende comum entre o que produz o texto e aquele que o recebe. O enunciador leva em conta o questionamento do outro, para que ele possa ser persuadido. Isso põe em questão a dimensão sensível da linguagem (In: Aristóteles, 1991, p.38).

A retórica antiga continha cinco operações, embora somente as três primeiras fossem realmente objeto de estudos mais acurados:

1.	inventio	héuresis	invenire quid dicas
2.	dispositio	táxis	inventa disponere
3.	elocutio	léxis	ornare verbis
4.	actio	hypócrisis	agere et pronuntiare
5.	memoria	mnéme	memoriae mandare (Barthes, 1975, p.182).[1]

A retórica é, sem dúvida nenhuma, a disciplina que, na história do Ocidente, deu início aos estudos do discurso. Tira ela seu nome do grego *rhéseis*, que quer dizer "ação da falar", donde "discurso". *Rhetoriké* é a arte oratória, de convencer pelo discurso. A emergência da primeira disciplina discursiva traz consigo a consciência da heterogeneidade discursiva. Com efeito, desde o seu princípio, estava presente nos ensinamentos de Córax que todo discurso pode ser invertido por outro discurso, tudo o que é feito por palavras pode ser desfeito por elas, a um discurso opõe-se um contradiscurso. Conta-se que Córax dispôs-se a ensinar suas técnicas a Tísias, combinando com ele que seria pago em função dos resultados obtidos pelo discípulo. Quando Tísias defendesse a primeira causa, pagar-lhe-ia se ganhasse; se perdesse, não lhe deveria nada. Terminadas as lições, o aluno entra com um processo contra o mestre. Nessa primeira demanda, ele ganharia ou perderia. Se ganhasse, não pagaria nada por causa da decisão do tribunal. Se perdesse, não deveria nada por causa do acordo particular entre eles. Córax constrói seu contradiscurso, retomando a argumentação de Tísias, mas invertendo-a. Se Tísias ganhar o processo, deve pagar por causa do acordo particular; se perder, deve pagar por causa da decisão do tribunal. Nos dois casos, deve pagar (Plantin, 1996, p.5).

Os sofistas continuaram a impulsionar a nova disciplina. Devem-se a eles várias noções discursivas, entre as quais a mais importante é a da antifonia, ou seja, a prática sistemática da oposição entre discursos: a cada discurso corresponde um outro discurso, produzido por um outro ponto de vista.[2]

Na medida em que a argumentação é um fato de discurso, diz respeito tanto à enunciação, ato de produzir o enunciado, quanto ao dialogismo, modo de produção real do enunciado.

Para Greimas, no ato enunciativo, o falante realiza três operações: a debreagem, a embreagem e a convocação.

A debreagem é um mecanismo de instauração de pessoas, espaços e tempos no enunciado. É uma operação pela qual a instância da enunciação projeta fora dela as categorias ligadas a sua estrutura de base (a pessoa, o tempo e o espaço) para constituir os elementos sobre os quais se assenta o enunciado-discurso. Dessa forma, ela povoa o enunciado de pessoas, temporaliza-o e espacializa-o. A debreagem pode ser enunciativa ou enunciva. Na enunciativa, instalam-se no enunciado os actantes da enunciação (*eu/tu*), o que cria uma narrativa em que o narrador se explicita como *eu* e em que pode também enunciar claramente o "leitor" a quem se dirige. Instauram-se também o espaço do *aqui* e aqueles que se organizam a partir desse marco (*aí, ali, lá, acolá*). Instituem-se os tempos relacionados diretamente ao presente do ato de dizer (concomitância, anterioridade e posterioridade ao presente). Observe-se, por exemplo, o início do poema "Passagem das horas", de Álvaro de Campos, um dos heterônimos de Fernando Pessoa:

> Trago dentro do meu coração,
> Como num cofre que se não pode fechar de cheio,
> Todos os lugares onde estive,
> Todos os portos a que cheguei,
> Todas as paisagens que vi através de janela ou vigias,
> Ou de tombadilhos, sonhando,
> E tudo isso, que é tanto, é pouco para o que eu quero. (1969, p.341)

A debreagem enunciativa produz a enunciação enunciada, ou seja, os elementos da enunciação que estão no enunciado. Na debreagem enunciva, instalam-se no dito os actantes do enunciado (*ele*), o que cria uma narrativa em que o narrador se ausenta daquilo que diz, fato que é imprecisamente denominado narrativa em terceira pessoa. Nela é como se os fatos se narrassem a si mesmos. Instauram-se também os espaços que não têm nenhuma relação com o espaço enunciativo (por exemplo: o romance *Ubirajara*, de Alencar, começa com a seguinte localização no espaço: "Pela margem do grande rio, caminha Jaguarê, o jovem caçador" (1965, p.270). Instituem-se os tempos relacionados seja a um marco temporal pretérito (concomitância, anterioridade e posterioridade ao pretérito), seja a um marco temporal futuro (concomitância, anterioridade e posterioridade ao futuro). Esse tipo de debreagem cria um efeito de sentido de objetividade. Efetivamente, se os fatos parecem narrar-se a si mesmos, num espaço não relacionado ao da enunciação e num tempo pretérito ou futuro, que simulam o tempo cósmico, então o texto se tinge de "objetividade". A debreagem enunciva produz o enunciado enunciado, que é assim chamado para mostrar que mesmo o que parece escapar ao ato enunciativo é enunciado. Ao produzir efeitos de objetividade e de subjetividade, de realidade e de irrealidade, a debreagem ganha uma dimensão argumentativa.

Em diversas épocas, houve escritores que puseram em xeque a ideia de que a linguagem é representação da realidade. A linhagem desses autores inclui Cervantes, Diderot, Sterne, Machado de Assis, etc. Enquanto o realismo-naturalismo pretendia expressar a verdade do mundo e a "realidade" dos fatos, essa outra vertente romanesca, contraditoriamente, desejava mostrar-se como ficção, como discurso, como linguagem. Aquele é sério, grave, esta é brincalhona, irônica e reflexiva, escrita com "a pena da galhofa e a tinta da melancolia" (Assis, 1979, I, p.513); aquele mostra aos leitores o que é; esta fala do que pode ser. Ao negar que a linguagem seja representação, esses romancistas recusam a verdade estabelecida, a realidade do senso comum e, assim, levam a desconfiar de todos os dogmas, sejam eles estabelecidos pela religião, pela ciência ou pelos cânones artísticos. A verdade, assim, não é una, mas plural; não é estável, mas instável; não é fixa, mas é móvel; não é absoluta, mas relativa. Negam-se dessa forma as ortodoxias. O homem não é monolítico em suas certezas, mas um ser que age segundo seus interesses, que altera suas posições; não é, como dizia Pascal, um caniço pensante, mas, como afirmava Machado, "uma errata pensante" (1979, I, p.578). Por isso, não admite narradores em terceira pessoa em sentido estrito. Em *Dom Casmurro*, não sabemos se Capitu traiu ou não traiu Bentinho. Se o autor quisesse que soubéssemos, teria usado um narrador em terceira pessoa. *Dom Casmurro* não conta uma vulgar história de traição, mas é um romance sobre a relatividade da verdade. Por outro lado, essa corrente romanesca rejeita também a subjetivação da linguagem, dominante nos romantismos, e, ao fazer isso, mostra que não existem idealizações e heróis, que não há um mundo que reparta, com nitidez, bons e maus, mas que o mundo é muito misturado, contaminado da sujeira, das paixões, das baixezas e elevações. É por tudo isso que essa posição romanesca aparece nos momentos em que as condições sócio-históricas abalam as certezas e as crenças.

Essa maneira de enunciar era, por exemplo, a única capaz de expressar as mudanças trazidas pela industrialização; pela emergência na cena política do proletariado urbano; pela revolução soviética; pelas guerras mundiais; pelo advento da democracia; pela percepção da heterogeneidade social, em que as classes estão em conflito; pelos progressos da ciência, quando se mostram os limites e a relatividade da geometria euclidiana e da física newtoniana, bem como a não soberania do homem sobre a própria consciência. Esse modo de enunciar é a discursividade dos momentos em que se deve banir a opressão, em que se deseja criar uma nova ordem.

A embreagem é o efeito de retorno à instância de enunciação, produzido pela suspensão da oposição entre dois termos das categorias de pessoa ou de espaço ou de tempo. Nessa operação, neutralizam-se as diferenças constitutivas dessas categorias, o que leva à utilização de uma pessoa com valor de outra, de um marcador de espaço com sentido de outro ou de um tempo com significado de outro. Ao criar efeitos de sentido, essa operação adquire um valor argumentativo. Num artigo publicado na *Folha de S.Paulo* de 31/1/2010, Elio Gaspari relata que Lula teria dito: "O FMI chegava ao Brasil humilhando o governo, dando palpite. Se antes era o Brasil que devia ao FMI e ficava como cachorro magro com o rabo entre as pernas, agora quem me deve é o FMI". O articulista acrescenta o seguinte comentário: "O FMI não deve dinheiro a Lula. Deve ao Brasil". Ele reprova o presidente pelo fato de usar uma primeira pessoa do singular no lugar de uma terceira do singular, o Brasil. No entanto, o que Lula fez foi utilizar uma primeira pessoa do singular no lugar de uma terceira pessoa, criando, assim, um efeito de subjetividade, para mostrar que cabe a ele representar o Brasil. Um procedimento inverso é o uso da terceira pessoa no lugar da primeira, para criar um efeito de objetividade como se a pessoa falasse de uma personagem. É o que faz Pelé, por exemplo: "É difícil carregar a fama do Pelé. As tentações são muitas. O Edson é humano e adoraria levar uma vida mais divertida, mas sabe que é o equilíbrio e a base do Pelé. Os dois sabem quanto é importante não decepcionar o povo brasileiro" (*Veja*, 4/3/2009). Butor mostrou, por exemplo, a dimensão política desse uso no *De bello gallico*: César usa apenas a terceira pessoa, porque, quando se enuncia, não é uma pessoa que fala, mas é o próprio Império Romano (1964, p.69).

Em *O coronel e o lobisomem*, de José Cândido de Carvalho, na passagem "Porta na taramela, ligeirinho pedi ao major notícia de Dona Bebé de Melo: – Seu compadre, onde anda *essa* beleza" (1971, p.239), suspende-se a oposição entre *aquela* e *essa*, utilizando-se o segundo pronome no lugar do primeiro.

No conto *O cônego ou metafísica do estilo*, de Machado de Assis, depois de começar a narrar no passado ("Matias, cônego honorário e pregador efetivo, estava compondo um sermão, quando começou o idílio psíquico"), o autor neutraliza a oposição entre o pretérito perfeito (concomitante do pretérito) e o presente (concomitante do presente) e este passa a ser usado em lugar daquele, para criar uma simultaneidade entre a narração e o narrado:

> Procuram-se e acham-se. Enfim, Sílvio achou Sílvia; viram-se, caíram nos braços um do outro, ofegantes de canseira, mas remidos com a paga. Unem-se, entrelaçam os braços e regressam palpitando da inconsciência para a consciência. (1979, II, p.573)

Na canção "João e Maria", de Chico Buarque de Hollanda, há um uso interessante da categoria do tempo: em lugar do presente utiliza-se o pretérito imperfeito. Com isso, cria-se um efeito de ficcionalidade, de irrealidade, de acontecimento destacado da presença real do presente.

> Agora eu *era* herói
> E o meu cavalo só *falava* inglês.
> A noiva do cowboy
> *Era* você, além das outras três.
> Eu *enfrentava* os batalhões,
> Os alemães e seus canhões.
> *Guardava* o meu bodoque
> E *ensaiava* o rock para as matinês.

A embreagem é um efeito de retorno à instância de enunciação, porque, quando se instalam no enunciado pessoas, espaços e tempos no seu sentido próprio, eles simulam pessoas, espaços e tempos do mundo real. No entanto, quando se utiliza uma pessoa no lugar de outra, um tempo com valor de outro, um marcador de espaço com o sentido de outro, nota-se claramente que pessoa, espaço e tempo são construções da linguagem: a primeira pessoa do plural pode indicar a primeira do singular; a segunda do singular pode ser usada pela primeira do singular; o espaço da primeira pessoa pode apontar para o da terceira; o presente pode tornar-se futuro e assim por diante. As embreagens produzem efeitos de *aproximação* e *distanciamento* da instância da enunciação, que se concretizam como *subjetividade* e *objetividade* na categoria de pessoa; como *presentificação* e *absenteização* na categoria de espaço; como *conjunção* e *deslocação*, *realidade* e *virtualidade*, *inacabamento* e *não início* na categoria de tempo. É necessário postular teoricamente que toda embreagem pressupõe uma debreagem anterior, porque é preciso haver uma marca que indique ao leitor que uma pessoa, um tempo ou um marcador de espaço estão sendo usados no lugar de outro. Ora, essa marca deve ser descrita como um vestígio da debreagem que precede a embreagem. Na frase "Dizem que os cariocas somos pouco dados aos jardins públicos" (Machado de Assis, 1979, II, p.720), a terceira pessoa do plural está no lugar da primeira do plural e isso é marcado pela concordância verbal, que é explicada pela ocorrência de uma debreagem anterior à embreagem (os cariocas = eu e os demais cariocas).

Constituem embreagens também as voltas ao passado (presentificações do passado) ou as antecipações do futuro (presentificações do futuro), que, no cinema, recebem o nome da *flashback* e *flashforward* e, nas narrativas verbais, analepses e prolepses.

As antecipações são mais raras do que o retorno ao passado, porque a forma "normal" de narrar é situar os acontecimentos antes do momento da narração. No episódio do Gigante Adamastor, no canto V de *Os Lusíadas*, de Camões, o gigante fala, nas estrofes 41 a 48, como um oráculo, vaticinando o destino de alguns navegadores que atravessarão seus domínios. Por outro lado, a narração da viagem de Vasco da Gama começa no Canto I, estrofe 19, com a frota já no mar: "Já no largo Oceano navegavam". A empresa dada a Vasco da Gama e a partida da armada serão narradas com uma analepse apenas no canto IV (estrofes 76 a 104). Os portugueses encontram, no canto II, um porto amigável, Melinde, onde se vão restabelecer para o prosseguimento da sua viagem. Aí, o rei vai solicitar a Vasco da Gama o relato da história de Portugal, que vai ser narrada pelo capitão, nos cantos III e IV, em forma de analepse.

A última operação é a convocação (Greimas e Fontanille, 1993, p.69-70), que é o chamamento em discurso, é o processo de discursivização de qualquer grandeza semionarrativa disponível. A enunciação convoca as possibilidades ausentes e torna-as presentes. Com ela, criam-se textos figurativos, que, em sua maior concretude, têm a finalidade de criar simulacros da "realidade", ou textos temáticos, que, em sua maior abstração, têm o objetivo de explicar o mundo. Ao criar simulacros ou explicações da realidade, a figurativização ou a tematização têm uma dimensão argumentativa. Para explicar isso, tomemos como exemplo um trecho do poema "Alguns toureiros", de João Cabral de Melo Neto.

> Mas eu vi Manuel Rodriguez,
> *Manolete*, o mais deserto,
> o toureiro mais agudo,
> mais mineral e desperto,
>
> o de nervos de madeira,
> de punhos secos de fibra,
> o de figura de lenha,
> lenha seca da caatinga,
>
> o que melhor calculava
> o fluido aceiro da vida,
> o que com mais precisão
> roçava a morte em sua fímbria,

o que à tragédia deu número,
à vertigem, geometria,
decimais à emoção
e ao susto, peso e medida,

sim, eu vi Manuel Rodriguez,
Manolete, o mais asceta,
não só cultivar sua flor
mas demonstrar aos poetas:

como domar a explosão
com mão serena e contida,
sem deixar que se derrame
a flor que traz escondida,

e como, então, trabalhá-la
com mão certa, pouca e extrema:
sem perfumar sua flor,
sem poetizar seu poema. (1989, p.156)

O poeta fala, no texto, sobre alguns toureiros que conheceu. O último de que fala é Manolete. Na primeira estrofe do trecho que transcrevemos, ele recebe qualificações, de uma forma ou outra, relativas a mineral; na segunda, ganha qualificações concernentes a vegetal. Seus predicados são a secura, a contenção, a agudeza. Ele é *lenha, madeira, fibra* (vegetal seco) e não *planta*; é *deserto* (figura que lembra a secura, a contenção); é *mineral* (também evoca o que é seco e agudo). Esses predicados estão presentes no interior (*nervos*) e no exterior (*figura*) do toureiro.

Seus atos são figurativizados pelo percurso da matemática. A vida apresenta uma enorme fragilidade. Nela, a todo momento, roça-se a fímbria da morte. O poeta fala em *fluido aceiro da vida*. O ascetismo, a contenção, a secura de Manolete derivam da consciência dessa fragilidade, da certeza de que qualquer gesto menos preciso pode significar a morte. Por isso, à tragédia, à emoção, à vertigem e ao susto, que poderiam levar à ruptura com a realidade, ele contrapõe o *cálculo*, a *precisão*, o *número*, a *geometria*, os *decimais*, o *peso* e a *medida*. Os versos seguintes dizem que Manolete cultivava sua flor asceticamente, secamente. A flor é a emoção. É preciso conter a emotividade, domar sua explosão e, depois, trabalhá-la, não permitindo que se derrame. A emoção deve ser pouca. Não se deve nunca *perfumar a flor*, deixar que uma emotividade descontrolada se espalhe.

Essas estrofes estão referindo-se ao toureiro, cujo trabalho lhe impõe condições tais que a presença da morte é uma constante e a vida existe apesar das circunstâncias adversas.

Três versos não se encaixam no plano de leitura proposto, o da tauromaquia: *mas demonstrar aos poetas*, *sem poetizar seu poema* e *lenha seca da caatinga*. Como a atitude de Manolete é um ensinamento para os poetas? Esses versos determinam a criação de outro plano de leitura: o do ato de poetar. Todas as figuras devem ser lidas agora também nesse plano. O poeta deve ser seco, contido, agudo, domar as emoções, trabalhá-las parcamente. Sua poética deve ser contida, para que, com um gesto menos calculado, não rompa ele com a realidade em que o poeta deve trabalhar.

O último dos três versos leva a um plano de leitura social. Não se trata mais do toureiro espanhol, mas do sertanejo (*lenha seca da caatinga*), que, vivendo em condições tão extremas, roça a todo instante a fímbria da morte, devendo, pois, com precisão, calcular o fluido aceiro da vida. É seco, contido, doma suas emoções, pois qualquer gesto menos preciso pode significar a ruptura definitiva.

Esse texto admite, pelo menos, três leituras: a do tourear, a do poetar e a do viver no sertão. A dimensão dialógica desse poema é evidente. Tomemos, por exemplo, a poética que ele erige: Cabral sempre se opôs àquilo que considerava uma deriva sentimental e derramada da poesia brasileira.

Muitas vezes, essa dimensão polêmica fica explicitada no texto. É o que ocorre em "Profissão de fé", de Bilac:

> Não quero o Zeus Capitolino,
> Hercúleo e belo,
> Talhar no mármore divino
> Com o camartelo.
>
> Que outro – não eu! – a pedra corte
> Para, brutal,
> Erguer de Athene o altivo porte
> Descomunal.
>
> Mais do que esse vulto extraordinário,
> Que assombra a vista,
> Seduz-me um leve relicário
> De fino artista.
>
> Invejo o ourives quando escrevo:
> Imito o amor
> Com que ele, em ouro, o alto relevo
> Faz de uma flor.
>
> Imito-o. E, pois, nem de Carrara
> A pedra firo:
> O alvo cristal, a pedra rara,
> O ônix prefiro.
>
> Por isso, corre, por servir-me,
> Sobre o papel
> A pena, como em prata firme
> Corre o cinzel.

Corre; desenha, enfeita a imagem,
  A ideia veste:
Cinge-lhe ao corpo a ampla roupagem
  Azul-celeste.

Torce, aprimora, alteia, lima
  A frase; e, enfim,
No verso de ouro engasta a rima,
  Como um rubim.

Quero que a estrofe cristalina
  Dobrada ao jeito
Do ourives, saia da oficina
  Sem um defeito:

E que o lavor do verso, acaso,
  Por tão sutil,
Possa o lavor lembrar de um vaso
  De Becerril. (1942, p.5-7)

O texto é figurativo. Há um grupo de figuras que se refere à escultura: *talhar no mármore, Zeus Capitolino, camartelo, cortar a pedra, descomunal, vulto extraordinário, ferir a pedra de Carrara*; outro que diz respeito à ourivesaria: *leve relicário, fino artista, ourives, fazer o alto relevo de uma flor em ouro, preferir o alvo cristal, a pedra rara, o ônix, correr o cinzel em prata firme, limar, engastar, rubim, jeito do ourives, oficina, lavor, vaso de Becerril* (Alonzo Becerril, escultor espanhol do final do século XVI, muito apreciado por seus trabalhos em prata, principalmente vasos sagrados, como cálices, ostensórios, etc., que se caracterizavam pela extrema delicadeza); um terceiro que concerne ao fazer poético: *escrever, correr a pena sobre o papel, imagem, frase, verso, rima, estrofe*. O poeta diz que ele prefere o fazer poético que não se assemelha ao trabalho do escultor, mas ao do ourives. Por isso, ele tem que burilar a forma como o ourives, quando faz uma joia; prefere as pedras raras ao mármore (pedras raras aqui são as palavras nobres); realça o verso de ouro (o último verso era chamado *chave de ouro*) com uma grande imagem e com uma rima preciosa, ou seja, aquela que é difícil de encontrar; não publica verso defeituoso (*saia da oficina sem um defeito*), busca a delicadeza na composição do verso (observe-se a última estrofe). O poeta identifica as figuras referentes ao fazer poético com as figuras relacionadas à ourivesaria, para manifestar o tema do *culto à forma*, fundamento da poética parnasiana. Cultivava ela as formas fixas, a métrica perfeita, a rima rara, o preciosismo na seleção lexical. Por isso, o trabalho do poeta é comparado ao do ourives. Tudo isso era a negação da poesia romântica com seus versos livres e brancos. O poeta-escultor, cujo fazer é recusado, é o poeta da terceira geração romântica, cujo expoente é Castro Alves. Ele fez uma poesia indignada (a "ira condoreira"), plena de vocativos, de apóstrofes, de imprecações contra a divindade, de convocação da natureza e dos heróis do passado, repleta de hipérboles. Seus símiles são construídos com aspectos da natureza que sugerem a imensidão e a infinitude: os astros, o oceano, as procelas, os tufões, os alcantis, o Himalaia, os Andes, a águia, o condor. Tem um tom oratório e, por isso, apresenta a oralidade do discurso exaltado da praça pública. Esse tom declamatório é marcado por reticências, que indicam as pausas dramáticas; por travessões, que assinalam as pausas de elocução; por pontos de exclamação, que modulam a ênfase.

> E existe um povo que a bandeira empresta
> P'ra cobrir tanta infâmia e cobardia!...
> E deixa-a transformar-se nessa festa
> Em manto impuro de bacante fria!...
> Meu Deus! meu Deus! mas que bandeira é esta,
> Que impudente na gávea tripudia?!...
> Silêncio!... Musa! chora, chora tanto
> Que o pavilhão se lave no teu pranto...
>
> Auriverde pendão da minha terra,
> Que a brisa do Brasil beija e balança,
> Estandarte que a luz do sol encerra,
> E as promessas divinas da esperança...
> Tu, que da liberdade após a guerra,
> Foste hasteado dos heróis na lança,
> Antes te houvessem roto na batalha,
> Que servires a um povo de mortalha!...
>
> Fatalidade atroz que a mente esmaga!
> Extingue nesta hora o brigue imundo
> O trilho que Colombo abriu na vaga,
> Como um íris no pélago profundo!...
> ... Mas é infâmia demais... Da etérea plaga
> Levantai-vos heróis do Novo Mundo...
> Andrada! arranca este pendão dos ares!
> Colombo! fecha a porta de teus mares! (Castro Alves, 1966, p.231-232)

Em oposição à poética condoreira, o parnasianismo constrói uma poesia inenfática, que faz um esforço para aproximar-se impessoalmente dos objetos, busca sempre um efeito de objetividade no trato dos temas. Não há nada de fortemente passional. O andamento é lento. Ao desejo de construir um objeto imarcescível correspondem os usos de uma língua clássica, uma sintaxe plena de inversões e sínquises, formas tradicionais de metro, de rima e de ritmo, um léxico preciosista, largo uso de *enjambements*.

As operações enunciativas (debreagem, embreagem, convocação) têm uma dimensão argumentativa e dialógica, porque a argumentação, no sentido aqui utilizado, concerne ao discurso, cujo modo de funcionamento real é dialógico, e não à língua.

Notas

1 Como nota Barthes, a *inventio* é o ato de encontrar argumentos e não de inventá-los. Extraem-se argumentos de um lugar (*tópos*), onde já estão (1975, p.183).

2 Veja-se um exemplo de antifonia. Alguém foi ferido por um dardo num ginásio. Trata-se de saber quem é o responsável. Ponto de vista 1: o responsável é quem lançou o dardo. Ponto de vista 2: o responsável é a vítima, que não respeitou as instruções de segurança do ginásio (Plantin, 1996, p.6).

Bibliografia

ALENCAR, José de. *Obra completa*. v. III. Rio de Janeiro: Aguilar, 1965.
ARISTÓTELES. *Rhétorique*. Paris: Librairie Générale Française, 1991.
ASSIS, Machado de. *Obra completa*. Rio de Janeiro: Nova Aguilar, 1979.
BARTHES, Roland. A retórica antiga. In: COHEN, Jean et al. *Pesquisas de retórica*. Petrópolis: Vozes, 1975, p.147-224.
BILAC, Olavo. *Poesias*. 19.ed. Rio de Janeiro: Francisco Alves, 1942.
BUTOR, Michel. *Répertoire II*. Études et conférences 1959-1963. Paris: Minuit, 1964.
CAMÕES, Luís de. *Obra completa*. Rio de Janeiro: Nova Aguilar, 1988.
CARVALHO, José Cândido de. *O coronel e o lobisomem*. 8.ed. Rio de Janeiro: José Olympio, 1971.
CASTRO ALVES, Antônio. *Poesias completas*. Rio de Janeiro: Ediouro, 1966.
CÍCERO, Marco Túlio. *De oratore*. Paris: Garnier, 1932.
GREIMAS, Algirdas Julien; COURTÉS, Joseph. *Sémiotique. Dictionnaire raisonné de la théorie du langage*. v. I. Paris: Hachette, 1979.
GREIMAS, Algirdas Julien; FONTANILLE, Jacques. *Semiótica das paixões*: dos estados de coisas aos estados de alma. São Paulo: Ática, 1993.
MELO NETO, João Cabral. *Antologia poética*. 7.ed. Rio de Janeiro: José Olympio, 1989.
PESSOA, Fernando. *Obra poética*. Rio de Janeiro: Aguilar, 1969.
PLANTIN, Christian. *L'Argumentation*. Paris: Seuil, 1996.
TRINGALE, Dante. *Introdução à retórica*. São Paulo: Duas Cidades, 1988.

Um olhar enunciativo sobre o discurso

Marlene Teixeira

Toda investigação no campo aplicado supõe sua colocação constante à prova da experiência, e não há experiência que não seja atravessada pela subjetividade. Em razão disso, o tema da subjetividade tem polarizado grande parte da reflexão contemporânea no terreno das ciências humanas e sociais. No campo da linguística, a Teoria da Enunciação de Émile Benveniste é um campo fértil para fundamentar não só a discussão da relação da linguagem com a subjetividade, mas a construção de recursos metodológicos que possibilitem investigar como a subjetividade se materializa linguisticamente no discurso. Benveniste ensina que não há um saber sobre a linguagem que não seja ao mesmo tempo um saber sobre o sujeito da linguagem, isto é, que não represente um saber sobre o indivíduo, a sociedade e suas relações. É possível afirmar, então, que a Teoria da Enunciação por ele desenvolvida ultrapassa o âmbito da análise intralinguística para atingir outros horizontes, na direção das atividades significantes dos homens em qualquer tipo de interação social. No entanto, poucas têm sido as tentativas de transitar com Benveniste para o âmbito do discurso socialmente situado.

Este texto busca, então, formular, com base na Teoria da Enunciação de Benveniste, princípios teórico-metodológicos que permitam considerar as implicações da subjetividade na constituição do sentido em investigações no campo aplicado.

Esse empreendimento requer uma (re)definição acerca dos limites da linguística no tratamento da linguagem, bem como sobre a natureza de sua intervenção na interlocução com outros saberes.[1]

Não desconhecemos que, no caso da linguística, a delimitação de um objeto "para chamar de seu"[2] sempre foi uma questão crucial, sobretudo, pela natureza complexa da *linguagem*, que faz dela um tema de amplo interesse no terreno das ciências humanas. O *Curso de linguística geral* (CLG), no capítulo II da introdução, já assinala as relações estreitas da linguística "com outras ciências, que tanto lhe tomam emprestados como lhe fornecem dados". Isso porque as "questões linguísticas interessam a todos – historiadores, filólogos, etc. – que tenham de manejar textos" (Saussure, 1977, p.13-14).

Diante de uma matéria tão disputada como a linguagem, é natural que a grande preocupação dos linguistas, durante mais da metade do século XX, tenha sido com a consolidação interna da linguística, isto é, com a busca de sua identidade e autonomia em relação às demais ciências que têm a linguagem como matéria-prima.

Nessa busca de identidade e autonomia, a linguística, particularmente na versão europeia da chamada escola estruturalista, definiu como seu objeto a *língua*, entendida "como um todo em si e por si" cuja organização interna é obtida sem qualquer tipo de apelo a fatos externos (Neto, 2004, p.101-102). A partir daí, todo "empreendimento utilitário da linguística"[3] passou a ser recebido com desconfiança pelos estudiosos, o que pode ser atestado na resposta de Antoine Meillet à pergunta "Para que serve a linguística?", que lhe foi feita no Congresso de Haia, em 1928: "A linguística não serve para nada".

Paralelamente à posição radical de Meillet, é interessante observar que Edward Sapir, nessa mesma época, reconhecia já a necessidade de um alargamento substancial do horizonte da linguística. Para um "linguista moderno", afirma o autor, "é difícil restringir-se a seu objeto tradicional, pois ele não pode deixar de partilhar, no todo e em parte, dos mútuos interesses que unem a linguística à antropologia e à história da cultura, à sociologia, à psicologia, à filosofia e, mais remotamente, à física e à fisiologia" (apud Jakobson, 1970, p.12).

A questão levantada por Sapir retorna com grande força para o linguista contemporâneo, agora fortemente interpelado a sair de sua clausura. Fala-se em esgotamento dos formalismos, olha-se com restrições para o estudo da língua "em si e por si" (assim como para a perspectiva chomskiana), dissociado da situação, do contexto, da interação em que são produzidos os materiais linguísticos submetidos à análise. Enfim, há uma espécie de consenso em torno da ideia de que o fechamento no sistema linguístico tem produzido o efeito equívoco de afastar o linguista de questões que, por sua relevância, movimentam o debate contemporâneo e exigem uma tomada de posição e até mesmo uma intervenção.

Por que esse veemente chamamento ao linguista a reconsiderar as restrições impostas a seu objeto? Antes de mais nada, por ser a linguagem o caminho pelo qual os processos de simbolização se deixam observar, a via de acesso ao conhecimento tanto da sociedade quanto do sujeito.

Além disso, os fundamentos do debate teórico sobre a cientificidade se transformaram. Os paradigmas atuais questionam o conjunto de premissas e noções que orientaram a atividade científica por longo tempo. O aparecimento de novas problemáticas de pesquisa, situadas nas fronteiras entre os saberes, convoca disciplinas diversas a "dialogar com disciplinas próximas, que trabalham temáticas comuns e similares" (Birman, 1994, p.7). A quimera da "pureza" disciplinar choca-se, frontalmente, com a necessidade hoje colocada de enfrentar a complexidade (Teixeira, 2008).

Se abandonar o isolamento e a autossuficiência é hoje uma necessidade para a linguística, muito há ainda a discutir em relação às bases sob as quais se pode convocá-la a desdobrar seu trabalho junto a outras disciplinas em empreendimentos, às vezes, arriscados, sem comprometer sua identidade.

Longe de querer instituir uma fala definitiva, vou procurar situar, a partir da Teoria da Enunciação de Émile Benveniste, um posicionamento em relação a essa delicada questão.[4]

Como Benveniste não é um autor habitualmente colocado a dialogar com outros campos, procuro evidenciar que suas formulações a respeito da linguagem transbordam do âmbito da descrição intralinguística para alcançar discussões de interesse de outros domínios do saber. Além disso, trago à discussão a ideia de que, para dirigir um olhar enunciativo sobre o discurso socialmente situado, é preciso reavaliar o alcance da noção de subjetividade em Benveniste, estendendo-a para além dos clássicos indicadores de subjetividade. Finalmente, formulo alguns princípios para fundamentar a construção de um método capaz de orientar a intervenção da teoria de Benveniste numa seara como a do trabalho.

Com o objetivo de melhor situar a reflexão aqui proposta, inicio pela contextualização da linha de pesquisa sobre linguagem e trabalho.

Um conjunto de pesquisas sobre as relações entre linguagem e trabalho vem ganhando força no Brasil nas duas últimas décadas, a partir do pressuposto de que a linguagem é o meio pelo qual se manifestam concretamente as relações de trabalho.[5]

Particularmente, venho me dedicando ao estudo de práticas de cuidado em saúde, realizadas por profissionais de enfermagem, observadas na própria atividade de trabalho em hospital. Para tanto, coloco em diálogo a Teoria Linguística da Enunciação de Émile Benveniste (1988, 1989) e a perspectiva ergológica de reflexão sobre a atividade de trabalho de Yves Schwartz (2000). Uma apresentação, ainda que breve, da ergologia faz-se necessária para melhor entendimento da natureza do diálogo proposto.

O campo da ergologia compreende um conjunto de estudos relativos à atividade de trabalho, que nasceu no sudoeste da França no final dos anos 1970, movido pela necessidade de interrogar a pesquisa acadêmica diante da exacerbação da crise do trabalho na contemporaneidade.

A perspectiva ergológica define o trabalho como uma dramática de usos de si, uso de si por si e uso de si pelo outro cuja negociação, na atividade, é sempre problemática (Schwartz, 2000). Essas dramáticas, frequentemente pouco visíveis, mobilizam, do interior, todo nosso ser biológico, histórico e psíquico.

Admitir essa dimensão dramática significa entender que, na atividade de trabalho, "não há simples execução, mas uso, convocação de um indivíduo singular com capacidades bem mais amplas do que as enumeradas pela tarefa" (Durrive e Schwartz, 2008, p.27). A atividade de trabalho faz história porque cria "uma situação nova que nenhuma racionalidade antecedente teria podido predeterminar" (Schwartz, 2011, p.126). Nessa perspectiva, não se pode pensar o exercício profissional sem levar em conta que ele implica o trabalhador, suas escolhas e seus dramas interiores. Trata-se, então, de uma perspectiva que vê a subjetividade como indissociável da atividade de trabalho.

Ao conferir importância à dimensão subjetiva da atividade de trabalho, Schwartz não desconhece que a existência de normas gerais, que "não consideram as singularidades históricas e individuais", é essencial à sobrevivência humana. A socialização não se dá a não ser pela conformação a normas de todos os gêneros, "criadas na e pelas histórias propriamente humanas" (Schwartz, 2011, p.136). No entanto, o filósofo (2011, p.137) chama a atenção para o fato de que, se a normalização é uma conquista da sociedade humana, quando olhada como "um fim em si", apresenta um risco, a desconsideração da "vida que surge a todo instante".

Os estudos ergológicos chamam à cena aspectos que, na atividade de trabalho, são tidos como residuais e insignificantes, e que, no entanto, podem ser determinantes na definição das competências mobilizadas no trabalho: saberes locais investidos na situação a ser vivida, recursos pessoais hierarquizados por um conjunto de valores. Levar em conta esses aspectos implica reconhecer que em toda a atividade de trabalho há uma parte irredutível, não formalizável, que depende da maneira singular de fazer uso do patrimônio pessoal do trabalhador.

Bases para o diálogo entre saberes

É preciso vontade para realizar diálogos interdisciplinares, afirma Charaudeau (2010, p.274). De fato, não se trata de um empreendimento simples, se entendermos que, para operacionalizá-lo não basta acumular várias disciplinas, seus conceitos e resultados. É necessário que o tema, por sua complexidade e abrangência, justifique o empreendimento interdisciplinar. É preciso definir um ponto que sirva de canal para a interlocução, bem como um "centro geométrico" a partir do qual interrogar o objeto de estudo.

A relação do homem com o trabalho é um desses temas que polarizam a atenção de vários campos do saber e, portanto, tornam inevitáveis a interação e a integração de várias disciplinas para ser enfrentado. É inegável a centralidade do trabalho na vida das pessoas. Passamos a juventude a nos preparar para o trabalho; ocupamos boa parte da vida ou procurando emprego ou trabalhando. O trabalho é fonte de satisfação e realização pessoal, mas também de adoecimento físico e psíquico. É difícil apreender o valor do sujeito contemporâneo sem o valor do trabalho, reconhecidamente "uma forma de engate do sujeito no circuito social" (Jerusalinsky, 2000, p.9).

O canal para o diálogo entre a linguística da enunciação de Benveniste e a ergologia de Schwartz é a noção de subjetividade. A interlocução entre esses dois teóricos parece justificada, porque eles convergem no reconhecimento de que, embora haja um caráter de estabilidade nas ações humanas, elas são absolutamente dinâmicas, pois mobilizam escolhas particulares. O sujeito que age institui inevitavelmente uma negociação entre o que está instituído (o repetível) e o que é da ordem do inesperado (o irrepetível).

O "centro geométrico" em que me situo é a Teoria da Enunciação de Benveniste. Duas contribuições essa teoria pode trazer aos estudos ergológicos: a primeira, de caráter mais amplo, no âmbito teórico, é uma concepção de linguagem; a outra, mais específica, no âmbito da prática, relaciona-se ao fornecimento de ferramentas de análise da materialidade linguística propriamente dita, destinadas a encontrar meios de mostrar, a partir do que é visível, observável, descritível por uma teoria linguística da enunciação, como se materializam, no enunciado, essas *dramáticas de uso de si* de que a ergologia fala.

Benveniste e o campo aplicado

Embora não cause mais tanta estranheza a intervenção de linguistas em situações de trabalho, não é comum encontrar a teoria de Benveniste nessas interlocuções. A maior parte das referências feitas ao autor circunscrevem seu trabalho à perspectiva indicial, ou seja, ele é visto como o linguista das marcas da subjetividade na língua/na linguagem, que realiza descrições de fatos de língua, reconhecidas como inovadoras por levarem em conta a hipótese da subjetividade, mas entendidas como encerradas no âmbito intralinguístico.

Há, de fato, uma vocação descritivista dos mecanismos linguísticos, não só em Benveniste, mas em muitos dos linguistas inscritos no campo da enunciação, mas a abrangência da reflexão feita pelos teóricos dessa área tem demonstrado que é possível ir além.

Como são poucas as tentativas de transitar com Benveniste para o discurso socialmente situado, é necessária uma explicação sobre os termos em que essa extensão ao campo aplicado é feita.

A abertura da teoria de Benveniste para além da análise intralinguística pode ser atestada de vários modos. Um deles é o fato de Benveniste ter colocado para a linguística a perspectiva de estudo da língua viva, no exato momento – fim da década de 1940, início da de 1950 – em que a herança saussuriana se limitava aos estudos estruturalistas da *langue*. Ele antecipa questões importantes para a linguística ao ensinar que a linguagem é indissociável da subjetividade; ao compreender a subjetividade não na esfera do eu, mas como constituída pela intersubjetividade.

Esses ensinamentos, hoje tão valorizados, foram ignorados pelos linguistas franceses da época, não por desconhecimento, mas porque, no auge do estruturalismo, considerava-se que o objeto científico a construir para a linguística deveria corresponder a uma língua, da qual se eliminariam "todos os elementos suscetíveis de perturbar a análise"[6] (Dosse, 1994, p.66).

Por não ter a devida escuta entre os linguistas de seu tempo e, sobretudo, pela amplitude de sua reflexão sobre a linguagem, Benveniste foi muito chamado a falar para públicos diferentes, o que pode ser atestado na variedade de áreas de circulação de seus artigos, publicados em revistas de psicologia, antropologia, psicanálise, sociologia, filosofia, linguística.

O fato de sua obra ter sido gestada a partir de um profundo diálogo com outras áreas prova o caráter multiforme de seu pensamento, que, segundo Normand (1985), tem potencial teórico-metodológico que ele próprio não teve a oportunidade de avaliar.

Se Benveniste não teve escuta entre os linguistas de seu tempo, a situação, hoje, é outra. Particularmente na França, há um reconhecimento de que suas formulações no domínio da linguística geral são fundamentais para as ciências humanas e sociais.

O professor de língua e literatura francesa Gérard Dessons escreve um livro para mostrar que, por introduzir a noção de enunciação na linguística de seu tempo, Benveniste desempenhou um papel fundamental na "invenção" deste grande conceito do campo da linguagem, o *discurso*.

Outros estudiosos franceses e até mesmo de outros países têm se debruçado sobre seus textos, por exemplo: no campo da filosofia, Dany-Robert Dufour (2000) e Giorgio Agamben (2008); no campo da linguística, Aya Ono (2007); no campo da literatura, Chloé Laplantine (2001), entre muitos outros.

Além disso, novas perspectivas de estudo de Benveniste se abrem a partir da publicação recente de seus manuscritos sobre Baudelaire, tornados públicos em 1992 por Mohammad Djafar Moïnfar, apresentados e transcritos por Chloé Laplantine (2011).

Vale lembrar ainda o *Colloque International de Linguistique Énonciative*, que foi realizado em novembro de 2011, na Université Paris Est-Marne La Vallée, que tratou da especificidade teórica da enunciação. No texto de apresentação, os organizadores reconhecem dois grandes nomes cujas teorias são "molas propulsoras" do que se faz hoje no campo da linguística: Chomsky, nos Estados Unidos, que recoloca a dimensão mentalista, fortemente afastada de cena pelos estudos bloomfieldianos; e Benveniste, na França, que reabilita o interesse pela discursivização, no próprio quadro da herança saussuriana. Enquanto Chomsky se inscreve, de algum modo, numa tradição formalista, colocando a ênfase no estudo da *competência*, Benveniste opera uma ruptura, ao atribuir a fatores da *performance* uma importância que não lhes era reconhecida.

Essa revalorização do legado de Benveniste – que vem ganhando força também no Brasil – deve-se à natureza de sua obra, que não foi produzida para ser uma teoria acabada. Flores (2012) tem chamado a atenção para o fato de que se fala muito em Teoria da Enunciação de Benveniste, mas nenhum depoimento seu, nada do que ele tenha escrito autoriza a pensar que ele se dedicava a produzir uma teoria acabada. O que se conhece como Teoria da Enunciação de Benveniste não é uma construção dele, mas uma dedução – feita *a posteriori* – por seus leitores (Flores, 2012).

Considero que ler Benveniste é ver-se constantemente convocado a uma espécie de coautoria. Basta olhar para o modo como ele encerra três de seus textos clássicos, para percebermos uma espécie de anseio de expandir o escopo dos estudos da linguagem sob a perspectiva enunciativa, além de um convite a ir além do ponto em que ele próprio chegou.

Em "Da subjetividade na linguagem" (1988, p.293), encontramos:

> Muitas noções na linguística, **e talvez mesmo na psicologia**, aparecerão sob uma luz diferente se as restabelecermos no quadro do **discurso**, que é a **língua enquanto assumida pelo homem que fala, e sob a condição da *intersubjetividade*, única que torna possível a comunicação linguística**. (grifos nossos)

Podemos ler, nesse excerto, uma convocação a que o olhar dirigido às chamadas formas indiciais seja estendido a outros fenômenos linguísticos, a partir da hipótese da (inter)subjetividade na linguagem, e que essa "luz diferente" pode ser irradiada em uma área como a psicologia, portanto, para além do âmbito restrito à linguística propriamente dita.

Em "Semiologia da língua" (1989, p.67), ele anuncia a ampliação do escopo da análise enunciativa para o que chama de "análise translinguística dos textos, das obras", enfim, do que se poderia chamar, de acordo com Ono (2007, p.135), as "atividades significantes dos homens em sua interação social".

Em "O aparelho formal da enunciação" (1989, p.90), Benveniste afirma textualmente que "Amplas perspectivas se abrem para a análise das **formas complexas do discurso**, a partir do quadro formal esboçado aqui" (grifos nossos).

Qual a especificidade desse olhar enunciativo sobre o discurso socialmente situado?

Para abordar o discurso pelo paradigma benvenistiano é preciso relacionar os fatos de linguagem à (inter)subjetividade, como se pode perceber nas definições que ele apresenta para discurso: "linguagem posta em ação – e necessariamente entre parceiros" (1988, p.284); "língua assumida pelo homem que fala, sob a condição da intersubjetividade, única que torna possível a comunicação linguística" (1988, p.293).

Para Benveniste, a enunciação instala o universo do discurso, postulado que tem grande força heurística para o conjunto das ciências humanas e sociais e, particularmente, para o diálogo com a ergologia.

Em busca de método

Qualquer empreendimento que se faça sob a ótica de Benveniste, não importa em que âmbito, encontra, de saída, um impasse: a ausência de um modelo acabado de análise. Cada texto de *Problemas de linguística geral I* (PLG I) e *Problemas de linguística geral II* (PLG II) contém em si uma teorização específica e análises para validar essas teorizações. Nada que se assemelhe a um modelo.

Isso não significa que não se possa encontrar, no trabalho do autor, pontos de apoio para a construção de método capaz de viabilizar não só bem-sucedidas análises de fatos de língua[7] como também das "formas complexas do discurso" (Benveniste, 1989).

Em "O aparelho formal da enunciação", texto de 1970, Benveniste (PLG II, p.82-83) elenca três aspectos que constituem diferentes formas de abordagem da enunciação:

(1) a realização vocal da língua (fonação);
(2) a conversão individual da língua em discurso, isto é, a semantização da língua, que decorre da passagem do signo, âmbito semiótico, a palavra, âmbito semântico;
(3) a definição da enunciação no quadro formal de sua realização.

Na verdade, numa análise do discurso oral, esses três aspectos se conjugam. Sabemos da importância de observar elementos suprassegmentais do ponto de vista do sentido. Mas, por enquanto, deixo entre parênteses questões como a entonação, o ritmo, a duração, os acentos e os tons. Restrinjo-me à conversão singular da língua em discurso pelo qual a língua é semantizada, que se dá por um ato que implica *eu-tu*, o quadro figurativo, e também *ele* (cf. Benveniste, 1989).

Duas afirmações feitas por Benveniste em "O aparelho formal da enunciação" são fundamentais para o encaminhamento de um método capaz de viabilizar a análise desses aspectos da enunciação:

> Como forma de discurso, a enunciação coloca duas "figuras" igualmente necessárias, uma origem, a outra, fim da enunciação. Duas figuras na posição de parceiros são alternativamente protagonistas da enunciação. Este quadro é dado necessariamente com a definição de enunciação. (PLG II, p.87)
>
> [...] na enunciação, a língua se acha empregada para a expressão de uma certa relação com o mundo. A condição mesma dessa mobilização e dessa apropriação da língua é, para o locutor, a necessidade de referir pelo discurso, e, para o outro, a possibilidade de correferir identicamente no consenso pragmático que faz de cada locutor um colocutor. A referência é parte integrante da enunciação. (PLGII, 1989, p.84)

A primeira afirmação mostra que toda enunciação é, explícita ou implicitamente, uma alocução, ela postula um alocutário, portanto, implica a intersubjetividade. A segunda afirmação promove a diluição da dicotomia entre o que é do âmbito da "subjetividade", caracterizado pela presença dos indicadores clássicos *eu-tu-aqui-agora*; e o que é do âmbito da objetividade, representado pelos itens lexicais pertencentes ao paradigma do "ele", já que acolhe a "referência" no quadro da enunciação.

Segundo Dufour (2000, p.16), Benveniste ensina que qualquer pessoa que fale põe em ato uma figura trinitária: *eu* diz a *tu* histórias que obtém d'*ele*. É necessário, então, um conjunto de três para a constituição do ato de enunciação. O chamado quadro da enunciação, constituído pelos elementos que emanam da enunciação, os clássicos indicadores *eu-tu-aqui-agora*, se lido dessa forma, ganha um terceiro elemento, o *ele*, muitas vezes remetido ao quadro chamado não subjetivo da língua.

Dizer isso é contrapor-se à interpretação de que a teoria de Benveniste restringe-se aos indicadores clássicos de subjetividade.[8] Assim como a tomada de palavra dá existência a *eu-tu-aqui-agora*, instaurando a instância de discurso, é na e pela enunciação que o "mundo" passa a existir. Se o "mundo" se manifesta pelo dizer, é na e pela enunciação que ele é (re)criado. A "objetividade" da não pessoa se desfaz quando ela é *atualizada* em uma situação enunciativa (Flores et al., 2008, p.62-64). Nesse sentido, o dizer, não importando o que se diga, está submetido à enunciação, isto é, está impregnado pela presença de *eu-tu-aqui-agora*. Amplia-se, assim, o escopo da noção de subjetividade em Benveniste.

O par *eu-tu* diz das figuras que, na posição de parceiros, são alternativamente protagonistas da enunciação. Qual o estatuto do *ele* no quadro da enunciação? Será que *ele* se reduz ao "falado", ao "tema" do discurso?

Dufour (2000) contribui para a compreensão dessa questão. Segundo o filósofo, *ele* designa o que não está *aqui e agora* quando *eu* e *tu* falam. Sendo aquele que não está, *ele* se refere a uma ausência, que tanto pode ser: a) uma ausência *re-presentada no campo da presença* (2000, p.107): é o caso do falado, daquilo que se pode chamar de "tema"/"objeto" do discurso diretamente nomeado; uma ausência não nomeada, ideias e concepções não expressas, crucialmente implicadas na interlocução (aquilo que fala em mim quando falo); b) e até mesmo uma ausência da ordem do irrepresentável (aquilo que, "anterior e exterior ao sujeito, não obstante o determina") (cf. Chemama e Vandermersch, 2007).

Assim, pode-se entender o "ele" como tendo um duplo estatuto: é o falado e, nesse sentido, é coconstruído na relação intersubjetiva *eu-tu*; é o que fala em *eu-tu*, isto é, a alteridade que intervém crucialmente no dizer de *eu-tu*, tanto como um terceiro que, embora não dito, é da ordem do articulável, quanto como um lugar terceiro que escapa à consciência e, portanto, resiste à nomeação.[9]

Como linguistas, o reconhecimento da intervenção desse "ele" não articulável na constituição do sentido não nos autoriza a qualquer tentativa de "acessá-lo". No entanto, é importante levar em consideração essa intervenção do não nomeável para que não se caia na armadilha de reduzir o sentido ao registro do dizível. O ato de linguagem comporta um enigma que não tem como ser totalmente decifrado.

Princípios para a operacionalização da análise

Pensamos poder avançar agora no entendimento de como a visão alargada das "marcas" da subjetividade na linguagem pode ser operacionalizável em uma análise, examinando o princípio da dupla significância formulado por Benveniste, em texto de 1966, "A forma e o sentido da linguagem (1989). O autor afirma que "dois sistemas se superpõem na língua tal como a utilizamos".

> Na base, há o sistema semiótico, organização de signos, segundo o critério da significação, tendo cada um destes signos uma denotação conceitual e incluindo numa subunidade o conjunto de seus substitutos paradigmáticos. Sobre este fundamento semiótico, a língua-discurso constrói uma semântica própria, uma significação intencionada, produzida pela sintagmatização das palavras, em que cada palavra não retém senão uma pequena parte do valor que tem enquanto signo. (Benveniste, 1989, p.233-234)

Particularmente, vamos nos deter na noção de *frase*, claramente ligada à "produção do discurso", à "atualização linguística" do pensamento do locutor. A frase é, para Benveniste, cada vez um acontecimento diferente; ela não existe senão no instante em que é proferida e se apaga neste instante, é um acontecimento que desaparece (1989, p.231). Assim entendida, a frase é dotada de *forma*, *sentido* e *referência*.

O "sentido" da frase é a ideia que ela exprime (1989, p.230); está na totalidade da ideia percebida por uma compreensão global (1989, p.232); realiza-se na língua pela organização das palavras em uma sintaxe, pela ação que umas exercem sobre as outras. A "referência" da frase é o estado de coisas que a provoca, a situação de discurso ou de fato a que ela se reporta e que nós não podemos jamais prever ou fixar (1989, p.231).

O que se entende por "forma" da frase? A forma da frase é obtida pela dissociação analítica do enunciado processada até as unidades semânticas, as palavras.

A partir desses elementos, alguns princípios podem ser, provisoriamente, derivados para a análise do discurso no campo aplicado.

- A conversão da ideia em discurso se assujeita à estrutura formal do idioma (o semiótico).
- Essa estrutura formal, feita de signos conceituais, genéricos, não circunstanciais, quando o locutor se apropria da língua, atualiza-se em relação ao

contexto de situação, em palavras sempre particulares, específicas, circunstanciais para a "expressão" de ideias.

- A ideia (sentido) se realiza em uma rede de relações.
- O sentido requer, então, uma sintaxe, uma certa organização de palavras encadeadas pelo sujeito para a expressão de uma ideia.
- Além dos indicadores de subjetividade, pode-se recuperar traços da "presença" do homem na língua nos encadeamentos de palavras.
- O analista da linguagem na interação viva, para chegar ao sentido global, que resulta dessa organização sempre particular de palavras, precisa passar pela forma, isto é, pela dissociação analítica do enunciado em unidades menores.
- Essa dissociação analítica não pode ser vista sem que se considere a ação das palavras umas sobre as outras.

Com bases nessas considerações, podemos concluir que o sujeito está implicado no exercício da língua, instituindo-se num jogo entre a generalidade da forma, que indica pertença à língua, a especificidade da forma no uso – a palavra –, que recebe uma semantização relativa à situação enunciativa, não isoladamente, mas em encadeamentos sintagmáticos. A relação necessária entre subjetividade e linguagem se deixa "ver" na atualização da língua em discurso, pela dissociação analítica do enunciado, no processo de sintagmatização, isto é, sem perder de vista a ação das palavras umas sobre as outras.

Se utilizo aspas no verbo "ver" é para destacar minha discordância em relação à ideia de que a linguagem possa expressar a subjetividade de forma direta. Pensar assim é reduzir o sujeito, em Benveniste, a um "eu penso"; é confundir locutor e sujeito.[10] Em "Da subjetividade na linguagem" (Benveniste, 1988), parece claro que a "subjetividade" marca a passagem de locutor (noção que designa o indivíduo engajado em um processo de locução) a "sujeito" (que se constitui na e pela enunciação) e se dá na e pela linguagem.[11]

O linguista no diálogo interdisciplinar: algumas conclusões

O analista de conteúdo vai diretamente ao "sentido global". A especificidade do trabalho do linguista na descrição da fala viva, no campo aplicado, é a atenção que ele dá às formas linguísticas. O que ele tem a oferecer de particular às ciências do trabalho, em razão de sua especificidade disciplinar, é a capacidade de tratar a própria materialidade das enunciações (Boutet, 1994).[12]

O linguista engajado em discussões interdisciplinares não deve ceder à tentação de abandonar a materialidade das formas linguísticas, aventurando-se a adicionar uma outra dimensão ao que se estabeleceu como seu saber, isto é, não estou propondo que, como linguistas, tenhamos que agregar conhecimentos sobre o mundo do trabalho aos que temos sobre fonologia, sintaxe e semântica. Entretanto, reconheço como necessário um amparo em saberes das áreas convocadas ao diálogo para melhor poder participar da construção de conhecimento sobre o objeto em estudo.

Além disso, considero que a análise da materialidade da verbalização feita pelo linguista deve representar um ganho em relação àquelas realizadas pelos próprios analistas de situações de trabalho (ergonomistas, ergologistas, sociólogos, etc.), tomando-se o cuidado de não cair em um formalismo exageradamente minucioso e estéril, que impossibilite o diálogo com outras disciplinas, o que viria a reforçar a ideia de que o linguista não consegue colocar seu saber em circulação.

Para concluir, vale lembrar que as disciplinas não têm uma elasticidade absoluta. Toda ciência apresenta um limite epistemológico inevitável (e incontornável) que a impede de "falar abusivamente do que queira e da maneira que queira" (Birman, 1994, p.8). No entanto, diferentes áreas, com objetos teóricos diversos, podem estabelecer linhas de pesquisa em torno de questões que interessam à coletividade, sem que cada modalidade de saber precise perder a especificidade teórica de seu campo epistemológico e os limites de validade de seus conceitos (cf. Teixeira, 2008).

Notas

1 No entender de Boutet (1994), esse debate é atual, em particular pelo fato de que, em empreendimentos como a pragmática e os estudos da conversação, o lugar destinado aos sistemas linguísticos e suas organizações específicas tende a ser reduzido em proveito de normas de interações e de ações.

2 Referência à canção de Roberto Carlos e Erasmo Carlos "Mesmo que seja eu".

3 A expressão é de Culioli (1990).

4 Em *Introdução à linguística da enunciação* (Flores e Teixeira, 2005), foram levantadas algumas das interfaces que os estudos enunciativos têm mantido (com a filosofia, a psicanálise, a ergologia, os estudos sobre patologia da linguagem, entre outras áreas), mas, por ser um livro de caráter introdutório, não foi realizada uma discussão a respeito de como vêm sendo levadas a efeito essas interlocuções.

5 Para mais informações sobre esse domínio, remeto a Duarte e Feitosa (1998) e Souza-e-Silva e Faïta (2002).

6 De acordo com Jean-Claude Coquet, em entrevista a Dosse (1994).

7 Prova disso pode ser encontrada em Flores et al. (2008).

8 Para ampliar a discussão desse aspecto, remeto a Aresi (2011).

9 Esse sentido é grafado por Dufour como um ele barrado, que pode ser aproximado do que Lacan define como *Outro*. Para Lacan (1990, p.198), o sujeito se constitui no campo do Outro, isto é, ele depende do significante e o significante está primeiro no campo do Outro. Em suas palavras, "O outro é o lugar em que se situa a cadeia do significante que comanda tudo que vai poder presentificar-se do sujeito, é o campo desse vivo onde o sujeito tem que aparecer" (1990, p.193-194), entendendo-se a relação do sujeito ao Outro como engendrada por inteiro num processo de hiância (1990, p.196).

10 Na interpretação de Agamben (2008, p.59), a experiência coexiste originalmente com a linguagem, constitui-se, aliás, ela mesma na expropriação que a linguagem dela efetua, produzindo a cada vez o homem como sujeito.

[11] Dessons (2006) destaca que confundir o locutor (sujeito enunciador) com o sujeito da enunciação é psicologizar o sujeito da enunciação. Segundo o autor, ao colocar a subjetividade no exercício da linguagem, a Teoria do Discurso de Benveniste define uma concepção de sujeito distinta do indivíduo locutor e se constituindo através de seu ato de fala.

[12] As ideias aqui trazidas tomam por base reflexões de Boutet (1994). A autora defende uma linguística de campo, isto é, uma linguística ocupada com dados de linguagem socialmente situados, pertinentes e coletados por meio de pesquisa controlada. No entanto, chama a atenção que o linguista deve associar, e não separar, o estudo das formas linguísticas e o estudo das interações.

Bibliografia

Agamben, G. *Infância e história*: destruição da experiência e origem da história. Trad. Henrique Burigo. Belo Horizonte: Editora UFMG, 2008.

Aresi, F. Os índices específicos e os procedimentos acessórios da enunciação. *ReVEL*, v. 9, n.16, 2011, p.262-275.

Benveniste, É. *Problemas de linguística geral I*. Trad. Maria da Glória Novak e Maria Luiza Neri. Campinas: Pontes, 1988.

_____. *Problemas de linguística geral II*. Trad. Eduardo Guimarães et al. Campinas: Pontes, 1989.

Birman, J. *Psicanálise, ciência e cultura*. Rio de Janeiro: Zahar, 1994.

Boutet, J. Introduction. In: *Construire le sens*. Bern: Peter Lang, 1994, p.1-5.

Charaudeau, P. Um modelo comunicacional do discurso: entre situação de comunicação e estratégias de individualização. Trad. Grenissa Stafuzza. In: De Paula, L.; Stafuzza, G. (org.). *Da análise do discurso no Brasil à análise do discurso do Brasil*: três épocas histórico-analíticas. Uberlândia: Edufu, 2010. p.259-284.

Chemama, R.; Vandermersch, B. *Dicionário de psicanálise*. Trad. Francisco Settineri e Mário Fleig. São Leopoldo: Editora da Unisinos, 2007.

Culioli, A. *Pour une linguistique de l'énonciation*: opérations et représentations. Tome 1. Paris: OPHRYS, 1990.

Dessons, G. *Émile Benveniste, l'invention du discours*. Paris: Editions In Press, 2006.

Dosse, F. Benveniste: a exceção francesa. In: *História do estruturalismo 2*. O canto do cisne, de 1967 a nossos dias. Trad. Álvaro Cabral. São Paulo: Ensaio; Campinas: Editora da Universidade Estadual de Campinas, 1994, p.61-72.

Duarte, F. J. de C. M.; Feitosa, V. C. R. (orgs.). *Linguagem e trabalho*. Rio de Janeiro: Lucerna, 1998.

Dufour, D.-R. *Os mistérios da trindade*. Trad. Dulce Duque Estrada. Rio de Janeiro: Companhia de Freud, 2000.

Durrive, L.; Schwartz, Y. Glossário de ergologia. Trad. Liliana Cunha e Marianne Lacomblez. *Laboreal*, v. IV, n.1, 2008, p.23-28.

Flores, V. N. et. al. *Enunciação e gramática*. São Paulo: Contexto, 2008.

_____. A enunciação e os níveis da análise linguística. In: Bertoldo, E.S.; Augustini, C.L.H. *Linguagem e enunciação*: subjetividade-singularidade em perspectivas. Uberlândia: UFU, 2012.

Flores, V.N.; Teixeira, M. *Introdução à linguística da enunciação*. São Paulo: Contexto, 2005.

Jakobson, R. A linguística e suas relações com outras ciências. In: *Linguística. Poética. Cinema*: Roman Jakobson no Brasil. São Paulo: Perspectiva, 1970, p.11-64.

Jerusalinsky, A. Prefácio. In: Jerusalinsky, A. et al. (org.). *O valor simbólico do trabalho e o sujeito contemporâneo*. Porto Alegre: Artes e Ofícios, 2000, p.9-10.

Lacan, J. O campo do outro e o retorno da transferência. In: *O seminário, livro 11*: os quatro conceitos fundamentais da psicanálise (1964). Trad. M.D. Magno. Texto estabelecido por Jacques-Alain Miller. Rio de Janeiro: Zahar, 1990, p.191-245.

Laplantine, C. *Émile Benveniste, l'inconscient et le poème*. Limoges: Éditions Lambert-Lucas, 2011.

Neto, J.B. *Ensaios de filosofia da linguística*. São Paulo: Parábola, 2004.

Normand, C. Le sujet dans la langue. In: *Langages* 77. Paris: Larousse, 1985.

Ono, A. *La notion d'énonciation chez Émile Benveniste*. Limoges: Lambert-Lucas, 2007.

Saussure, F. *Curso de linguística geral*. Trad. Antônio Chelini, José Paulo Paes e Izidoro Blikstein. São Paulo: Cultrix, 1977.

Schwartz, Y. *Le paradigme ergologique ou un métier de philosophe*. Toulouse: Octares, 2000.

_____. Manifesto por um ergoengajamento. Trad. Denise Alvarez e Maristela França. In: Bendassolli, P. F.; Soboll, L.A.P. (org.). *Clínicas do trabalho*: novas perspectivas para a compreensão do trabalho na atualidade. São Paulo: Editora Atlas, 2011, p.132-166.

Souza-e-Silva, M. C.; Faïta, D. (orgs.). *Linguagem e trabalho*: construção de objetos no Brasil e na França. São Paulo: Cortez, 2002.

Teixeira, M. A abertura do campo da enunciação ao diálogo interdisciplinar. In: Matzenauer, C.L. (org.). *Estudos da linguagem*: VII Círculo de Estudos Linguísticos do Sul. Pelotas: Educat, 2008, p.105-115.

ENUNCIAÇÃO, DISCURSO E PRODUÇÃO DE SENTIDOS

Os problemas de compreensão na fala na perspectiva da construção interativa da compreensão

José Gaston Hilgert

Em toda forma de comunicação linguística, ocorra ela por escrito ou pela fala, a compreensão é inerente à enunciação. Enunciar, em qualquer instância, identifica-se com o próprio processo de construir a compreensão. Para alcançar os seus objetivos de levar o destinatário a crer, a responder, a agir; de atuar sobre ele com eficácia argumentativa, propriedade informativa, clareza explicativa, o destinador precisa garantir que seus enunciados sejam compreendidos pelo destinatário (Motsch e Pasch, 1987). A compreensão, ou melhor, a intercompreensão é condição pressuposta para a eficiência comunicativa nas relações sociais, mas não é, na maior parte do tempo de uma interação, um objeto de busca consciente dos interlocutores. É como ar que respiramos. Sem ele não há vida. Vivemos, no entanto, sem tomar consciência do ato da respiração, a não ser quando o ar nos falta, ou seja, quando nos deparamos com problemas de respiração. Também os falantes só se ocupam com a compreensão, em diferentes graus de explicitude e consciência, no decurso de uma conversa, quando se defrontam com problemas de compreensão. Há instâncias em que o falante, em atitude *prospectiva*, aciona estratégias formulativas visando a evitar problemas dessa ordem que o ouvinte eventualmente possa ter (Fiehler, 2002; Schmitt, 2010). Revela-se nisso uma preocupação restrita à *possibilidade* do problema de compreensão. Em outras instâncias, uma vez o problema efetivamente instalado, busca-se, por iniciativa do próprio falante ou de seu interlocutor, numa ação *retrospectiva*, uma solução para ele. Neste caso, instala-se, em princípio, no fluxo da interação, uma sequência destinada a essa solução, reestabelecendo-se, assim, a coerência discursiva e, portanto, as condições para dar continuidade ao desdobramento temático da interação. No dizer de Deppermann (2006, p.24), essas sequências "centralizam momentaneamente a atenção dos interlocutores na tarefa metapragmática de assegurar a compreensão, suspendendo o fluxo da interação pragmática até que estiver solucionado o problema de compreensão responsável pela suspensão".

São precisamente os problemas de compreensão – particularmente os que desencadeiam sequências interativas destinadas à sua solução – que constituem o objeto deste estudo. Para configurar em contornos mais precisos esse objeto, observem-se, a seguir, dois segmentos de fala: o primeiro identifica um problema de compreensão em sentido amplo, e o segundo, um mal-entendido.

(1)

(T1)[1] **F1 - Inf.** [...] tem aqui o:: o que o:: Astor que:: o Ástor que reformaram... que está **mais ou menos** depois tem aquele que reformaram também lá embaixo

(T2) **F2 - Doc.** por porque você acha que está mais ou menos ( ) que que você quer dizer com isso

(T3) **F1 - Inf.** olha o ambiente dele está assim a... ah:: pô::: as cadeiras o estofa/ o estofado do chão a pintura quer dizer [...] (Hilgert, 1997, p.44)

Observe-se que a intervenção do documentador em (T2) é desencadeada pela expressão "mais ou menos", no turno do informante (T1), em relação à qual acusa um problema de compreensão, mais especificamente, um problema de percepção de sentido: "que que você quer dizer com isso". A denúncia desse problema desencadeia, então, o turno (T3), em que o informante, respondendo ao documentador, encaminha uma solução ao problema. Evidencia-se, assim, na evolução da conversa, um desdobramento interacional em que os interlocutores monitoram um problema de compreensão.

(2)

(T1) **Doc.** e o que que levou a senhora a:: estudar...( )?

(T2) **Inf.** mas eu já lhe disse... da maneira com que eu fui criada com tanto mimo... ou seria lavadeira... que não deixa de ser um bom emprego... mas não ia condizer com a maneira com que fui criada...

(T3) **Doc.** (sim) mas eu digo:: Direito...

(T4) **Inf.** papai queria Medicina... e eu gostava mais de DIreito... (Hilgert, 1997, p.151)

Nesse segmento, tem-se a primeira impressão de que o informante, em (T2), *compreendeu* a pergunta do documentador feita em (T1), já que lhe dá uma resposta imediata e fluente. No entanto, em T3, o documentador deixa sutilmente perceber (*sim mas eu digo::*) que ela não corresponde a sua expectativa, revelando estar interessado em saber não o motivo que levou o informante a estudar em sentido geral, mas sim, especificamente, o que o levou a estudar Direito. Denuncia, dessa forma, um mal-entendido na fala (T2) do informante, que vai ser desfeito por este no turno seguinte, em (T4). Neste caso, os interlocutores, numa sequência de quatro turnos, monitoram também um problema de compreensão, aqui constituído por um *mal-entendido*.

A breve análise desses segmentos revela que, uma vez denunciado o problema de compreensão ou o mal-entendido, para que o tópico em desenvolvimento ou a interação como um todo não se torne incoerente ou não corra o risco de interrupção, os interlocutores desencadeiam, no desdobramento interacional, uma sequência especificamente destinada a resolver o problema ou a desfazer o mal-entendido, em suma, a buscar a intercompreensão.

Não analisaremos aqui os vários fatores linguísticos e de outra natureza que desencadeiam os problemas de compreensão. Nem nos ateremos às estruturas interacionais e linguístico-discursivas por meio das quais eles se manifestam no curso da interação. Também não apresentaremos as estratégias por meio das quais os interlocutores os resolvem. O nosso objetivo se limita a mostrar que os chamados problemas de compreensão nas interações face a face não são, na verdade, propriamente "problemas", mas sim *instâncias inerentes ao processo da construção interativa da compreensão.*

Nessa perspectiva, estruturaremos o trabalho em três momentos: inicialmente apresentaremos uma noção de compreensão a partir dos conceitos de significação e sentido; a seguir, mostraremos que compreensão e sentido emergem conjuntamente no processo da enunciação; e, por fim, daremos ênfase ao caráter interativo da construção da compreensão, à luz do qual daremos, então, evidência à natureza dos problemas de compreensão.

Compreensão, significação e sentido

Nas interações linguísticas cotidianas não é a *significação* das palavras que, em geral, desencadeia problemas de compreensão, e sim o *sentido* que elas assumem, *hic et nunc*, no processo da enunciação.

Segundo Fiorin (2003, p.168-169),

> a significação é o produto das indicações linguísticas dos elementos componentes da frase. Assim, a significação de *Está chovendo* é *Tomba água do céu*. O sentido, no entanto, é a significação da frase acrescida das indicações contextuais e situacionais. Num contexto em que se comenta o problema do racionamento de energia derivado do esvaziamento das represas das hidrelétricas, *Está chovendo* pode significar *Agora o racionamento vai acabar*.

Deppermann (2006, p.13) atesta essa distinção ao afirmar que "o sentido que uma palavra assume em seu uso não é simplesmente dado por significações lexicais válidas fora de contexto. O sentido da palavra é muito mais produzido pelos usuários da língua dentro de um contexto". Portanto o sentido não é preestabelecido pelo sistema da língua nem fornecido por um acervo lexical mental do falante, e sim cada vez construído em função das exigências linguísticas e situacionais do momento da comunicação.

A significação é, então, o valor semântico das frases e das palavras que as constituem, fora de contexto, isto é, desvinculadas da linguagem em uso nas práticas sociais. Mas quando a *frase* é pronunciada em situação de comunicação, constituindo enunciação, ela se torna *enunciado* e, por isso, assume sentido (Bakhtin, 2003; Clark, 1992). Este estudo, por envolver interações face a face, isto é, a linguagem em uso, se ocupa de *enunciados* cuja compreensão envolve a construção de sentidos e menos frequentemente de significações (Clark, 1992, p.xiii).

No entanto, essa dissociação entre significação e sentido não desvela a real natureza do processo da compreensão. Ela deve mais ser entendida como um expediente explicativo e didático. Na verdade, a relação entre significação e sentido é indissociável. Por mais criativo e inovador que seja o sentido atribuído a uma possibilidade pré-configurada no sistema linguístico em determinado contexto, ele jamais estará desvinculado de sua significação.

Segundo Franceschini (2006, p.119-120), a relação da significação léxico-sintática com o sentido contextual e situacionalmente determinado constitui um campo no qual o processo de constituição do sentido se realiza num "movimento pendular", explicitado pelo autor no seguinte esquema (aqui apresentado de forma simplificada):

situatives Verstehen		***"sprachliches" Verstehen***
(compreensão situacional)		(compreensão "linguística")
←	(movimento pendular)*	→
sentido*		significação*
Polo contextualizado	←——→	Polo descontextualizado

Observe-se, em primeiro lugar, que o autor, com o objetivo de explicar a relação *significação* e *sentido*, se vale da relação "compreensão situacional" e "compreensão 'linguística'". Não se trata de uma "inconsistência terminológica", e sim da explicitação do fato de que o sentido – e com ele a compreensão – se constitui na atualização da significação (da compreensão linguística) em cada nova e única situação comunicativa (Clark, 1992). Nessa perspectiva, poderíamos então complementar o referido esquema, incluindo nele *significação* (sob "compreensão linguística") e *sentido* (sob compreensão situacional).[2]

Uma segunda observação que o esquema enseja é relativa ao *movimento pendular*. Se o sentido se constitui na atualização sempre única e singular da significação, esta, por sua vez, em cada atualização, potencialmente se renova, se reconfigura. O pêndulo, portanto, se move da significação para o sentido, e este o impulsiona para a significação. Sentidos, por uso reiterado nas interações, sedimentam-se em novas significações, imprimindo à língua mudança, transformação, dinamismo e vida, conforme atesta a história das línguas (Bakhtin, 2003; Humboldt, 2002). Nessa perspectiva deve-se entender que, em última instância, não há significação na língua que não emane da produção dos sentidos.

A compreensão linguística – a significação – é condição pressuposta para a interpretação dos sentidos. A ausência dessa condição na competência linguística de um dos participantes da interação interrompe o fluxo de compreensão por duplo motivo: inicialmente pela lacuna da significação em si e, em decorrência, pela impossibilidade de percepção do sentido que o domínio da significação traria para um determinado momento do discurso em evolução.

Na "forma padrão de uso da linguagem"[3] são menos comuns problemas de compreensão decorrentes de lacunas de significação, de sentido e até mesmo de conhecimento referencial. Quando o falante pressente a possibilidade de o ouvinte ter problemas nessas diferentes perspectivas, já se antecipa, por meio de diferentes estratégias, à emergência futura do problema de compreensão. São comuns repetições, paráfrases, exemplificações, explicações mais detalhadas com essa finalidade preventiva.

No entanto, essas estratégias são particularmente recorrentes em relações comunicativas assimétricas nas quais o falante se dirige, no jargão específico de sua especialidade profissional, a um ouvinte que não o domina. É o caso, por exemplo, da relação professor-aluno. Introduzir os alunos em determinada matéria obriga o mestre a manter sob constante controle o processo de construção da compreensão. Esse fato fica particularmente explícito em enunciados parafrásticos introduzidos por marcadores do tipo *em outras palavras*, *explicando em outros termos*, ou em reformulações baseadas em novos exemplos ou outras analogias. Não raro essas estratégias são desencadeadas por reações dos alunos aos reincidentes pedidos de *feedback* do professor: *Vocês entenderam?*, *Ficou claro?*, *Alguma dúvida?*, conforme mostra este exemplo:

(3)

(T1) **F1 - Inf.** [...] ... então eu posso pedir que o grupo ... vá assisTIR à palestra e que faça um reSUMO ... então este resumo nes::ta situação aqui ... vocês não podem dar a opinião pessoal ... neste resumo ... vocês têm que dar ... vocês tem que dizer aquilo que ele disse ... MAS :: ... vocês poderão ...((tosse)) também... já entra ... ah atuar sobre a comunicação do conferencista mas dar o seu ponto de vista ... então nós estamos numa:: ...

(T2) F2 - **Al.** interpre/ ... ( )
[
(T3) F1 - **Inf.** interpretação ... **tá claro até aí? ... muita gente tá quieta por quê?** porque estão:: ... (sob tensão é isso?)...
(T4) F2 - **Al.** é ...
(T5) F1 - **Inf. tá? está muito complexo aí Francisco? qual é o problema?**
(T6) F2 - **Al.** não até agora não há problema ...
(T7) F1 - **Inf.** não? que bom ... então ...
(T8) F2 - **Al.** ( )
(T9) F1 - **Inf. está entendido até aqui?**
(T10) F2 - **Al.** tá ...
(T11) F1 - **Inf.** bom ... agora ex-trapolação ... vejam que quando nós estamos falando em compreensão ... é a primeira ginástica mental que o indivíduo faz com a informação ... então ele pode ... simplesmente me dizer o que foi que o o conferencista disse... já não será a repetição pura e simples (Hilgert, 2007)

O professor interpela diversas vezes os alunos, solicitando-lhes uma confirmação de que compreenderam sua exposição ou uma sinalização em sentido contrário. Como os alunos confirmam a compreensão, o professor, no último turno (T10), introduz um novo tópico (*agora extrapolação*). Se a negassem, ele em princípio retomaria o exposto, provavelmente com explicações mais detalhadas ou mesmo com exemplificações.

A emergência do sentido e da compreensão no trabalho da formulação

No desdobramento da interação conversacional, os falantes não simplesmente escolhem elementos de seu saber linguístico e os transferem prontamente para o processo da enunciação. É comum que no curso de uma conversa não ocorra ao falante uma formulação pronta e fluente. As escolhas sintático-lexicais constitutivas dos enunciados e de seus sentidos emergem no aqui e agora do andamento da conversa, sujeitas a todas as condições interativas de seu desdobramento.

Observe-se esse processo no "trabalho de denominação" (Blanche-Benveniste, 1990), tão recorrente nos registros de interações face a face. Ele se identifica na gradativa busca de uma palavra ou expressão adequada para a construção de um determinado sentido, num certo ponto do curso conversacional. Essa busca se realiza por meio de uma *aproximação lexical*, que não deve ser entendida como a tentativa de encontrar um rótulo para um conceito pré-definido, como se o falante soubesse com clareza o que dizer, mas só lhe faltasse a forma de o traduzir linguisticamente.

Na verdade, a *aproximação lexical* documenta "ao vivo" a gradativa elaboração do conceito, mostrando que é no trabalho da formulação que se constrói o sentido. E, pelo simples fato de o ouvinte ser testemunha dessa construção, ele se torna, implicitamente sempre e explicitamente muitas vezes, coconstrutor desse sentido.

Observem-se estes dois exemplos:

(4)

Inf. o lábio do branco normalmente é... proporcional às feições do rosto... enquanto que... na:: negra ah o lábio sempre é mais... digamos... ***polpudo*** ele é mais... ***consistente...*** uhn:: tanto na parte superior como inferior... (Hilgert, 1997, p.85)

(5)

Inf. [...] muito nota-se mais entre a raça branca e raça amarela... a:: raça branca e a raça negra quer dizer... porque o:: nariz... do branco... de:: modo geral ele é... éh alongado... sem nenhum:: nenhum achatamento... em contra a face agora com a raça negra é o contrário... ele não é muito alongado e ***ele é mais achatado o que eles chamam... como é que é? Nariz meio de pugilista...*** (Hilgert, 1997, p.84)

No primeiro, quando o falante diz "digamos...", já fica explícito que o termo "polpudo", na sequência, não é uma escolha precisa. Nem mesmo o acréscimo de "mais... consistente" vai completar uma formulação definitiva. Esta, aliás, nem é necessária, neste contexto, para a compreensão do interlocutor. Para tanto basta, muitas vezes, a explicitação do processo, isto é, o trabalho da busca do termo em determinada situação comunicativa. O mesmo acontece no segundo exemplo. Querendo descrever as características do nariz dos negros, ao falante somente ocorrem, na linearidade da formulação, comparações e analogias, que já permitem plena compreensão a seus propósitos comunicativos.

Esse constante *status nascendi* do sentido e da compreensão nem sempre encontra cobertura de formulação adequada nos recursos definidos no sistema. O que um falante quer dizer com uma palavra "vai com frequência muito além do que se poderia encontrar no verbete dessa palavra no dicionário" (Clark, 1992, p.xviii). Ora essa cobertura é ampla demais, ora demasiadamente redutora, razões que obrigam os falantes a um trabalho de aproximação nem sempre satisfatório para o falante, mas, em geral suficiente para assegurar a compreensão do ouvinte.

O caráter de imprecisão semântica dos recursos linguísticos é também referido na etnometodologia, no âmbito das reflexões sobre o princípio da indicialidade. Segundo esse princípio, o sentido é produzido no *uso* da linguagem, na dinâmica da interação, por força de determinações coenunciativas. A indicialidade é um termo adaptado da linguística e denomina o fato de que, "embora uma palavra tenha uma significação trans-situacional, tem igualmente um significado distinto em toda situação particular em que é usada" (Coulon, 1995, p.33).

A linguística tem tradicionalmente reservado o caráter indicial aos dêiticos, "que são elementos linguísticos que indicam o lugar ou o tempo em que um enunciado é produzido ou então os participantes de uma situação de produção do enunciado, ou seja, de uma enunciação" (Fiorin, 2003, p.161). O sentido dos dêiticos é sempre singular, na medida em que eles vêm "indexados" aos usos específicos que deles se fazem em cada enunciação, em cada interação linguística, não bastando, para entendê-los, portanto, o conhecimento do sistema linguístico.

Para a etnometodologia, o caráter da indicialidade deve ser estendido às manifestações linguísticas em geral.[4] Coulon (1995, p.33), referindo-se a Garfinkel, comenta:

> Segundo a sua convicção, o conjunto da linguagem natural é profundamente indicial, na medida em que, para cada membro, o significado de sua linguagem cotidiana depende do contexto em que esta linguagem aparece. A linguagem natural não pode fazer sentido independentemente das suas condições de uso e de enunciação.

O princípio da indicialidade revela a "incompletude natural das palavras" (Coulon, 1995, p.33).[5] Apesar da significação "trans-situacional", as palavras se mantêm, do ponto de vista semântico, abertas e com limites indefinidos. A cada novo contexto, a cada nova situação de uso de uma palavra, os falantes se deparam com o desafio de redefinir-lhe o sentido. Se esse caráter é um problema para uma linguagem ideal ou formal da lógica, da filosofia, da ciência, para a linguagem cotidiana ele representa a grande vantagem, "pois precisamente nessa 'fértil' imprecisão é que se tornam visíveis a riqueza e as possibilidades quase ilimitadas de uma linguagem usada para o diálogo" (Brinker e Sager, 1989, p.117). Na construção da conversa, os falantes estão constante e conscientemente empenhados em reduzir essa "vaguidade", buscando formulações o mais possível precisas para as necessidades da mútua compreensão e dos objetivos da comunicação. É justamente esse empenho que instala na enunciação tantos procedimentos metalinguísticos que evidenciam o trabalho da *busca lexical*.

Por ser a enunciação a própria construção da compreensão (Antos, 1982, p.116-119), a proposta do enunciador não necessita vir pronta e acabada, mas pode se oferecer com lacunas que, no conjunto das orientações, hão ser completadas em atuação coordenada com o enunciatário (Clark, 1992). Nem o sucesso da comunicação é diretamente proporcional ao acabamento da proposta. Propostas prontas e acabadas podem determinar uma comunicação malsucedida, enquanto outras, com implícitos e lacunas, além de não o impedirem, até estimulam o sucesso da relação comunicativa. Nesse sentido Bühler (1965, p.397) já lembra que "...falar bem é ser econômico e deixar muito à responsabilidade do ouvinte, especialmente uma ampla liberdade em seu pensar coconstrutivo". Essa economia enunciativa Antos (p.118) denomina de "omissão constitutiva"[6] e acrescenta dizendo que

> as lacunas não têm somente especial função para a atividade interpretativa, para o pensar coconstrutivo do enunciatário, mas também representam um importante e necessário constituinte da formulação: sempre se deu grande valor na Linguística - ainda que nem sempre sob perspectiva textual - às pressuposições e implicações, como também às estratégias representadas pelas atividades de aludir, calar, omitir ou deixar vago. (p.119)

Em síntese, diante do exposto, a *seleção lexical* não é uma tarefa unilateral do falante na procura da melhor formulação para transmitir a sua informação ao ouvinte. Ela consiste, isso sim, no trabalho do falante, em coordenação com o ouvinte, em construir, aqui e agora, o sentido dos enunciados. Os sentidos são construídos em função de um fazer interpretativo do ouvinte. Também, do lado desse, não se verifica uma atuação isolada por meio da qual lhe caberia, na metáfora de Brinker e Sager (1989, p.126), "desempacotar" um conteúdo remetido pelo falante. A interpretação é construída pelo ouvinte na esteira das "instruções" – da proposta de compreensão – fornecidas pelo falante. O que implica dizer que, assim como o fazer atribuidor de sentidos é determinado pelo ouvinte, o fazer interpretativo (a compreensão) é orientado pelo falante.

O problema de compreensão no contexto da construção interativa da compreensão

O processo de coconstrução referido no tópico anterior é inerente a qualquer tipo de manifestação discursiva, mas fica particularmente explícito na interação face a face. Nela o ouvinte, além de acompanhar face a face, aqui e agora, a evolução da enunciação do falante, dá-lhe constante *feedback*, por meio de recursos proxêmicos, mímico-gestuais, paralinguísticos, linguísticos, a ponto de até intervir, explicitamente, na elaboração de seu turno. Dar *feedback* quer dizer, em síntese, atestar ao interlocutor atenção e compreensão on-line, na medida em que a enunciação evolui.

Em geral, o ouvinte atesta compreensão ao falante pelo simples fato de estar em sua presença, acompanhando, aqui e agora, o desenvolvimento da enunciação. Segundo Deppermann (2008, p.232), "a compreensão silenciosa caracteriza a maior parte de nossa prática conversacional". Olhares, acenos, gestos, mímicas, movimentos do corpo, com aproximações e distanciamentos, são muitas vezes substitutos eficazes das manifestações verbais. Estas, no entanto, são muito frequentes na confirmação da compreensão, conforme registra este segmento de fala:

(6)

(T1) F1 – [Dentro de uma longa resposta a uma pergunta de F2(*... qual é a tua imagem você mora em Copacabana né? qual... qual a imagem que você faz de Ipanema?*), F1 enseja, implicitamente, que F2 descreva também a sua imagem desse bairro]:

(T2) F2 – sabe o que que eu acho... eu
[

(T3) F1 – hã...

(T4) F2 – morando em Ipanema... eu sou suspeita pra falar... mas ( ) sinto tanto... eu não posso deixar de pensar em outras pessoas que ( ) Ipanema tem um clima... em termo... você disse que ( ) que as pessoas são todas iguais né... uma que não são... mas Ipanema tem um clima... que predispõe sabe... que dá possibilidade à pessoa de se abrir muito mais entende... você pode sair vestida de palhaço de lá... que ninguém vai olhar pra você...

(T5) F1 – justamente é isso... é liberdade... você pode ser uma artista famosa... passa pela rua tranquilamente...

(T6) F2 – ( ) às vezes... ninguém te incomoda... se você sai assim ( )
[

(T7) F1 – é... hum nem liga...

(T8) F2 – ninguém está nem querendo saber como é que você está... ninguém nem presta atenção em você... porque aquilo ali ( )
[

(T9) F1 – é normal...

(T10) F2 – assim tão boa de cada um viver a sua própria vida... quer dizer... logicamente tem suas desonrosas exceções...

(T11) F1 – é claro... *( ) (NURC RIO/D2/Inq. 147)*

O fato de F1 compreender os enunciados de F2 vem sucessivamente documentado,[7] inicialmente por um recurso paraverbal em T3 (*hã*) – que mais atesta atenção a F2 do que compreensão de seu enunciado – e, depois, por uma sequência de manifestações verbais: em T5, "*justamente é isso... é liberdade...*"; em T7, "*é... hum nem liga...*"; em T9, "*é normal...*"; e, em T1 "*é claro...*".

Neste outro segmento, para além da mera manifestação confirmativa, como ocorre no exemplo anterior, a compreensão é documentada pela intervenção do ouvinte no enunciado do falante, oferecendo-lhe ajuda no trabalho de formulação.

(7)

(T1) F1 - **Doc.** e:: além desses jantares dançantes as festas a senhora vai a alguma outra festividade?
[

(T2) F2 - **Inf.** ah:: também ( ) .... quando (tenho que ir)... sempre é em função dessa socieDAde que meu marido está já está há dez anos... assim:: na diretoria... uma vez ele era tesouREIro... outra vez vice-presidente outra:: agora ele é::... eu disse vice-presidente ainda agora né? mas não vice-presidente é o outro... ele FOI no ano passado... **[ele é:: como é que se diz a pessoa que cuida do CLUbe... que toma:: não é ecônomo é o que toma conta assim do::... dessa parte:: que ele tem que cuidar da das Obras tudo]**

(T3) **F1 - Doc.** diretor patrimonial

(T4) **F2 - Inf.** di/diretor:: do patrimônio... é isso... né? (Hilgert, 1997, p.98)

Os interlocutores em interação são o documentador (F1) e o informante (F2). Considerando o segmento destacado em T2, com o alongamento de (*é::*), F2 suspende o enunciado em construção, sinalizando que não encontra de imediato a formulação desejada. Como esta definitivamente não lhe ocorre, expõe metadiscursivamente (*como é que se diz*), na sequência, o seu pedido de colaboração na busca da denominação da função do marido. E prossegue, nesse sentido, oferecendo informações ao interlocutor relativas a essa função (*a pessoa que cuida do CLUbe...*), primeiramente em termos gerais e, depois, com dados específicos (*toma conta assim do::... dessa parte:: que ele tem que cuidar da das Obras tudo*), além de, antes desses detalhes, excluir uma denominação (*não é ecônomo*) que F1 eventualmente pudesse sugerir. Terminado esse complexo percurso metadiscursivo de pedido de colaboração de F2, F1 propõe a denominação "diretor patrimonial", que é aceita por F1. Prova disso está no fato de com ela, brevemente reformulada (*di/diretor:: do patrimônio...*), dar continuidade a seu turno, além de ratificar explicitamente (*é isso... né?*) que a solução dada ao problema de formulação foi adequada.

O segmento analisado mostra que, nas interações face a face, o processo de coconstrução da compreensão se evidencia até mesmo na ação colaborativa dos interlocutores na construção do turno de um deles. Compreender, portanto, não é um "fenômeno receptivo". É um processo, para cuja realização concorrem, na sequencialidade da interação, negociações entre os interlocutores, envolvendo ajudas mútuas - como a analisada -, correções, especificações, esclarecimentos e outros trabalhos interativos (Deppermann, 2010, p.13).

Nos segmentos de fala seguintes (8, 9 e 10), a coconstrução da compreensão se evidencia a partir de *problemas de compreensão.*

(8)

(T1) **Doc.** que você acha da televisão estatal?

(T2) **Inf.** como estatal? se é do Estado (tu quer dizer)?... olha eu não... não sei se traria vantagem ou desvantagem porque até agora eu acho que não tem no Brasil né não foi adotado

[

(T3) **Doc.** você não conheceu outro tipo de televisão a não ser a nossa?... (Hilgert, 1997, p.37)

O informante inicia o turno T2, apontando, na pergunta do documentador, um problema de compreensão (*como estatal?*), para o qual, na sequência imediata, apresenta uma *hipótese de compreensão* (*se é do Estado (tu quer dizer)?*), isto é, uma possibilidade de compreensão a ser ou não confirmada pelo interlocutor. Antes, contudo, de este a confirmar ou negar verbalmente,[8] dá prosseguimento ao turno, respondendo à pergunta formulada em T1.

O fato de o documentador prosseguir com outra pergunta (T3), sem questionar a resposta dada à anterior (T1), revela que o problema de compreensão foi adequadamente resolvido e que a resposta satisfaz ao propósito comunicativo da pergunta.

Neste outro segmento,

(9)
(T1) **Doc.** e os cardíacos?... [Antes **Doc.** havia feito a seguinte pergunta: "quais são os problemas respiratórios mais comuns?]
(T2) **Inf.** relacionados com problema respiratório?
(T3) **Doc.** não... os cardíacos mais comuns...
(T4) **Inf.** problemas cardíacos? olha isso eu não:: não vou falar porque... eu não entendo... de cardiologia... nunca ouvi falar muito de problemas disso... lesões... (Hilgert, 1997, p.91)

o informante lança, em T2, uma hipótese de compreensão (*relacionados com problema respiratório?*) para a pergunta do documentador em T1 (*e os cardíacos?*). Este, em T3, a considera equivocada (*não*) e reformula a sua pergunta, dando-lhe uma contextualização mais precisa (*os cardíacos mais comuns*), o que leva, então, o informante à resposta em T4. Por meio dela, mesmo confessando que não entende do assunto em questão, revela ter compreendido a pergunta reformulada do documentador, pois, caso contrário, não teria como declarar que não são de seu conhecimento as informações solicitadas.

Finalmente, em (10),

(10)
(T1) **Doc.** [...] o senhor se lembra do sistema de avaliação:: durante o seu período es/...escolar...primário ginásio...era como agora?
(T2) **Inf.** era como o quê que a senhora perguntou?
(T3) **Doc.** não se é:: como agora assim...
(T4) **Inf.** bom agora eu não estou muito a par de como era... mas nós tínhamos as nossas sabatinas... avaliavam por sabatina...nós tínhamos as aulas e depois tínhamos as sabatinas... e essas sabatinas...naturalmente::...com GRAU... e esse grau é que iam nos avaliando... a avaliação era feita através das SAbatinas... essas sabatinas às vezes eram... sabatinas escritas sabatinas orais... e de modo que

então... aí é que se avaliava... o aproveitamento do aluno... me parece que::... era só esta maneira...de se avaliar... o aproveitamento...do aluno durante... o ano letivo...e nós fazíamos sabatinas SEmpre... de todas a::as matérias dadas... (Hilgert, 1997, p.210)

o informante se limita, em T2, à marcação do problema de compreensão, sem propor uma possibilidade de interpretação (uma hipótese de compreensão). Em suma, restringe-se a revelar que *não compreendeu* a pergunta, o que obriga o documentador, em T3, numa síntese parafrástica, a reformular o seu turno inicial. Só então o informante procede à resposta em T4.

* * * * *

O que se observa nesses segmentos de fala, particularmente nos três últimos, é que, numa relação entre dois interlocutores A e B, A, ao buscar ser compreendido por B, empenha-se em conferir "configuração ótima" (*optimal design*) a seu enunciado (Clark, 1996), sempre considerando o conhecimento comum que tem com B e as condições pragmáticas em que a interação como prática social se desenrola. No entanto, por maior que seja o investimento nessa *otimização*, A só saberá se B o compreendeu, quando este lhe atestar de alguma maneira essa compreensão. Sem esse pronunciamento de B, no máximo pode A *acreditar* que o seu interlocutor o compreendeu.

Considere-se este segmento de uma entrevista:

(11)
(T1) **A** – eh:: existe alguma profissão que o senhor simpatiza especialmente além da sua?...
(T2) **B** – é:: eu disse ainda há pouco que tinha um pouco de médico frustrado não é? Então vou ter que dizer que uma das que eu simpatizaria mais do que a minha seria a Medicina...
(T3) **A** – o senhor acha que o magistério é uma atividade nobre ou apenas uma maneira de ganhar dinheiro? (Hilgert, 1997, p.58)

Analisando-o do ponto de vista da construção interativa da compreensão, Clark (1996) considera que o enunciado de A, em T1, é a "*fase de apresentação*" (*presentation phase*) – "A apresenta um enunciado à consideração de B" –, e o enunciado de B, em T2, a "*fase de aceitação*" (*acceptance phase*) – "B aceita o enunciado de A, dando evidência de que acredita entender o que A quis dizer com seu enunciado" (p.330). É na relação de interdependência dessas duas fases que, também segundo

Clark (1992, cap.5), se constitui uma "*contribuição discursiva*" na conversação, ou seja, uma unidade enunciativa reveladora do trabalho conjunto dos interlocutores na construção da compreensão e, por isso, na geração das condições que garantem a evolução coerente da interação em curso.

A *fase de apresentação* constitui, segundo Deppermann (2008, p.230-231), o objeto de compreensão, o *interpretandum* primeiro da interação. A sua compreensibilidade decorre diretamente da competência linguístico-discursiva de A em formular adequadamente o enunciado, determinada pelos vários fatores – saberes, práticas, crenças, valores, interesses – que configuram o conhecimento mútuo comum dos interlocutores e pelas circunstâncias que caracterizam o contexto da situação comunicativa, no momento em que o enunciado é construído.

A *fase de aceitação* documenta a compreensão do enunciado da fase de apresentação. Depperman (2008, p.246) identifica a segunda operação como sendo o documento de compreensão de "primeira ordem", pois, concluído o processo de construção do enunciado de A, B assume a enunciação para documentar a compreensão do enunciado anterior, que, como se disse, constitui o objeto principal de compreensão.

Essa segunda fase, além de fase de aceitação do enunciado anterior, é, ao mesmo tempo, a fase de apresentação do enunciado subsequente, T3. Este, então, se constitui em fase de aceitação de T2 e, simultaneamente, em fase de apresentação do turno subsequente. E, assim, num processo recursivo, a interação evolui, conforme revela este esquema elaborado por Clark (1992, cap.5) e aqui adaptado:

CD[9] { AP — A (T1) eh:: existe alguma profissão que o senhor simpatiza especialmente além da sua?...
AC
> B (T2) é:: eu disse ainda há pouco que tinha um pouco de médico frustrado não é? Então vou ter que dizer que uma das que eu simpatizaria mais do que a minha seria a Medicina...
CD { AP
AC
> A (T3) o senhor acha que o magistério é uma atividade nobre ou apenas uma maneira de ganhar dinheiro?
CD { AP
AC — B (T4) ....

Realizada por A a fase de apresentação em T1, B atesta, em T2, compreensão do enunciado de seu interlocutor, pelo simples fato de proceder a uma resposta pronta e fluente. Na verdade, com a sua resposta, B *acredita* nessa compreensão. Se ela corresponde ou não aos propósitos comunicativos de A, cabe a este documentar na sequência. E ele o faz, na medida em que imediatamente prossegue com a interação em T3, sem intervir com reparos ou reformulações do enunciado de T2. A confirma, dessa forma, implicitamente, que B compreendeu adequadamente a sua pergunta inicial, ou seja, a aceitação de A, em T3, está implícita no próprio ato de ele prosseguir a entrevista sem contestar a resposta de B e sem nela denunciar problemas de compreensão. Nesse sentido, Deppermann (2008, p.246) identifica essa terceira posição como um documento de compreensão de "segunda ordem".

Considere-se agora o seguinte recorte, também de uma entrevista, retomado a seguir no esquema:

(12)

(T1) A – e tu tem assim uma estação favorita?

(T2) B – como assim se ah que um:: certa situação goste de uma música?

(T3) A – é

(T4) B – não não isso não tem agora TEM por exemplo no rádio quando eu escuto CERtas músicas eu me lembro de certas situações que eu passei... aí sim... isso sim mas ter assim um:: uma certa situação ouvir alguma música não (Hilgert, 1997, p.22)

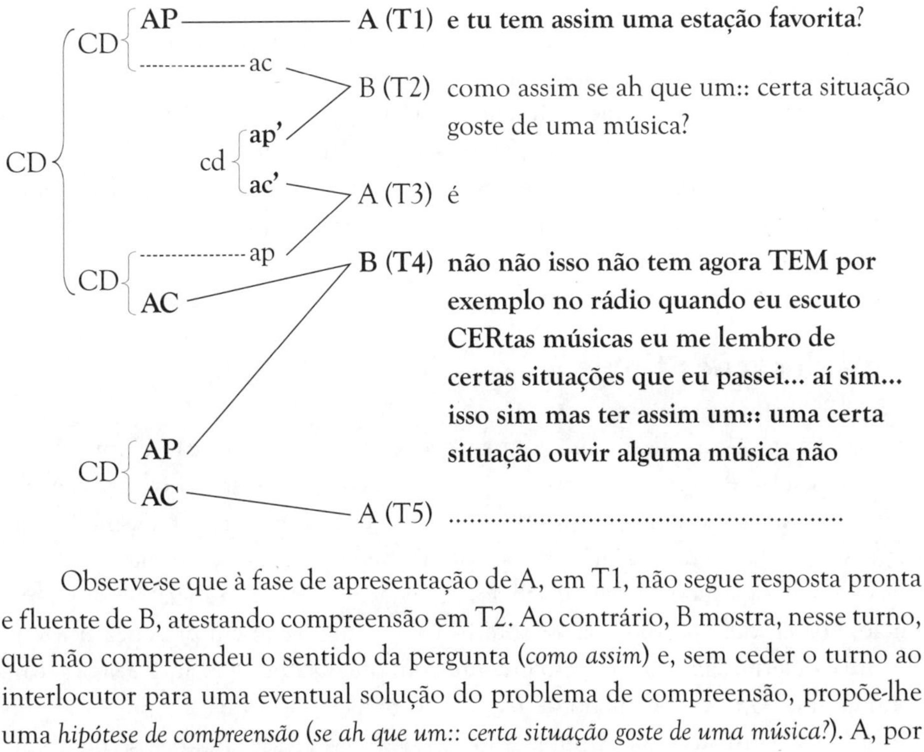

Observe-se que à fase de apresentação de A, em T1, não segue resposta pronta e fluente de B, atestando compreensão em T2. Ao contrário, B mostra, nesse turno, que não compreendeu o sentido da pergunta (*como assim*) e, sem ceder o turno ao interlocutor para uma eventual solução do problema de compreensão, propõe-lhe uma *hipótese de compreensão* (*se ah que um:: certa situação goste de uma música?*). A, por meio de "*é*" (T3), explicitamente admite que a hipótese proposta traduz a compreensão correta de sua pergunta. Só então B dá andamento à interação, respondendo, em T4, à pergunta de A feita em T1.

Nesse processo constata-se que à fase de aceitação (AC), em T4, antecede um trabalho interativo de construção da compreensão do enunciado de T1. Ou seja, a construção da fase de apresentação (AP) se desdobra em três turnos, de T1 a T3. O interlocutor B só responde à pergunta de A depois de obter deste a confirmação de que a *hipótese de compreensão* apresentada está em sintonia com o propósito comunicativo de sua pergunta. Finaliza-se então uma *contribuição discursiva* (CD), cuja unidade decorre do conjunto das relações que a tecem.

Muitas vezes, portanto, à fase de apresentação não segue de forma objetiva e imediata a fase de aceitação. Ocorrendo em relação à primeira fase um problema de compreensão ou um mal-entendido, como mostra esse último exemplo, desencadeia-se, antes da fase aceitação, uma sequência interativa secundária (T2 e T3) destinada a resolver esse problema.

Pode também a fase de aceitação não corresponder à expectativa do interlocutor da fase de apresentação. Não há espaço neste texto para analisar novo segmento interacional, mas admita-se que, na interação anterior, o interlocutor A identificasse no enunciado de B, em T4, um problema de compreensão. Esse fato desencadearia uma sequência interativa secundária para encaminhar solução ao problema. Só então, restabelecida a coerência do desdobramento interativo, seguiria a próxima pergunta de A na entrevista em curso.

Por fim, é preciso destacar ainda um último aspecto em relação à construção interativa da compreensão: as sequências secundárias destinadas a resolver os problemas de compreensão se desdobram nas mesmas fases de apresentação e aceitação da sequência interativa principal, conforme mostra a relação ap'- ac', no esquema anterior.

Considerações finais

Se em toda manifestação discursiva o sujeito da enunciação é constituído por enunciador e enunciatário, na conversa a ação coenunciativa do enunciatário-ouvinte é particularmente explícita e evidente por ela ocorrer *in praesentia*. No discurso escrito, o enunciatário coenuncia na medida em que o enunciador o *leva em conta* na construção de seu discurso. A determinação coenunciativa se realiza, então, *in absentia*. Na conversa, os interlocutores interagem em presença física. O falante é determinado *ao vivo* pelo ouvinte com quem coordena, aqui e agora, cara a cara, olho no olho, por meio de recursos verbais e não verbais, a produção dos sentidos e a construção da compreensão. Esta não se acresce ao processo de produção dos sentidos, mas se integra a ele, é inerente a ele. A busca da compreensão é *constitutiva* do processo de construção dos sentidos. Em geral as conversas evoluem sem que a preocupação com a intercompreensão seja formalmente lembrada e tematizada. Há momentos, no entanto, em que ela emerge no fio do discurso, ora na voz de um dos interlocutores que pergunta: *compreendeu?*, *alguma dúvida?*, *tudo certo?*, *tudo claro?*; ora na voz do outro que denuncia: *não entendi o que que você disse*, ou *o que você quer dizer com isso?* Explicitam-se então, particularmente nesse último caso, os chamados problemas de compreensão, que abrem então, na conversa em andamento, uma sequência interativa destinada à solução do problema, mas que, na verdade, nada mais é do que uma instância *mostrada* de construção interativa da compreensão e, como tal, de construção sempre negociada do sentido. No contexto desta reflexão, portanto, deve-se entender por "problema" de compreensão toda instância linguístico-pragmática que desencadeie, no curso da interação, um processo explícito de construção interativa da compreensão que, em princípio, se desdobra de forma *não mostrada*.

Notas

1 T = turno; F = falante.

2 No esquema, o que vem sinalizado por (*) foi acrescido por nós ao original de Franceschini.

3 A "forma padrão de uso da linguagem", segundo Weigand (1999, p.764), "pressupõe convívio e trata de comunicação entre membros de uma mesma comunidade e de um idêntico universo cultural".

4 Na verdade, a etnometodologia estende a noção de indicialidade para as ciências sociais em geral. Todas as formas simbólicas, tanto as constituidoras da conversação (uma forma de interação social) quanto as outras, como os gestos, as regras, as ações, só encontram sentido no contexto das interações sociais em que vêm inseridas.

5 Na perspectiva da linguística, Brinker e Sager (1989, p.116) referem-se ao caráter da "vaguidade dos enunciados linguísticos".

6 "konstitutives 'Weglassen'" (apud Antos, 1982, p.118).

7 Quando se fala em *documentar* a compreensão, faz-se referência a todas as atividades por meio das quais os interlocutores, no curso de uma interação, atestam um ao outro a compreensão (cf. Deppermann e Schmitt, 2008, p.222).

8 No presente caso poder-se-ia, evidentemente, imaginar uma sinalização não verbal do documentador, desencadeada pela forma interrogativa da proposta de compreensão apresentada. Como, no entanto, não temos o registro dessa sinalização, não há certeza de sua ocorrência. Ademais, às vezes o falante, em razão da velocidade vertiginosa de sua fala ou porque, simultaneamente à formulação da proposta de compreensão, percebeu estar ela correta, efetivamente não espera por um sinal do interlocutor e conclui o turno com resposta à pergunta feita.

9 CD = contribuição discursiva; AP = fase de apresentação; AC = fase de aceitação.

Bibliografia

ANTOS, Gerd. *Grundlagen einer Theorie des Formulierens*: Textherstellung in geschriebener und gesprochener Sprache. Tübigen: Max Niemeyer, 1982.

BAKHTIN, Mikhail. *Estética da criação verbal*. 4.ed. Trad. Paulo Bezerra. São Paulo: Martins Fontes, 2003.

BLANCHE-BENVENISTE. *Le Français parlé*: études grammaticales. Paris: CNRS, 1990.

BRINKER, Klaus; SAGER, Sven F. *Linguistische Gesprächsanalyse*: eine Einführung. Berlin: Erich Schmidt, 1989.

BÜHLER, Karl. *Sprachtheorie*: die Darstellungsfunktion der Sprache. Stuttgart (1934), 1965.

CLARK, Herbert H. *Arenas of language use*. Chicago: The University of Chicago Press & Center for the Study of Language and Information, 1992.

_____. *Using language*. Cambridge: Cambridge University Press, 1996.

COULON, Alain. *Etnometodologia*. Petrópolis (RJ): Vozes, 1995.

DEPPERMANN, Arnulf. Von der Kognition zur verbalen Interaktion: Bedeutungskonstitution im Kontext aus Sicht der Kognitionswissenschaften und der Gesprächsforschung. In: DEPPERMANN, Arnulf; SPRANZ-FOGASY, Thomas (org.) *Be-deuten: wie Bedeutung im Gespräch entsteht*. 2.ed. Tübingen: Stauffenburg-Verl., 2006, p.1-33.

_____. Verstehen im Gespräch. In: KÄMPER, Heidrun; EICHINGER, Ludwig M. Sprache, Kognition, Kultur. Berlin/New York: Waler de Gruyter, 2008, p.225-261.

_____. Zur Einführung: 'Verstehen in professionellen Handlungsfeldern' als Gegenstand einer ethnographischen Konversationsanalyse. In: DEPPERMANN, Arnulf; REITEMEIER, Ulrich; SCHMITT, Reinhold; SPRANZ-FOGASY, Thomas. *Verstehen in professionellen Handlungsfeldern*. Tübigen: Narr, 2010, p.07-25.

DEPPERMANN, Arnulf; SCHMITT, Reinhold. Verstehensdokumentation: Zur Phänomenologie von Verstehen in der Interaktion. *Deutsche Sprache* 3/08, 2008, p.220-245.

FIEHLER, Reinhard. Verständigungsprobleme und gestörte Kommunikation. Einführung in die Thematik. In: *Verständigungsprobleme und gestörte Kommunikation*. Radolfzell: Verlag für Gesprächsforschung, 2002, p.7-15.

FIORIN, José Luiz. Pragmática. In: FIORIN, José Luiz (org.). *Introdução à linguística II*: princípios de análise. São Paulo: Contexto, 2003, p.161-185.

FRANCESCHINI, Rita. Bedeutungskonstitution mittels sequenzieller Erwartungen am Beispiel des "Quase-italienisch" von Deutschprachigen. In: DEPPERMANN, Arnulf u. SPRANZ-FOGASY (Hrsg.). be-deuten: wie Bedeutung im gespräch entsteht: 2.ed. (1.ed. em 2002). Tübigen: Stauffenburg, 2006.

HILGERT, José Gaston (org.). *A linguagem falada culta na cidade de Porto Alegre*: diálogos entre informante e documentador. Porto Alegre/Passo Fundo: UFRGS/UPF, 1997.

_____. *A linguagem falada culta na cidade de Porto Alegre*: elocuções formais. Porto Alegre: UFRGS, 2007.

HUMBOLDT, Wilhelm von. Über die Verschiedenheit des menschlichen Sprachbaues und ihren Einfluss auf die geistige Entwicklung des Menschengeschlechts. In: FLINTER, Andreas u. GIEL, Klaus (org.). *Wilhelm von Humboldt – Schriften zur Sprachphilosophie*. 9.ed. Vol.III (Obra em cinco volumes). Darmstadt: Wissenschaftliche Buchgesellschaft, 2002.

MOTSCH, Wolgang; PASCH, Renate. Illokutive Handlungen. In: MOTSCH, W.; PASCH, R. (org.). *Satz, Text, sprachliche Handlung*. Berlin: Akademie-Verlag, 1987, p.11-79.

SCHMITT, Reinhold. Verfahren der Verstehensdokumentation am Filmset: Antizipatorische Initiativen und probeweise Konzeptrealisierung. In: DEPPERMANN, Arnulf; REITEMEIER, Ulrich; SCHMITT, Reinhold; SPRANZ-FOGASY, Thomas. *Verstehen in professionellen Handlungsfeldern*. Tübigen: Narr, 2010, p.209-362.

WEIGAND, Edda. Misunderstanding: the standard case. *Journal of Pragmatics* 31, 1999, p.763-785.

"Escovando" palavras: movimentos possíveis de interpretação

Aracy Ernst Pereira

> Eu tinha vontade de fazer como os dois homens que vi sentados na terra escovando osso. No começo achei que aqueles homens não batiam bem. Porque ficavam sentados na terra o dia inteiro escovando osso. Depois aprendi que aqueles homens eram arqueólogos. E que eles faziam o serviço de escovar osso por amor. E que eles queriam encontrar nos ossos vestígios de antigas civilizações que estariam enterradas por séculos naquele chão. Logo pensei de escovar palavras. Porque eu havia lido em algum lugar que as palavras eram conchas de clamores antigos. Eu queria ir atrás dos clamores antigos que estariam guardados dentro das palavras. Eu já sabia também que as palavras possuem no corpo muitas oralidades remontadas e muitas significâncias remontadas. Eu queria então escovar as palavras para escutar o primeiro esgar de cada uma. Para escutar os primeiros sons, mesmo que ainda bígrafos. Comecei a fazer isso sentado na minha escrivaninha. Passava horas inteiras, dias inteiros fechado no quarto, trancado, a escovar palavras. Logo a turma perguntou: o que eu fazia o dia inteiro trancado naquele quarto? Eu respondi a eles, meio entressonhado, que eu estava escovando palavras. Eles acharam que eu não batia bem. Então eu joguei a escova fora. (Manoel de Barros, 2010)

O texto de Manoel de Barros que inspirou o título do presente capítulo fez-me pensar se o ofício de quem se dedica aos estudos do discurso não seria similar ao da personagem: procurar vestígios nas palavras; não de sentidos antigos e subterrâneos, remontando ao que presumivelmente se perdeu, mas de sentidos produzidos no batimento entre o que se mostra e o que se apaga, entre o que excede e o que falta, entre o que se espera e o que se estranha através do entrecruzamento entre descrição e interpretação. Refiro-me ao que é desenvolvido por Pêcheux, na obra *Discurso: estrutura ou acontecimento*, sobre a necessidade de descrever as materialidades discursivas numa perspectiva que considere o real da língua, "aquilo que é colocado pelos linguistas como a condição de existência (de princípio), sob a forma da existência do simbólico, no sentido de Jakobson e de Lacan" (1990, p.50), em busca do que lhe é próprio: o equívoco, a elipse, a falta, etc. e não numa perspectiva fenomenológica ou hermenêutica, em que descrição e interpretação são indiscerníveis. Diz o autor:

> Todo enunciado, toda sequência de enunciados é, pois, linguisticamente descritível como uma série (léxico-sintaticamente determinada) de pontos de deriva possíveis, oferecendo lugar à interpretação. É nesse espaço que pretende trabalhar a análise de discurso. (1990, p.53)

Nessa perspectiva, faço referência a alguns "achados" que a minha observação do texto e do discurso tem propiciado, tentando mostrar uma possibilidade de trabalho com os sentidos a partir da relação entre descrição e interpretação.

Devo, porém, confessar que inicialmente várias questões me interpelaram: o que eu deveria ou poderia falar sobre texto e discurso? Como encontrar algo de original, de singular para dizer sobre esses conceitos? É realmente uma tarefa complicada. Complicada porque há vários autores de diferentes áreas da linguística que têm produzido trabalhos de fôlego sobre o assunto. Complicada também porque são várias as direções teóricas possíveis de serem tomadas: Linguística textual? Enunciação? Análise de discurso? Campos do saber que, embora possuam objetos diferentes, têm em comum a preocupação com os processos de produção de sentidos. Além disso, que enfoque adotar? Histórico, mostrando as modificações que, ao longo do tempo, esses conceitos foram sofrendo, ou analítico e pontual "pinçando" um aspecto teórico específico dos estudos atuais sobre o texto e/ou sobre o discurso e, a partir dele, desenvolver a reflexão?

Frente a essas questões, resolvi: 1º) desistir de ser original; 2º) centralizar a reflexão pelo menos numa linha teórica, a da análise de discurso, campo do saber em que encontro minha referência; 3º) evitar teorismos (não teorias) que, se dão vazão ao desejo ou vaidade intelectual do pesquisador, em contrapartida, podem tornar enfadonha a exposição, não atendendo ao desejo e expectativa dos possíveis leitores; 4º) na tentativa de ser razoável, expor algo mais concreto que parta da minha experiência como professora e como pesquisadora, buscando aliar aspectos teóricos a aspectos analíticos.

Essas decisões pretendem gerar uma via de apresentação, elementar e didática, que oportunize, no entanto, o contato com uma teoria, cuja proposta é a construção de interpretações que levam em conta a língua, em sua incompletude e equivocidade; o sujeito, em sua determinação pelo inconsciente e pela ideologia; e o sentido, em sua dimensão sócio-histórica.

Considerações acerca de texto e discurso

Esses objetos - texto e discurso - aparentemente transparentes, evidentes, são, no entanto, profundamente opacos. Essa transparência produz um efeito de consensualidade, cuja consequência é a ilusão do sentido único, compartilhado, que permitiria falarmos das mesmas coisas e nos entendermos. No entanto, a opacidade neles envolvida, marcada por diferentes vias teóricas que procuram defini-los, ora aproximando-os, ora distanciando-os, inversamente indica não se tratar de algo estabilizado. Tais designações dos objetos do conhecimento, texto e discurso, sustentam sentidos diferenciados e múltiplos, não possuindo, frente ao que se diz sobre eles, nem autonomia, nem independência. Segundo Pêcheux, "as coisas-a-saber coexistem assim com objetos a propósito dos quais ninguém pode estar seguro de 'saber do que se fala', porque esses objetos estão inscritos em filiação e não são o produto de uma aprendizagem [...]" (1990, p.55).

Ciente, então, de que tais termos se inserem nesse movimento infiel ou inconstante de significação, busco, de alguma forma, bloquear a polissemia neles envolvida, situando-os na perspectiva discursiva. Dessa forma, o processo de textualização deve ser visto aqui como a colocação do discurso em texto, processo que atualiza elementos da memória discursiva mediante o emprego de unidades linguísticas.

Diria que os termos "texto" e "discurso" não são intercambiáveis, mas são interdependentes. O texto, enquanto materialidade, enquanto empiria, só é texto porque existe o discurso - entendido como sentidos derivados de posições sociais diferenciadas historicamente -, e o discurso, por sua vez, só se efetiva no texto através de seus elementos constituintes e das relações que aí se estabelecem.

É a partir da observação dessa materialidade, o texto, conjugada com elementos de sua exterioridade que poderemos acessar o "discurso", objeto concreto e singular que se constitui historicamente, objeto que excede (mas não prescinde) às problemáticas linguísticas e que coloca no centro de suas preocupações a questão do sentido em relação ao sujeito e à memória.[1] Essa memória não deve ser entendida como "memória individual", numa acepção psicologista, mas como "memória social" (cf. Pêcheux, 1999, p.50), relativa a saberes inscritos em práticas sociais que possibilitam às palavras fazerem sentido.

Princípios analíticos adotados

O que vou apresentar a seguir é uma tentativa de produzir alguns pontos de referência que possam sustentar uma análise cujo fundamento seja exatamente a relação entre elementos presentes e organizados textualmente e elementos da memória discursiva, buscando um caminho para trabalhar os sentidos na tensão entre descrição e interpretação.

Trata-se de três conceitos-chave que venho desenvolvendo há algum tempo e que podem auxiliar os processos de interpretação. Funcionam como princípios gerais, e não como dispositivos técnicos, de caráter formalista ou empírico. Ao contrário, tais conceitos podem e devem abrigar inúmeros e incontáveis modos do dizer e do não dizer. Assim, numa dada conjuntura histórica frente a um dado acontecimento, aquilo que é dito de mais, aquilo que é dito de menos e aquilo que parece não caber ser dito num dado discurso constituem-se numa via possível, mesmo que preliminar e genérica, de identificação de elementos a partir dos quais poderão se desenvolver procedimentos analíticos. São eles:

a) A *falta* – estratégia discursiva que consiste:

(i) na omissão de palavras, expressões e/ou orações, consentida (ou não) pela gramática, que provocam determinados efeitos de sentido, diferentes daqueles que ocorreriam caso esses elementos se fizessem presentes na linearidade significante. Essas faltas são determinadas por elementos da memória do dizer, ligados a formações discursivas às quais o sujeito-enunciador se filia e que determinam o que se pode e o que não se pode dizer;

(ii) na omissão de elementos interdiscursivos – pertencentes a essa memória – que, embora esperados em função das condições de produção situacionais e históricas em jogo, não ocorrem nessa linearidade.

No primeiro caso, ela se constitui num lugar em que são criadas zonas de obscuridade e incompletude na cadeia significante com fins ideológicos determinados; no segundo, cria um vazio que visa, na maioria das vezes, encobrir pressupostos ameaçadores.

A *falta* pode ocorrer, no nível intradiscursivo, através de diferentes processos de ordem sintática e lexical em que algo previsto pela estrutura gramatical não se materializa linguisticamente. Há, nesse caso, estruturas lacunares que: (i) impedem a emergência de sentidos ligados à memória de um outro dizer, sentidos possíveis, mas colocados fora do discurso por um processo derivado ou da imposição pelo silêncio, pela interdição, como o que acontece por exemplo nos regimes ditatoriais em que a palavra é censurada pelo outro,[2] ou pela própria condição do dizer que precisa "apagar" sentidos para que outros possam ser ditos; (ii) mascaram as diferenças entre posições-sujeito diferenciadas, dando, ao enunciado, um efeito de consensualidade.

Alguns desses processos normalmente são interpretados, aos olhos da gramática tradicional, como formas de dizer, vinculadas às intenções estéticas de quem as usa. Aqui elas têm um outro estatuto. Ligam-se às determinações históricas de quem as produz. Enquadram-se nesse caso, por exemplo: a elipse, concebida como uma "falta necessária" pela gramática (cf. Haroche, 1992), as reticências, o zeugma, certas omissões de determinantes, as nominalizações que apagam o agente, as passivas sintéticas ou analíticas também com o apagamento do agente, substituições lexicais cujo termo substituinte é genérico, etc.

Já a *falta*, relacionada mais diretamente à ocultação de elementos do interdiscurso de uma dada formação discursiva que só poderão ser resgatados a partir do apelo aos exteriores da linguística,[3] provoca um contingenciamento discursivo. Isso se estabelece em função de determinadas condições de produção históricas e/ou enunciativas, referentes à relação do sujeito com o objeto de que fala, com a língua que fala e com o interlocutor com quem fala.

b) O ***excesso*** – estratégia discursiva que se caracteriza por aquilo que está demasiadamente presente no discurso. Consiste:

(i) no uso de incisas, considerado na gramática como um *acréscimo contingente* (cf. Haroche, 1992), de intensificadores ou na repetição de palavras ou expressões e orações. Tais usos, na perspectiva aqui adotada, constituem-se em "acréscimo necessário" ao sujeito que visa garantir a estabilização de determinados efeitos de sentido em vista da iminência (e perigo) de outros a esses se sobreporem;

(ii) na reiteração incessante de determinados saberes interdiscursivos que tomam diferentes formas no intradiscurso, mas mantêm as mesmas posições ideológicas. Em suma, trata-se, nos dois casos, de buscar estabelecer provavelmente a relevância de saberes de uma determinada formação discursiva através da repetição.

c) O ***estranhamento*** – estratégia discursiva que expõe o conflito entre posições e consiste na apresentação de elementos intradiscursivos – palavras, expressões e/ou orações – e interdiscursivos, da ordem do ex-cêntrico, isto é, daquilo que se situa "fora" do que está sendo dito, mas que incide na cadeia significante, marcando uma "desordem" no enunciado. Aqui pode se dar aquilo que, em análise de discurso, denomina-se efeito de "pré-construído" através do qual um elemento irrompe no enunciado como se tivesse sido pensado "antes, em outro lugar, independentemente", rompendo (ou não) a estrutura linear do enunciado. Possui como características a imprevisibilidade, a inadequação e o distanciamento daquilo que é esperado.

Algumas análises

Pêcheux (1990), considerando o entrecruzamento de três caminhos – o do acontecimento, o da estrutura e o da tensão entre descrição e interpretação –, desenvolve uma análise a partir daquilo que *falta* na estrutura do enunciado "On a gagné": quem ganhou? ganhou o quê? Essa falta, de ordem sintática, define o que da estrutura deve ser trabalhado em termos da interpretação do acontecimento, no caso, a improvável vitória de François Mitterrand que se efetivou nas urnas por ocasião das eleições à presidência da República na França em 1981. Produz um efeito de consensualidade, de que falei antes, decorrente da pasteurização das diferentes posições aí envolvidas, de modo a tornar o enunciado estabilizado e transparente.

Algo similar ocorre em "O trabalho que purifica", enunciado retirado de um dos *corpora* da pesquisa intitulada "Retratos digitais: violência e autorrepresentação no orkut", cujo interesse é o estudo da violência em processos discursivos de comunidades on-line. Trata-se, no caso, de uma comunidade de neonazistas, que atualiza, com surpreendente densidade, a hostilidade e rejeição contra determinados grupos étnicos, principalmente contra os judeus. Esse enunciado, título de um álbum de fotos de judeus mortos em campos de extermínio, pertencente a um dos usuários analisados, convive com outro, várias vezes repetido: "Porcos", acompanhado de risadas, numa demonstração evidente de intolerância e violência.

A exemplo da reflexão de Pêcheux sobre o enunciado "On a gagné", poder-se-ia perguntar: Trabalho de quem? Trabalho que purifica o quê? Perguntas que atestam, no nível linguístico, a falta do agente da ação de trabalhar – no caso, uma nominalização o apaga – e do objeto do verbo "purificar". Enunciado vago que encontra a justificativa de sua imprecisão em fatores sócio-históricos. Um possível preenchimento linguístico, previsto pelas condições de produção, seria: o trabalho de nazistas que purifica a raça humana. Mas isso não é suficiente. A falta insiste no enunciado: que trabalho os nazistas faziam nos campos de concentração? As fotos presentes no perfil respondem, preenchendo a lacuna que se dá no nível linguístico: os nazistas matavam judeus. Tem-se aqui um tipo de falta que se poderia chamar de constitutiva: quando se fala algo, silenciam-se outras possibilidades do dizer. Isso é inerente a todo enunciado. Sendo assim, esses termos que poderiam figurar no lugar de "trabalho" também estão constituindo o enunciado pela negatividade: diz-se "trabalho", e não "extermínio", "aniquilamento", "destruição", "morte", etc.

Por que então não se materializaram? Dado o seu pertencimento a uma outra filiação que interpreta o fato do holocausto em sua dimensão profundamente trágica e monstruosa. A designação desse fato histórico como "trabalho" vale-se do valor positivo de seu emprego ordinário, transformando os atos criminosos cometidos pelos nazistas e defendidos ou negados pelos neonazistas em atos construtivos.

O mesmo ocorre com relação à ausência do complemento de "purifica". Uma paráfrase possível seria: "O trabalho que livra o mundo dos 'porcos' e 'impuros'!" Portanto, o que foi aí apagado é aquilo que remete ao holocausto. Ressalte-se que o uso da palavra "purificar" possui uma dimensão positiva e encontra-se ligado ao discurso religioso, tendo como marca a ação de livrar o homem de seus pecados, fazendo-o atingir um estado de pureza. No caso, entretanto, há o deslizamento dessa dimensão de sentido para dar sustentação aos atos criminosos dos nazistas.

Authier-Revuz (2004),[4] na análise desenvolvida no texto "O lugar do outro em um discurso de falsificação da história: a respeito de um texto que nega o genocídio dos judeus no III Reich", identifica, de um lado, a *falta* de termos que deveriam necessariamente aparecer como: estrelas amarelas, guetos, prisão em massa, comboios, registros, etc., mas que são silenciados e, de outro, o *excesso* de termos relativos a atos de discurso, tais como: dizer, redizer, declamar, repetir, chamar, etc. e de gêneros e formas materiais de discurso como confissão, testemunho, mentira, propaganda, comentário, carta, jornal, etc. A identificação pela autora da "onipresença de certos temas *vs.* ausência de outros termos ingenuamente esperados" (p.242) permitiu-lhe, no caso específico, apontar um deslocamento estratégico no discurso analisado, cujo objetivo era estabelecer uma simetria fictícia entre "a verdade revisionista", fundada no antissemitismo e no antissionismo, e o referente histórico. Vê-se, então, que, assim como a *falta*, o *excesso* também estabelece o ponto a partir do qual o processo de interpretação pode ser realizado.

O outro conceito apresentado é o de *estranhamento*. Valho-me, para a sua explicação, de uma análise em que focalizo a relação entre os elementos sócio-históricos e o processo identificatório do sujeito negro. O pressuposto é de que há rastros deixados, no discurso do sujeito negro, da construção da identidade branca que ele foi obrigado a desejar. Tomo como exemplo a seguinte sequência: – "Sou, melhor dizendo, estou sendo, uma mistura de asiático com afrodescendente"[5] – em que tento mostrar o conflito que se instaura no corpo e na palavra do sujeito a partir de diferentes formas de autodesignação.

Nela ocorre uma construção perifrástica[6] inesperada frente às condições de produção desse discurso que, juntamente com o uso da glosa metaenunciativa "melhor dizendo", permite interpretar uma zona intermediária que coloca o sujeito imaginariamente num não lugar, fazendo-o escapar da negatividade implicada em ser negro imposta historicamente. Observe-se que, neste caso, combinam-se o *estranhamento* (a construção perifrástica) e o *excesso* (a glosa metaenunciativa).

À guisa de conclusão

Tais exemplos permitem mostrar que os fatores aqui tematizados – a *falta*, o *excesso* e o *estranhamento* – podem funcionar como artifício operacional de sustentação do gesto interpretativo. Todavia, encontram-se na dependência do objeto, dos propósitos e da perspicácia e conhecimento do analista para identificar as infindáveis formas que o dizer e o não dizer podem tomar. Devem, pois, ser interpretados apenas como um meio auxiliar de identificar indícios, pistas a serem perseguidas por aqueles que, por obrigação e/ou prazer ("amor", no dizer de Manoel de Barros), aventuram-se a "escovar" as palavras.

Notas

1 A noção de "memória discursiva" foi introduzida pela primeira vez em junho de 1981, no número 62 da revista *Langages*, e se constitui a partir da publicação de Pierre Nora da obra *Lieux de mémoire* num dos grandes avanços do trabalho histórico ao longo dos anos 1980, segundo Courtine (2005).

2 Por exemplo, a censura à palavra "prostituta" do título da peça de Sartre *A prostituta respeitosa*, encenada aqui no Brasil na época da ditadura. Considerada imprópria por ferir aos "bons costumes", foi obrigada a ser retirada e, em seu lugar, foram colocadas reticências.

3 Trata-se aqui especificamente dos diferentes campos das ciências sociais: história, antropologia, sociologia, etc.

4 O trabalho da autora é aqui tomado como exemplo, tendo em vista os pontos de contato entre a Teoria da Enunciação que desenvolve e os estudos em AD.

5 Trata-se de um enunciado retirado do *corpus* da pesquisa "Corpo, discurso e subjetividade" em que procuro analisar as imposições de ordem sócio-histórica, relativas ao negro, no funcionamento do discurso de autodesignação.

6 Essa forma perifrástica enquadra-se no presente progressivo (presente do indicativo do auxiliar "estar" mais o gerúndio) para exprimir o presente atual.

Bibliografia

AUTHIER-REVUZ, Jacqueline. O lugar do outro em um discurso de falsificação da história: a respeito de um texto que nega o genocídio dos judeus no III Reich. Trad. Didier Martin e Elza Maria Nitsche Ortiz. In: *Entre a transparência e a opacidade*: um estudo enunciativo do sentido. Porto Alegre: Edipucrs, 2004.

BARROS, Manoel de. *Memórias inventadas*: as infâncias de Manoel de Barros. São Paulo: Editora Planeta do Brasil, 2010.

COURTINE, Jean-Jacques. A estranha memória da análise do discurso. Trad. Nilton Milanez e Carlos Piovezani Filho. In: INDURSKY, Freda; FERREIRA, Maria Cristina Leandro (org.). *Michel Pêcheux e a análise do discurso*: uma relação de nunca acabar. São Carlos: Claraluz, 2005.

HAROCHE, Claudine. A elipse e a incisa na gramática (da determinação à indeterminação na gramática). Trad. Eni Pulcinelli Orlandi et al. In: HAROCHE, Claudine. *Fazer dizer. Querer dizer*. São Paulo: Hucitec, 1992.

PÊCHEUX, Michel. *Discurso*: estrutura ou acontecimento. Trad. Eni Pulcinelli Orlandi. Campinas: Pontes, 1990.

_____. Papel da memória. Trad. José Horta Nunes. In: ACHARD, Pierre et al. *Papel da memória*. Campinas: Pontes, 1999.

CONTRIBUIÇÕES DOS ESTUDOS DE GÊNEROS DO DISCURSO PARA OS ESTUDOS DA LÍNGUA

Rosângela Hammes Rodrigues

Em *Marxismo e filosofia da linguagem* (1988), Volochinov propõe o método sociológico para o estudo da língua, que parte da análise da interação verbal, articulada com suas condições de produção, para chegar à análise das formas da língua. Já Bakhtin, em *Problemas da poética de Dostoiévski* (1997), fala da relação entre os estudos da língua (vista na sua condição de sistema),[1] objeto da linguística,[2] e os estudos da língua vista como discurso, objeto de um conjunto de disciplinas (ainda a se constituir, na época), que nomeou como metalinguística ou translinguística.[3]

Normalmente, o método sociológico e/ou sócio-histórico é a base para as pesquisas na área do discurso e dos gêneros, e nessa área discutem-se contribuições dos estudos da linguística para a análise dos discursos e dos gêneros. Entretanto, as contribuições que os estudos do discurso e dos gêneros trazem para a compreensão da língua ainda não são tão exploradas: o diálogo entre esses dois campos de estudo nem sempre se apresenta como uma via de mão dupla.

Partindo da concepção de que cada campo de investigação da linguagem tem suas especificidades, mas que é possível e desejável o diálogo entre eles, neste capítulo, à luz dos estudos de gêneros do discurso do Círculo de Bakhtin, objetivo apresentar e discutir as contribuições que as pesquisas de gêneros do discurso podem trazer para os estudos da língua.

Para tanto, na primeira seção retomo a discussão que Bakhtin faz a respeito do texto como ponto de partida para o estudo do homem e da sua linguagem nas ciências humanas, sociais e da linguagem; e a discussão de como o autor vê a problemática das relações entre os estudos do campo do discurso e da língua.[4] Na segunda seção demonstro como os estudos dos gêneros do discurso contribuem para a compreensão do funcionamento dos elementos da língua na produção dos sentidos.

Relações entre os estudos do discurso e da língua na voz do Círculo de Bakhtin

Analisando a obra do Círculo de Bakhtin no diálogo da cultura humana, percebe-se que seus integrantes dialogam com autores da área da linguística, da filologia, da poética, da psicologia e da filosofia da linguagem da época para, no campo dessas relações teóricas, apresentar seu projeto de estudo da linguagem: a língua vista na interação, ou seja, a língua como discurso.

Nesses diálogos, observa-se que o Círculo antecipa áreas de investigação hoje estabelecidas, como a linguística textual, a sociolinguística, os estudos do discurso e a linguística aplicada. Por exemplo, questões abordadas pela Sociolinguística já são focalizadas em "O discurso no romance" (1993), redigido em 1934/35. Bakhtin argumenta que o romance é um gênero literário assentado no plurilinguismo social. Para desenvolver essa posição, afirma que a concepção de língua única é uma expressão teórica dos processos históricos de unificação e de centralização sociopolítica e cultural, que resume como sendo as forças centrípetas da língua. Diz que a língua única não é dada, mas estabelecida em cada momento de sua vida; que ela se opõe ao discurso diversificado; que, simultaneamente, a concepção de língua única é real enquanto força que supera o plurilinguismo, opondo-lhe barreiras. "Eis por que a língua única expressa as forças de união e de centralização concretas, ideológicas e verbais, que decorrem da relação indissolúvel com os processos de centralização sociopolítica e cultural" (Bakhtin, 1993, p.81).

Para o autor, as forças centrípetas da língua, "encarnadas" numa língua "comum", atuam no meio do plurilinguismo social, pois, em cada momento de sua formação, a língua se diferencia não apenas em dialetos linguísticos, "no sentido exato da palavra", mas em línguas socioideológicas: de grupos sociais, de profissões, de épocas, de gerações, de gêneros do discurso, etc., uma vez que "todas as visões de mundo socialmente significativas têm a faculdade de espoliar as possibilidades intencionais da língua por intermédio de sua realização concreta específica" (Bakhtin, 1993, p.97). Por isso, em cada momento dado, coexistem línguas de diversas épocas e períodos da vida socioideológica.

A língua como meio vivo e concreto nunca é única, uma vez que ao lado das forças centrípetas da língua atuam as forças centrífugas, ao lado da centralização verbo-ideológica e da união, atuam constantemente os processos de descentralização e de "desunificação" da língua. Em razão disso, em cada enunciado cruzam-se todos esses processos e as forças centrípetas e centrífugas da língua. Segundo o autor, a filosofia da linguagem, a linguística e a estilística tradicionais, nascidas e formadas no curso das tendências centralizadoras da vida linguística, ignoravam esse plurilinguismo dialogizado, que, em parte, torna-se foco de atenção, posteriormente, dos estudos sociolinguísticos, interessados na variação e mudança linguística.

Bakhtin também antecipa pesquisas na área do discurso, ao propor dois grandes polos (perspectivas) de estudo no campo da linguagem. Em *Problemas da poética de Dostoiévski*, como já mencionado, o autor discute a necessidade de um conjunto novo de disciplinas, nomeado por ele de metalinguística ou translinguística, que teria como objeto de estudo os aspectos da vida concreta do discurso que ultrapassam os limites da Linguística. Para Bakhtin, a linguística e a metalinguística estudam um mesmo fenômeno concreto, muito complexo e multifacético, o discurso – definido como "a língua em sua integridade concreta e viva e não a língua como objeto específico da linguística, obtido por meio de uma abstração absolutamente legítima e necessária de alguns aspectos da vida concreta do discurso" (Bakhtin, 1997, p.181), mas o estudam sob diferentes aspectos e ângulos de visão.

Parafraseando a afirmação do autor, podemos dizer que ambas as áreas *partem* da língua como discurso, mas que, por meio de um processo de abstração[5] (separação) da língua da sua vida concreta, ou seja, da interação, a linguística estuda a língua como sistema e a relação entre os elementos da língua nesse sistema; ao passo que a metalinguística estuda a língua na sua condição de discurso, ou seja, nas relações interativas que ela medeia. Assim, a metalinguística também estuda a língua, mas a partir de outra epistemologia e, por essa razão, a *vê* de outro modo.

A posição de coexistência de dois grandes campos de pesquisa na área da linguagem também é apresentada pelo autor em "O problema do texto na linguística, na filologia e em outras ciências humanas: uma experiência de análise filosófica" (2003b) e em "Metodologia das ciências humanas" (2003c). Nesses escritos Bakhtin problematiza a noção de texto tal qual concebido nos estudos linguísticos; sistematiza a relação entre discurso e enunciado e enunciado e texto; e discute a questão da metodologia de pesquisa nas ciências humanas e sociais. Para o autor, o texto é o dado (realidade) primário e o ponto de partida de qualquer disciplina das ciências humanas (2003b), apesar de as finalidades de investigação poderem ser muito variadas, pois a palavra (discurso) é ao mesmo tempo parte constitutiva e objeto de estudo comum das ciências humanas e da linguagem (2003d). Não há como ter acesso ao homem social e a sua vida senão através dos textos por ele criados ou por criar, que materializam seu discurso. Assim, todas essas disciplinas partem do texto concreto, porque a constituição social do homem e da sua linguagem é mediada por ele.

Entretanto, partindo do texto concreto, tais disciplinas adotam direções variadas, recortam *pedaços heterogêneos* desse dado primário, enfim, passam da sinalização do objeto real (que é o homem social que "fala" e seu discurso) a uma delimitação do objeto de investigação científica. Segundo o autor, na área dos estudos da linguagem, o texto pode ser analisado teoricamente de uma dupla perspectiva: do polo da língua e do texto propriamente dito (polo 1); e do polo do discurso e do enunciado (polo 2). O primeiro polo, abstraído de sua situação social, está relacionado com tudo aquilo que é e pode ser reproduzido e repetido[6] no texto, ou seja, a língua como sistema de signos e o texto visto a partir de sua estrutura. O segundo polo é o do acontecimento irrepetível do enunciado (o texto visto na sua condição de enunciado), que pertence ao texto, mas que só se manifesta na situação social de interação, na relação dialógica com outros textos (vistos como enunciados), dentro de uma comunicação discursiva de uma dada esfera social. Na primeira orientação, estudam-se a língua do autor ou de uma época; a língua nacional; ou ainda a potencial língua das línguas (abordagem do estruturalismo ou da glossemática), etc. Na segunda orientação, estudam-se o enunciado, os gêneros do discurso, as relações dialógicas, etc. (Bakhtin, 2003b).

Pode-se afirmar que esses dois polos de investigação do texto correspondem aos dois grandes campos de estudo da linguagem propostos pelo autor em *Problemas da poética de Dostoievski*: a linguística e a metalinguística. A respeito da relação entre eles, como já dito, Bakhtin salienta que esses campos estudam um mesmo fenômeno concreto, muito complexo e multifacetário, o discurso, mas sob diferentes aspectos e ângulos de visão. A linguística imanente, que abstrai a língua dos processos interacionais, estudaria a língua como sistema: o estudo das relações entre os elementos dentro do sistema da língua ou dentro do texto, ou mesmo as relações entre os textos num enfoque rigorosamente linguístico do texto. Já a metalinguística abordaria a língua como discurso: o estudo das relações entre os enunciados e a realidade, entre os enunciados e o autor; as relações dialógicas entre os enunciados; o estudo da comunicação discursiva, dos gêneros do discurso. Ainda acrescenta que os estudos do estilo dos enunciados e dos gêneros reafirmam o estudo dos elementos da língua (como objetivamos demonstrar na próxima seção), mas vistos na sua relação interativa, e os sentidos que eles produzem nessa interação. O autor enfatiza que elas [a linguística e a metalinguística] devem e podem completar-se mutuamente, embora, diz ele, na prática, os limites entre elas sejam muitas vezes difusos.

A respeito das contribuições dos estudos do discurso para a linguística, Bakhtin, em "Os gêneros do discurso" (2003a), afirma que a linguística da época subestimou o estudo das formas do discurso, ou seja, dos gêneros do discurso, talvez em função de sua heterogeneidade e diversidade, mas que o estudo da natureza do enunciado e dos gêneros nos diversos campos da atividade humana tem uma importância muito grande para quase todas as áreas da linguística e da filologia, pois toda investigação acerca de um material linguístico concreto, como história da língua, gramática normativa, elaboração de dicionários, estilística da língua, está relacionada com enunciados concretos (verbais orais e escritos ou materializados em outro sistema semiótico), produzidos nas diferentes esferas da atividade humana, de onde os pesquisadores obtêm os fatos linguísticos de que necessitam. Diz, ainda, que a desconsideração da natureza do enunciado e a indiferença frente à diversidade dos gêneros do discurso, em qualquer campo da pesquisa científica, levam ao formalismo e a uma abstração excessiva, pois debilitam o vínculo da linguagem com a vida (a língua integra a vida através de enunciados concretos, que a realizam, e é através dos enunciados que a vida entra na língua).

No que se refere às contribuições das pesquisas do enunciado e dos gêneros para a linguística, Bakhtin (2003a) exemplifica o seu papel para a estilística e a gramática. Segundo o autor, o estilo linguístico pode ser objeto de estudo específico de disciplina independente, a estilística, porém só será produtivo se fundado na constante observação da natureza genérica (de gênero do discurso) dos estilos da língua e no estudo preliminar dos gêneros. O autor questiona a estilística da época por apenas considerar os seguintes fatores como determinantes do estilo: o sistema da língua, o objeto do discurso e o falante com sua atitude valorativa. Para o autor a questão é mais complexa, pois é preciso situar o enunciado na cadeia da comunicação discursiva; na relação dialógica que mantém na orientação para o objeto do seu discurso (enunciados já ditos), para a reação resposta ativa do interlocutor (enunciados pré-figurados) e para seu autor. São essas relações e o gênero do discurso que são determinantes na construção do estilo.

Em relação à gramática e à lexicografia, Bakhtin (2003a) diz que, embora essas disciplinas se diferenciem substancialmente da estilística, a investigação acerca da gramática de uma língua (especialmente gramática normativa) não pode prescindir das observações e incursões estilísticas. Muitos fenômenos, como o sintagma, são ora relacionados ao campo da gramática, ora ao campo da estilística, como se fosse borrada a fronteira entre os dois campos. "Pode-se dizer que a gramática e a estilística convergem e divergem em qualquer fenômeno concreto da linguagem: se o examinamos apenas no sistema da língua estamos diante de um fenômeno gramatical, mas se o examinamos no conjunto [totalidade] de um enunciado individual ou do gênero do discurso já se trata de fenômeno estilístico"[7] (Bakhtin, 2003a, p.269), pois a escolha de uma determinada forma gramatical pelo autor é um ato de estilo.[8]

Segundo Bakhtin, esses dois pontos de vista (gramatical e estilístico) sobre um mesmo fenômeno concreto da língua não devem ser mutuamente impenetráveis, nem substituídos um pelo outro de maneira mecânica; devem combinar-se organicamente, sob a base da unidade real do fenômeno linguístico, o enunciado. O autor observa que uma concepção profunda do enunciado e das peculiaridades dos gêneros pode assegurar uma solução correta desse complexo problema metodológico; e que o estudo da natureza do enunciado, como unidade da comunicação discursiva, e dos gêneros do discurso permite compreender de uma maneira mais correta a natureza das unidades da língua vista como sistema: a palavra e a oração.[9]

Voltando à questão dos estilos de língua e de sua relação com o enunciado e os gêneros, Bakhtin considera que um dos aspectos do enunciado refere-se a seu estilo, que, por sua vez, está indissoluvelmente ligado aos outros dois aspectos do enunciado: o conteúdo temático e a composição. O estilo, que diz respeito à seleção dos recursos léxicos, fraseológicos e gramaticais da língua, entra como elemento na unidade genérica (de gênero) do enunciado. Embora o enunciado, por ser individual, possa apresentar traços da individualidade do falante, ou seja, absorver um estilo particular, essa possibilidade não é comum, pois nem todos os gêneros são capazes de absorvê-lo e "refleti-lo" da mesma maneira. Na grande maioria dos gêneros, um estilo individual se constitui como um epifenômeno, uma vez que não faz parte da intenção do enunciado, não é a sua finalidade. O estilo do enunciado entra como elemento e "reflete" o estilo do seu gênero: ele não pode ser compreendido se não se considerar a sua natureza genérica. Para o autor, os estilos individuais dos enunciados, bem como os de língua, são estilos genéricos de determinadas esferas da atividade e comunicação humana. Onde existe um estilo, existe um gênero, pois o estilo de um enunciado é o do seu gênero.

Além de destacar a importância dos estudos dos gêneros para a compreensão dos estilos da língua, diz que a separação entre estilos de língua e gêneros é nefasta para a elaboração de uma série de problemas históricos, pois a mudança dos estilos de língua está indissoluvelmente ligada à mudança dos gêneros. Em síntese, os estilos individuais, de língua e a mudança dos estilos de língua tendem para o estilo dos seus gêneros. É por essas razões que o autor argumenta que o estudo dos gêneros do discurso é indispensável para uma abordagem produtiva dos problemas da estilística, reorientada discursivamente.

Portanto, ao postular a inter-relação necessária entre os estudos da metalinguística e da linguística, Bakhtin salienta as contribuições dos estudos de gêneros para o campo da linguística. No entanto, atualmente, há uma forte tendência de se ressaltar a relevância dos estudos linguísticos para a análise de gêneros, especialmente para abordar a dimensão verbal dos enunciados. Como mencionado na introdução, ainda pouco se discute, nos estudos sobre gêneros, as contribuições que os resultados dessas pesquisas podem dar para os estudos da língua, embora Bakhtin as tenha ressaltado nos seus escritos. Na próxima seção, busco demonstrar contribuições da teoria de gêneros para o estudo da língua.

Contribuições da teoria de gêneros do discurso para os estudos da língua

Nesta seção, apresento e discuto contribuições que as pesquisas acerca dos gêneros do discurso podem trazer para os estudos da língua, a partir da análise dos pronomes demonstrativos e de alguns casos de modalização, tomando como referência estudos realizados acerca do gênero do discurso *artigo assinado*, da esfera jornalística.

Nos estudos linguísticos, grosso modo, os pronomes demonstrativos são definidos como tendo a função de situar a posição de um ser ou objeto no tempo e no espaço, tendo como referente os participantes da interação. Os pronomes *aquela, aquele, aquilo* indicam um afastamento temporal e espacial do objeto ou ser em relação aos participantes da interação. Nos estudos do texto, eles são analisados na abordagem da progressão textual. No livro *A coesão textual* (1989), Koch englobava os pronomes demonstrativos no grupo dos elementos anafóricos remissivos não referenciais, considerados como elementos coesivos que "não fornecem ao leitor/ouvinte quaisquer instruções de sentido, mas apenas instruções de conexão (por ex., concordância de gênero e número)" (Koch, 1989, p.33). Em *Desvendando os segredos do texto* (2002), a autora, ao apresentar as principais estratégias de progressão textual, aborda as funções anafórica, catafórica e dêitica dos demonstrativos e, ao levantar a questão do uso discursivo dos determinantes (artigos e demonstrativos) da formas nominais referenciais, menciona a função axiológica dos demonstrativos na retomada do discurso, embora exemplifique sua análise quase que exclusivamente com os pronomes *essa* e *esse*.

Na análise do gênero *artigo assinado*, observei que a função dos pronomes demonstrativos *aquele, aquela* e *aquilo*,[10] inúmeras vezes, não é a de criar uma distância espacial ou temporal do objeto do discurso em relação aos participantes da interação, nem constitui uma questão de função anafórica (que poderia ser substituída, por exemplo, pelos pronomes *essa, esse*), mas é a de produzir um sentido de *distanciamento axiológico* do articulista face ao discurso de um outro, que ele introduz e avalia no seu enunciado. O articulista apresenta uma outra fala no seu discurso, mas se afasta dela, não a assumindo, ou contrapõe a ela, como se pode observar nos exemplos a seguir:[11]

(1) Em 1957, a *Tribuna da Imprensa*, depois da sessão da Câmara dos Deputados, era o lugar em que nos reuníamos para saber as maldades que o jornal soltaria no dia seguinte contra Juscelino. Odylo Costa, filho, o grande renovador da imprensa brasileira, era o secretário. Carlos Lacerda era dono e ícone, o santo guerreiro para uns, o demônio, a fera do Lavradio, o Corvo, e tudo o mais para aqueles que eram alvo de sua pena de fogo. (José Sarney, "Uma tarde de tédio", em *A Notícia*, Joinville, e *Folha de S.Paulo*, São Paulo, 20 nov. 1998)

(2) O tempo é de consciência, apenas de consciência, para os negros brasileiros que lentamente começam a perceber a importância de não ser somente cidadãos e passam a lutar contra o preconceito velado que há décadas assola este país. O momento é de tirar aquela ideia de que negro só é bom no futebol, na música e na dança. Outras atividades, entre as quais a empresarial, são desenvolvidas com grande desenvoltura pelos negros do Brasil. (Carlos Silva, "A consciência de ser negro num país racista", em *A Notícia*, Joinville, 20 nov. 1998)

(3) No Brasil, quando se fala em criar trabalho para idosos, logo vêm aqueles que temem criar dificuldades para o emprego dos jovens. Penso, porém, que esse argumento não se sustenta. A redução do enorme déficit da Previdência Social tem um impacto positivo na geração de mais investimentos e empregos para todos. Além do mais, os mais velhos carregam consigo uma experiência profissional valiosa que pode ser transferida aos mais jovens, melhorando a sua empregabilidade. (Antônio Ermírio de Moraes, "A previdência e a expectativa de vida", em A *Notícia*, Joinville, e *Folha de S.Paulo*, São Paulo, 11 jan. 1999)

(4) O governo Fernando Henrique Cardoso negociou a dívida dos estados em condições excepcionais. Aquela coisa que, no popular, se chama de pai para filho (6% ao ano e três décadas para pagar). E o mesmo quer a alcaldia paulistana, sob o título de renegociar, também, as "dívidas dos municípios". (Luiz Henrique Silveira, "Os Estados e o déficit", em *Diário Catarinense*, Florianópolis, 17 jan. 1999)

(5) Na verdade acho que Blatter está inteligentemente repetindo aquela velha história de pôr o bode na sala para depois causar um grande alívio ao tirá-lo de lá [...]. A Copa de seleções a cada dois anos só seria mesmo boa para aquelas confederações que subjugam os clubes e vivem de explorá-los.(Pelé, "Um bode chamado copa a cada dois anos", em *Folha de S.Paulo*, São Paulo, 17 jan. 1999)

No exemplo 1, a presença de *aqueles* é uma questão de estilo do enunciado, pois poder-se-ia ter em lugar a palavra *outros*, que é a opção em uma construção sintática semelhante no mesmo texto: "Uns viam uma sátira e buscavam carapuças; outros, uma mensagem cifrada aos golpistas que pululavam na cena política". Entretanto, o pronome *aqueles* materializa o distanciamento axiológico que o autor marca, no relato, dos que eram o alvo das críticas de Carlos Lacerda, e que o denominavam como *demônio* e *corvo*, ao contrário dos que o consideravam um guerreiro. Em 2, o pronome *aquele* indica o distanciamento ideológico que os articulistas mantêm face ao discurso racista. Nos exemplos 4 e 5, o distanciamento valorativo do articulista marca-se em relação aos discursos/valores que o ditado popular e a história citada põem em discussão.

Também esses pronomes marcam não só um enquadramento de distância face ao discurso do outro, mas também em relação ao seu autor, como se pode ver no exemplo 3, onde os que afirmam que a criação de emprego aos mais idosos criaria dificuldades para o emprego dos jovens são referenciados como *aqueles*, o que produz um efeito de vagueza da autoria. Muitas vezes, esse processo de distanciamento valorativo que o autor mantém com outros discursos por meio dos pronomes demonstrativos é acompanhado de outros termos avaliativos de desqualificação e distanciamento: "aquela coisa [o discurso é reificado]", "aquela velha história".

Como ressalta Bakhtin, os enunciados não são neutros, pois sempre marcam a posição valorativa do seu autor. Assim, o discurso citado é sempre um discurso no discurso, portanto, um discurso enquadrado (avaliado) pelo que o cita, que lhe pode dar diferentes matizes de sentido. Os pronomes demonstrativos são um dos recursos linguísticos que materializam essa inter-relação com o discurso já dito do outro, diante do qual o articulista mantém uma relação dialógica de distanciamento e desqualificação. Eles são um dos meios linguísticos de expressão dos acentos de valor do articulista.

Já o conceito de modalidade tem chamado a atenção tanto de lógicos como de linguistas. Para Cervoni (1989), tendo no âmbito da lógica a sua origem, a noção de modalidade foi favorecida, na linguística contemporânea, pelas novas áreas de estudo, como a pragmática e a semiótica. A questão da modalização na linguagem pressupõe a distinção, no enunciado [no sentido de *proposição*], de um *dito* (conteúdo proposicional) e de uma *modalidade*, distinguindo-se tradicionalmente as seguintes modalidades: aléticas (referentes ao eixo da existência, determinando o valor de verdade do conteúdo das proposições), epistêmicas (que se referem ao saber, à crença de um estado de coisas) e deônticas (que se referem ao âmbito da conduta, das normas). Os indicadores modais são considerados como a "lexicalização" dessas modalidades, como "sinalizadores" linguísticos da atitude do falante perante o seu enunciado (*proposição*). É desta forma que Ducrot e Todorov (1998) definem a modalização, como uma atitude assumida pelo sujeito falante com respeito ao conteúdo, ou seja, com o *dictum*. Essa é a visão mais geral a respeito da modalização.

Na análise do funcionamento dos elementos linguísticos na produção dos sentidos no gênero *artigo assinado*, a presença de determinados indicadores modais, quando analisados na totalidade do enunciado, são marcas *ou da reação-resposta que o articulista deseja do leitor ou da projeção que ele faz da possível reação-resposta ativa do leitor (enunciados pré-figurados), que ele introduz e desqualifica (distancia-se axiologicamente) no seu enunciado*. Dito de outro modo, eles se apresentam como materializações da *relação dialógica do enunciado do articulista com o enunciado reação-resposta do leitor*,[12] como se pode observar nos exemplos a seguir:

(6) Primeiro vem o alimento da autoestima, rasgando de vez a carapuça de que preto nasceu para ser empregado, serviçal ou marginal. <u>É preciso</u> descer o morro, a favela, e ocupar áreas residenciais nobres. Afinal, a humanidade é nobre, e todas as raças estão incluídas em tal conceito. Ou seja: as oportunidades <u>devem</u> ser iguais para todos.
O segundo passo, extremamente decisivo, é que os espaços <u>devem</u> ser ocupados. Os bancos escolares <u>precisam</u> ter mais negros sentados, porque esse é o único caminho capaz de igualar brancos, índios, alemães, italianos, japoneses, etc. (Carlos Silva, "A consciência de ser negro num país racista", em A *Notícia*, Joinville, 20 nov. 1998)

(7) No momento em que o Brasil enfrenta dificuldades, oriundas do quadro internacional e do próprio atraso nos ajustes internos, especialmente a reforma constitucional, <u>é preciso</u> que todos ofereçam sua contribuição concreta para que seja um país melhor. (Max Schrappe, "O direito à oportunidade", em A *Notícia*, Joinville, 19 dez. 1998)

(8) Não há país que apresente equilíbrio nas contas da seguridade social, o que levou a OECD a propor uma série de medidas, das quais destaco as seguintes: 1) Os sistemas de aposentadoria, a estrutura tributária e os programas sociais devem ser reformados de modo a remover os incentivos à aposentadoria precoce; 2) as leis trabalhistas devem ser modificadas de forma a estimular e assegurar a atividade dos mais idosos; 3) os benefícios das aposentadorias devem ser compostos de um "mix" de recursos públicos e privados. (Antônio Ermírio de Moraes, "A previdência e a expectativa de vida", em *A Notícia*, Joinville, e *Folha de S.Paulo*, São Paulo,11 jan. 1999)

(9) Esse fatalismo equivale ao desprezo a anos de luta contra ditaduras militares e regimes unipessoais. Equivale a recusar o caminho da democracia substantiva que, apesar dos pesares, permanece viável. É preciso insistir nele, enfrentando o golpismo grosseiro ou ilustrado e o canto das sereias desencantadas. (Boris Fausto, "Um surto de populismo?", em *Folha de S.Paulo*, São Paulo, 15 fev. 1999)

(10) Há necessidade de repensar a Federação.
Há necessidade de os brasileiros conscientes começarem a exigir coragem e patriotismo dos dirigentes nacionais. (Ives Granda da Silva Martins, "O peso de uma Federação falida", em *O Estado de S. Paulo*, São Paulo, 15 fev. 1999)

Nesses primeiros exemplos, os indicadores modais funcionam como um modo de orientação para o leitor: eles não introduzem um possível enunciado do leitor, como se verá nos exemplos a seguir, mas funcionam como um modo de sua interpelação, ou seja, procuram orientar/direcionar sua reação-resposta ativa (verbal ou não, imediata ou retardada). Esse leitor normalmente é generalizado no artigo, o que engloba todos os leitores, como em "é preciso" e "há necessidade"; quando ele aparece marcado, seu sentido também tende para a generalização, como em "é preciso que todos" e "Há necessidade de os brasileiros conscientes".

A relação dialógica para com o leitor orienta-se como uma estratégia no sentido de impor *um* determinado discurso (um ponto de vista, uma opinião) como *a* verdade, como *a* norma a ser seguida. Ou seja, essa modalização apresenta a questão do caráter hierárquico da situação de interação do artigo e da faceta de autoridade em relação ao leitor. A presença dos indicadores modais do tipo "é preciso", "há necessidade" e "deve-se", marcas de uma modalização deôntica do campo da obrigação, são traços dessa relação assimétrica entre autor e leitor, podendo-se situar o artigo, pela ótica da modalização, no âmbito do discurso de autoridade. O articulista, por meio do seu *éthos*, constrói um discurso de autoridade e interpela o leitor a aderir a seu horizonte apreciativo, aceitando-o como *a* verdade. Essa é uma das funções discursivas centrais da modalização no gênero *artigo assinado*.

Mas os operadores modais, além de funcionarem como lugares de interpelação do leitor, também introduzem possíveis reações-resposta (enunciados) dos leitores, que são valoradas e destituídas de credibilidade, num processo de contrapalavra refutativa do articulista:

(11) Envolvendo as muitas dimensões da natureza humana, de matéria e espírito, a psicanálise, pode-se dizer, é uma nova fronteira da sempre velha e renovada curiosidade do homem em saber a origem e as motivações de seus atos. [...] Sumariamente, poderíamos dizer que a psicanálise consiste em: [...]. (Mário Cesar Cubas, "Ciência e arte", em A *Notícia*, Joinville, 19 dez. 1998)

(12) O primeiro mês do ano trouxe-nos o euro e, com ele, uma certa fugaz euforia europeia. O contraste com o resto do mundo poderá explicar o fenômeno. A crise está a generalizar-se inexorável e perigosamente, da Ásia à América Latina, da Rússia à África.
É certo que, do outro lado do Atlântico, Clinton fez um discurso não menos eufórico sobre o Estado da União, como se a América tivesse resolvido, durante seus mandatos, todos os problemas – os seus e os dos outros – e só lhe faltasse agora recolher a sagração universal. Está longe de ser o caso. (Mário Soares, "A Europa e a responsabilidade da esquerda", em *Folha de S.Paulo*, São Paulo, 15 dez. 1999)

(13) Esperam-se para o ano de 1999 grandes discussões no campo certo – Ministério da Saúde e Consu sobre planos de saúde e idem sobre seguros de saúde no Ministério da Fazenda-CNSP-Susep.
Evidentemente, o Consu não deverá abrir mão de definir os produtos de seguro-saúde e o Conselho Nacional de Seguros Privados e a Susep terão competência de fiscalizar o cumprimento de seus atributos. (Edmundo Castilho, "Bom senso", em *O Estado de S. Paulo*, São Paulo, 19 dez. 1998)

Nos exemplos, os indicadores modais são marcas da projeção que o articulista faz da reação ativa do leitor face ao seu [do articulista] discurso. No exemplo 11, o emprego dos modalizadores "pode-se dizer" e "poderíamos dizer" é uma estratégia de reação do próprio autor, uma espécie de recuo, contra uma possível objeção do interlocutor quanto ao conceito de psicanálise apresentado. O autor cria um efeito de cautela em relação ao que diz, que será objeto de apreciação valorativa (que se verterá em reação-resposta) do leitor. O uso desse tipo de modalização cria um efeito de "amenização" dos sentidos e da interação.[13]

Nos exemplos 12 e 13, os operadores modais recaem sobre um possível enunciado do interlocutor, ao qual o autor se opõe, constituindo-se seu discurso como que uma reação ao discurso possível do leitor. Em 12, as expressões "é certo que" e "está longe de ser o caso" são elementos que enquadram um possível enunciado do leitor e, inclusive, demarcam as fronteiras entre o discurso do articulista e o discurso citado do leitor. Os modalizadores destacados constituem-se como "pistas" de um diálogo não desenvolvido do autor e do leitor, que poderia ser reconstruído como:

- O primeiro mês do ano trouxe-nos o euro e, com ele, uma certa fugaz euforia europeia. O contraste com o resto do mundo poderá explicar o fenômeno. A crise está a generalizar-se inexorável e perigosamente, da Ásia à América Latina, da Rússia à África... [**articulista**]
- Mas Clinton fez um discurso eufórico sobre o Estado da União... [**leitor**]
- Sim, é certo que Clinton fez um discurso sobre [...]. Está longe de ser o caso. [**articulista**]

Situação discursiva semelhante observa-se no exemplo 13, onde o modalizador "evidentemente" se direciona a um possível questionamento do leitor diante da divisão das tarefas propostas para o Ministério da Saúde, Consu e Ministério da Fazenda-CNSP-Susep. Nesses dois últimos exemplos, observa-se a presença de uma relação dialógica orientada para o leitor, onde se projeta a antecipação de suas possíveis contestações, indagações, ou seja, dos seus enunciados pré-figurados, que são valorados e contestados pelo articulista. Essa possível reação-resposta antecipável e inserida no discurso do articulista cria no artigo um efeito de uma consequência "já prevista", embora seja antes uma estratégia para evitar essa possível contrapalavra do leitor.

A apresentação do funcionamento e da produção de sentidos dos pronomes demonstrativos e da modalização à luz dos estudos dos gêneros baseou-se na análise do seu funcionamento no gênero artigo assinado. De todo modo, esse funcionamento deve ser observado também em enunciados de outros gêneros, embora com presença maior ou menor, pois trata-se de outros gêneros, com suas finalidades discursivas próprias. A título de ilustração do modo de funcionamento dessa modalização em outros enunciados, de outro gênero e de outra esfera social, seguem três exemplos da modalização analisada, extraídos de textos do Círculo de Bakhtin, e que mostram essa dialogização interna do enunciado e o seu confronto axiológico, marcados pela arregimentação dos indicadores modais.

(14) Além das fronteiras da filosofia da linguagem, da linguística e da estilística que está fundamentada nelas, os fenômenos específicos do discurso permanecem inexplorados em quase sua totalidade [...].
É verdade que nesta última década [década de 30] esses fenômenos já começaram a atrair a atenção da ciência da linguagem e da estilística, mas o conhecimento amplo e capital deles, em todas as esferas da existência das línguas, ainda está longe de ser compreendido. (Bakhtin, 1993, p.85)

(15) Por isso, o problema da consciência individual como problema da *palavra interior*, em geral constitui um dos problemas fundamentais da filosofia da linguagem. É claro que esse problema não pode ser abordado corretamente se se recorre aos conceitos usuais de palavra e língua como foram definidos pela linguística e pela filosofia da linguagem não sociológicas. É preciso fazer uma análise pro-

funda e aguda da palavra como signo social e compreender seu funcionamento como instrumento da consciência. (Volochinov, 1988, p.37)

(16) A passagem da atividade mental interior à sua expressão exterior ocorre no quadro de um mesmo domínio qualitativo, e se apresenta como uma mudança *quantitativa*. É verdade que, correntemente, no curso do processo de expressão exterior, opera-se a passagem de um código a outro (por exemplo: código mímico/código linguístico), mas o conjunto do processo não escapa do quadro de expressão semiótica. (Volochinov, 1988, p.52)

Esses exemplos mostram o mesmo funcionamento da modalização apresentado na análise do gênero *artigo assinado*: os indicadores modais introduzem e "emolduram" uma possível reação-resposta do leitor, que é avaliada negativamente (refutada) pelo autor. Nos exemplos 14 e 16, a possível resposta do leitor fica enquadrada entre "É verdade que" e "mas". Como já dito, é como se essa parte do enunciado apresentasse um diálogo não desenvolvido:

- A passagem da atividade mental interior à sua expressão exterior ocorre no quadro de um mesmo domínio qualitativo, e se apresenta como uma mudança quantitativa... [**autor**]
- Mas no curso do processo de expressão exterior, opera-se a passagem de um código a outro (por exemplo: código mímico/código linguístico)... [**interlocutor**]
- É verdade que, correntemente, no curso do processo de expressão exterior, opera-se a passagem de um código a outro (por exemplo: código mímico/código linguístico), mas o conjunto do processo não escapa do quadro de expressão semiótica. [**autor**]

Considerações finais

Com a apresentação das considerações de Bakhtin e do modo de funcionamento dos pronomes demonstrativos e da modalização no *artigo assinado*, objetivei demonstrar como os estudos de gêneros podem contribuir para a compreensão do funcionamento dos elementos da língua na produção dos sentidos. Há ainda outros dados que permitem demonstrar o diálogo possível: o estudo das relações dialógicas e sua materialização nos enunciados traz contribuições para a estilística tradicional; a abordagem dos gêneros intercalados estabelece interface com os estudos de textualização, pois ajuda a explicar a heterogeneidade da composição textual. Em resumo, a meta foi demonstrar que não somente os estudos linguísticos trazem contribuições para os do discurso, mas estes trazem contribuições para se entender as unidades da língua.

Notas

1 Foge do escopo deste texto discutir se a concepção de língua exposta por Volochinov em *Marxismo e filosofia da linguagem* é idêntica à concepção de língua proposta por Bakhtin na obra *Problemas da poética de Dostoiévski*, uma vez que não traz diferenças para a tese aqui proposta.

2 Bakhtin refere-se à linguística de sua época; muitas das observações que ele faz estão, hoje, incorporadas nas diferentes áreas que a integram e na área da linguística aplicada.

3 Em alguns momentos, retomarei estes termos pela expressão "estudos do discurso".

4 Aqui sintetizo o campo que vê a língua vista como discurso e o campo que vê a língua como sistema como campos do discurso e da língua, respectivamente.

5 Eis a razão de Volochinov nomear esses estudos da língua de *objetivismo abstrato*, pois abstraem, ou seja, retiram a língua da vida concreta da interação.

6 Em diálogo com João Wanderlei Geraldi, ele comenta que onde a linguística imanente (essa expressão é de minha responsabilidade) vê repetibilidades, os estudos bakhtinianos veem regularidades. De fato, Bakhtin fala das relativas estabilidades dos estilos dos gêneros, da relativa normatividade do estilo dos gêneros, o que compreendo como regularidade de uso, construídas historicamente nos processos interacionais.

7 É a partir de uma estilística discursiva que o autor analisa os aspectos linguísticos.

8 Esta consideração, a partir de outra entrada teórica de estudos, o ensino e aprendizagem de línguas, pode ser vista no texto "Dialogic Origin and Dialogic Pedagogy of Grammar: Stylistics in Teaching Russian Language in Secondary School", escrito pelo autor na década de 1940 e publicado inicialmente na Rússia em 1997.

9 Bakhtin, em 'Os gêneros do discurso", discorre sobre a noção de enunciado e levanta as características que o diferenciam da palavra e da oração vistas como unidades da língua-sistema: a alternância dos sujeitos do discurso, a conclusividade e a relação do enunciado com o autor do enunciado e com os outros participantes da comunicação discursiva.

10 Essa função às vezes aparece desempenhada pelos pronomes *essa* e *esse*.

11 Por questão de espaço, não é possível transcrever, na íntegra, os artigos de onde vêm os exemplos.

12 Alexandrescu (1976) menciona esta função da modalização, ao defini-la como a atitude do locutor para com seu enunciado ou para com seu interlocutor.

13 Esse funcionamento da modalização é comum também no discurso científico.

Bibliografia

ALEXANDRESCU, S. Sur les modalités *croire* et *savoir*. *Langages*, n.43, p.19-27, sept. 1976.

BAKHTIN, M.M. O discurso no romance. In: *Questões de literatura e de estética*: a teoria do romance. 3.ed. Trad. Bernadini et al. São Paulo: Ed. Unesp/Hucitec, 1993 [1975], p.71-210.

_____. *Problemas da poética de Dostoiévski*. 2.ed. rev. Trad. Paulo Bezerra. Rio de Janeiro: Forense Universitária, 1997 [1929].

_____. Os gêneros do discurso. In: *Estética da criação verbal*. 4.ed. Trad. Paulo Bezerra. São Paulo: Martins Fontes, 2003a [1979], p.261-306.

_____. O problema do texto na linguística, na filologia e em outras ciências humanas: uma experiência de análise filosófica. In: *Estética da criação verbal*. 4.ed. Trad. Paulo Bezerra. São Paulo: Martins Fontes, 2003b [1979], p.307-335.

_____. Metodologia das ciências humanas. In: *Estética da criação verbal*. 4.ed. Trad. Paulo Bezerra. São Paulo: Martins Fontes, 2003c [1979], p.393-410.

_____. Apontamentos. In: *Estética da criação verbal*. 4.ed. Trad. Paulo Bezerra. São Paulo: Martins Fontes, 2003d [1979], p.367-392.

_____. Dialogic Origin and Dialogic Pedagogy of Grammar: Stylistics in Teaching Russian Language in Secondary School. *Journal of Russian and East European Psychology*, v.42, n.6, p.12-49, nov./dez. 2004.

CERVONI, J. *A enunciação*. São Paulo: Ática, 1989.

DUCROT, O.; TODOROV, T. *Dicionário enciclopédico das ciências da linguagem*. 3.ed. São Paulo: Perspectiva, 1998.

KOCH, I.V. *A coesão textual*. São Paulo: Contexto, 1989.

_____. *Desvendando os segredos do texto*. 2.ed. São Paulo: Cortez, 2002.

VOLOCHINOV, V.N. *Marxismo e filosofia da linguagem*: problemas fundamentais do método sociológico na ciência da linguagem. 4.ed. Trad. Michel Lahud e Yara Frateschi Vieira. São Paulo: Hucitec, 1988 [1929].

SISTEMAS DE ENSINO: PRODUÇÃO DISCURSIVA DE SENTIDOS SOBRE A EDUCAÇÃO E O TRABALHO DO PROFESSOR

Maria Cecília Souza-e-Silva

Várias publicações sobre a mercantilização do ensino no Brasil têm sido trazidas a público principalmente por educadores (Frigotto, 2005; Gentili, 2002; Saviani, 1997) e por alguns linguistas aplicados, mas são ainda incipientes as pesquisas que se debruçam sobre essa questão do ponto de vista discursivo (Daniele, 2011; Matos, 2010; Mendes, 2008), relacionando-a à atividade de trabalho do professor e, inexistentes, parece-me, aquelas que fazem a triangulação dessas questões com o avanço da tecnologia. Começar a pensar essa relação é o objetivo desta reflexão, que caracterizo mais como uma proposta dadas suas características. Do ponto de vista teórico, recorro, de um lado, a Krieg-Planque (2009/2010) e Maingueneau (1984/2008), e, de outro, a Fairclough (1996), e, em questões relacionadas ao *trabalho*, a Schwartz (1992, 1997) e a alguns de seu comentadores, entre eles, Trinquet (2010).[1]

Os disparadores de tal articulação foram dois fatos de natureza diferente: a crescente disseminação, nas escolas privadas e públicas, dos chamados *sistemas apostilados de ensino*, com repercussão na mídia impressa e eletrônica, e a tradução, por Salgado e Possenti, do livro de Alice Krieg-Planque (2009/2010) *A noção de fórmula em análise do discurso*.[2]

Sistemas apostilados de ensino: parcerias no campo educacional[3]

A expressão *sistemas de ensino* vinha sendo utilizada até recentemente para designar um grupo de escolas, ou um método de ensino, ou um modo de organização e articulação de instituições, órgãos e atividades de educação e ensino (de municípios, estados, do Distrito Federal ou da União), mas, de uns tempos para cá, além desse sentido primeiro, passou a indicar um dispositivo que consiste na produção e venda de produtos (material didático) e serviços (assessoria pedagógica e administrativa impressa e on-line), por parte de instituições privadas em um esquema de franquia a escolas conveniadas. Uma característica forte dos *sistemas de ensino* consiste em fornecer apoio complementar a escolas e professores por meio de tecnologias educacionais, portal para alunos e educadores, cursos presenciais e a distância para professores e gestores municipais, assessoria pedagógica, acompanhamento do desempenho escolar e sistema de avaliação.

A maioria dos *sistemas apostilados* originou-se dos cursos pré-vestibulares, dos chamados cursinhos, que surgiram, na década de 1950, em decorrência do aumento de jovens da classe média ascendente que disputava um número reduzido de vagas nas universidades. Na década de 1970, o Anglo-Latino criou a chamada apostila-caderno (primeira designação para *sistemas de ensino*?), instrumento que modificou o setor de material didático nas áreas de exatas, biológicas e humanas e estendeu aos primeiros parceiros o seu sistema de ensino para vestibulares.[4] Por volta dos anos 1980, outros cursinhos começaram também a se transformar em *Sistemas*. O material elaborado por eles, em formato de apostilas, resumindo três anos de ensino médio em algumas centenas de páginas, funcionou como fator determinante do seu sucesso inicial.

Na década de 1990, acelerou-se a expansão dos *sistemas de ensino*. Um motivo forte foi a crise das escolas particulares, decorrente, por paradoxal que seja, do estancamento da inflação. Até então, grande parte delas, como parte do próprio *marketing*, mantinha uma estrutura de alto custo, pagando coordenadores e orientadores, que produziam material em apoio aos livros didáticos. Parte desse ganho era aplicado no mercado financeiro. No fim dos anos 1990, no entanto, com o controle da inflação, tais escolas se viram, de súbito, alijadas de parte de seus rendimentos. A crise se instalou no setor e a "importação" dos *sistemas de ensino* de outras instituições como Anglo, Objetivo, COC,[5] etc. surgiu como solução, permitindo que as escolas tivessem um quadro mais restrito de funcionários e evitassem gastos extraordinários com preparo de material didático.

Na virada do século XX para o XXI, os *sistemas* buscaram mais um mercado, a escola pública:[6] levantamento junto aos municípios paulistas indica que, apenas no período de 1994-2006, dos 645 municípios, 161 estavam adotando ou tinham adquirido os *sistemas apostilados* (Adrião et al., 2009), levantamento mais recente mostra que esse índice tem aumentado: 44% das cidades paulistas já estão utilizando os *sistemas*,[7] resultado que confirma o incremento de parcerias entre as administrações municipais e o setor privado para a consecução da oferta educacional.

Órgãos ligados ao governo não reagiram, que se saiba, por meio de peças publicitárias ou de políticas de valorização do livro.[8] Já os detentores dos *Sistemas* têm recorrido maciçamente à publicidade, tanto em revistas especializadas, como a *Nova Escola* (Matos, 2010), quanto em jornais de grande circulação. E as editoras de livros didáticos passaram também a investir na criação de *sistemas de ensino*, como é o caso da Ática-Scipione, controlada pelo grupo Abril, que comprou recentemente o Sistema Anglo, e também da Saraiva, a quarta maior editora de livros didáticos e paradidáticos do Brasil, que lançou, oficialmente em junho de 2010, o Agora Sistema de Ensino para a rede pública, oferecendo linha completa de material didático para educação infantil, ensino fundamental e médio.

Grupos estrangeiros começam a entrar nesse mercado. A Pearson, responsável pelo segmento editorial e de informação digital que controla o jornal *Financial Times*, comprou parte do Sistema Educacional Brasileiro (SEB), que compreende quatro das chamadas "marcas", uma delas voltada apenas para escolas públicas. A Pearson está em busca de outras aquisições e grupos estrangeiros como o britânico Cognita, maior rede de colégios do Reino Unido, e o americano HMH (Houghton Mifflin Harcourt) têm mostrado interesse em investir no setor.[9]

Esse mecanismo parece estar consolidando, no campo da educação, as chamadas fusões, transformações já ocorridas em outros setores da economia, com a integração dos mercados em escala mundial. O Governo Federal, ainda na época do presidente Luiz Inácio Lula da Silva, pensou em fixar limites para o funcionamento dos *sistemas de ensino*, mas recuou com medo de que o mercado educacional brasileiro fosse colocado pela Organização Mundial do Comércio (OMC) na mesa de negociações do Acordo Geral para o Comércio e Serviços.[10]

Nesse cenário, e como professora-pesquisadora atuando na interface entre análise do discurso e linguística aplicada, na linha linguagem e trabalho, encaminho três questões nos próximos itens: Como apreender, discursivamente, os sentidos que circulam sobre os *sistemas de ensino*? Qual o impacto da tecnologia sobre esse dispositivo? Que saberes priorizar para conhecer o trabalho do(a)s professore(a)s em escolas que adotam tais *sistemas*?

Como apreender, discursivamente, os sentidos da expressão *sistemas de ensino*?[11]

Uma abordagem discursiva dos fatos sociais implica tomar o discurso como objeto, analisando-o e questionando-o segundo conceitos e categorias específicas, no caso, recorrendo à noção de fórmula, tal como definida por (Krieg-Planque, 2009/2010, p.9):[12] "um conjunto de formulações que, pelo fato de circularem em um momento e um espaço público dados, cristalizam questões políticas e sociais que essas formulações contribuem, ao mesmo tempo, a construir". Pode-se, a partir dessa definição, dizer que a expressão *sistemas de ensino* é uma fórmula? O fato de tentar apreender os discursos sobre *sistemas de ensino* como uma sintagma em via de tornar-se uma fórmula, portanto uma protofórmula, hipótese que levantamos, é um dos procedimentos próprios à análise do discurso. Parto do princípio de que tal sintagma está adquirindo vida própria e já sofre algumas das restrições que pesam sobre o estatuto de uma fórmula: caráter cristalizador, inscrição em uma perspectiva discursiva, funcionamento como referente social e aspecto polêmico (p.9). Retomo cada um deles, sempre com base na autora.

(1) O caráter cristalizador da fórmula se manifesta pela relativa estabilidade de um significante, identificado por uma materialidade linguística particular e por múltiplas paráfrases. Por seu caráter cristalizado, a fórmula implica certa concisão, é facilmente reconhecível e, consequentemente, pode funcionar como significante partilhado, como lugar-comum de debate.

Embora haja fórmulas que se cristalizam em um só morfema lexical, como *crise*, *liberdade*, suas formas privilegiadas têm caráter relacional e se materializam em sequências que apresentam as seguintes estruturas: (i) nomes compostos [*sem-teto, sem-documento*]; (ii) sintagmas do tipo N + preposição + (artigo) + N, [*cortina de ferro*], [*teologia da libertação*]; (iii) sintagmas nominais com adjetivos denominais [*fratura social*], [*segregação racial*], [*salário-família*] e (iv) nominalizações [*nacionalização*], [*mundialização*].

Em se tratando de *sistemas de ensino*, cuja materialização se dá preferencialmente pela sequência marcada como (ii), há algumas variantes, como *sistema apostilado de ensino, sistema estruturado de ensino, sistemas apostilados, sistemas de apostilas, materiais apostilados, redes de ensino estruturado, apostilamentos, apostilas/sistemas*, etc. O caráter cristalizador da fórmula permite justamente tais variantes, possibilita colocar em relação diferentes "termos", criar significações e correspondências novas, aceitas ou rejeitadas pelos interlocutores. A polissemia, a ambiguidade de algumas fórmulas, como *feminismo*, permite passagens de um campo de pertencimento a outro, de uma acepção a outra. A polissemia, de modo geral, facilita o regime "formulaico" do léxico, porque permite maior circulação e polêmica, favorecendo os conflitos interpretativos.

(2) A noção de *fórmula*, embora necessariamente se cristalize em formas bem identificadas, não é uma noção linguística; é, antes de mais nada, uma noção discursiva que opera na língua, isto é, a ordem, que é própria da língua, é posta a funcionar segundo o processo discursivo delimitado por certa conjuntura; portanto, o sentido não é, apenas, da ordem da língua, antes decorre dos posicionamentos discursivos que, por sua vez, são de ordem sócio-histórica.

Ainda que algumas formas tenham uma aptidão particular para se transformar em fórmulas, nenhuma sequência é "pré-programada" para assumir essa peculiaridade e, inversamente, nenhuma está, *a priori*, totalmente excluída da possibilidade de chegar à condição de fórmula. Na maior parte das vezes, determinada sequência preexiste formalmente a sua chegada à condição de fórmula. É o que acontece com o sintagma *sistemas de ensino* que não constitui uma forma nova, mas vem assumindo um uso particular, como explicitamos anteriormente.

(3) As fórmulas constituem um referente social em um espaço público dado e são objeto de debates, em várias áreas: religiosa, política, jurídica, científica, jornalística, etc.; elas têm, portanto, um caráter histórico. Como referente social, a fórmula é um signo notório, isto é, evoca alguma coisa para todos num dado momento, portanto, ela passa a ser conhecida por um amplo expectro de pessoas. Em determinados momentos, todo mundo é obrigado a se situar em relação a determinado sintagma, a fazê-lo circular de uma maneira ou de outra, lutando para impor sua própria interpretação (Maingueneau, 1991, p.85). Ser um denominador comum dos discursos é constitutivo de uma fórmula como referente social e esta característica está cada vez mais presente com o sintagma *sistemas de ensino*, que começa a circular em diversos setores; embora quase todos eles relacionados ao campo educacional, como (a) o Sindicato dos Estabelecimentos de Ensino de São Paulo (Sieesp): "a orientação pedagógica (das apostilas) gratuita e a possibilidade de associar-se a uma marca forte e reconhecida pelos pais são poderosos atrativos para as escolas particulares"; (b) os próprios pais dos alunos: "não adianta enfeitar. O futuro é o vestibular. E você quer o melhor para o seu filho, afirma J.F, mãe de três filhos, todos educados com apostilas dos Sistemas"; (c) alguns prefeitos e secretários de Educação; (d) empresários e publicitários, como Roberto Justus; (e) fundações, como a Lemann, cujos resultados de pesquisas se referem aos índices obtidos pelas escolas públicas na Prova Brasil.

(4) O caráter polêmico da fórmula é indissociável de seu estatuto como referente social: é porque há um denominador comum, um terreno partilhado, que há polêmica. As fórmulas participam do "peso da história", ao contrário dos *slogans* publicitários, dos títulos de filmes e de livros, etc. – os quais, por mais circulantes e cristalizados que sejam não são, na sua maior parte, portadores de problemas sociopolíticos. A fórmula põe em jogo modos de vida, recursos materiais, direitos e deveres dos indivíduos, relações de igualdade ou de desigualdade entre cidadãos, etc. Em relação aos *sistemas de ensino*, a polêmica vem ganhando espaço na mídia. Temos indícios de que a prescrição do trabalho do(a) professor(a) é considerada pelos defensores dos *sistemas* como garantidora de aprendizagem (i) e (iii) e, por seus opositores, como uma mecanização do trabalho (ii) e (iv). Os argumentos contra passam também por uma polêmica relacionando ensino público/verba pública x ensino privado/verba privada e, ainda, livreiros e autores de livros didáticos (v) e (vi).

(i) *Passo a passo, os livros das redes oferecem teoria, aplicação, exercícios e provas. Essa ajuda permite ao professor sair da decoreba e botar a cabeça dos estudantes para funcionar*. (Cláudio Moura e Castro, Satanás apostilado, *Veja*, edição 2022, ano 40, n.33)

(ii) *Padroniza-se o ensino, deixa-se de contemplar as diferentes realidades das escolas e dos interesses dos professores, os quais, não podendo escolher o instrumento de trabalho que se adapte a sua maneira de ensinar e a seus alunos, dificilmente serão bem-sucedidos* (...). (Associação Brasileira dos Autores de Livros Educativos – Abrale, sobre um artigo da revista *Veja* e a localização de Satanás. Disponível no site: www.abrale.com.br)

(iii) *(...) essas instituições (que adotam sistemas de ensino) passaram a contar com um material que diz claramente o que fazer em cada aula. O plano de aula garante a aprendizagem*. (Claudia Costin, vice-presidente da Fundação Victor Civita)

(iv) *"Franquias" podem dar certo em atividades passíveis de serem padronizadas. O ensino, seja ele em qual nível for, não pode*. (Internauta anônima, professora universitária; blog do jornalista Luis Nassif)

(v) A *"educação é prioridade em nossa administração" e os investimentos nas novas apostilas destinam-se a garantir ensino gratuito de qualidade e a proporcionar "condições iguais de aprendizagem de nossos alunos da rede pública com os das escolas particulares", porque, "com isso, eles poderão ter as mesmas chances de buscar no futuro um lugar no concorrido mercado de trabalho"*. (Prefeita de Pederneiras, *Jornal da Cidade de Bauru*, 27/03/2009)

(vi) *Os sistemas apostilados custam, no mínimo, dez vezes mais que os livros fornecidos pelo MEC. É fato grave, porque o município gasta verba que deveria ser usada na melhoria das instalações escolares e das condições de trabalho do professor, para oferecer material didático que apenas substitui os livros oferecidos gratuitamente pelo Governo Federal*. (Associação Brasileira dos Autores de Livros Educativos – Abrale, sobre um artigo da revista *Veja* e a localização de Satanás. Disponível em: www.abrale.com.br)

(vii) *(...) se realmente existe a disponibilidade de recursos financeiros ora considerada, por que seria mais interessante para o município de Porto Feliz gastar todo ano R$600.000,00 com apostilamento (...)? Para que gastar se o Ministério da Educação oferece livros gratuitamente?* (Elcio Siqueira, 2007, do Tribunal Contas de São Paulo)

Apenas por esses excertos, depreendemos que o sintagma *sistemas de ensino* ganha sentidos distintos, respectivamente, por parte dos defensores e dos opositores da introdução desse dispositivo na educação. Explicitada a última das coerções para que um sintagma aceda ao estatuto de fórmula, pergunta-se: como mensurar tais propriedades? Segundo Krieg-Planque (2009/2010), essas características não são mensuráveis apenas em termos de presença ou ausência, porque a fórmula é um objeto que se situa num *continuum*. Suas propriedades ocorrem de modo desigual e são mais ou menos bem preenchidas. Assim, uma sequência é mais ou menos cristalizada segundo preencha mais ou menos bem um certo número de critérios e seja percebida mais ou menos claramente como formando um bloco. Também o caráter discursivo da fórmula é mais ou menos forte na medida em que os usos determinam mais ou menos o destino formulaico da sequência. Seu caráter de referente social também é relativo: a sequência se impõe, mais ou menos, como passagem obrigatória dos discursos produzidos no espaço público. Finalmente, há uma gradação na polemicidade ocasionada por uma fórmula, há sequências pouco questionadas, outras medianamente polêmicas e outras altamente problemáticas.

E o que dizer da sequência *sistemas de ensino*? Sem dúvida é um sintagma que está adquirindo vida própria. Caracterizá-lo ou não como fórmula vai depender da continuidade desta proposta que, em linhas gerais, prevê o estudo dos discursos produzidos por diferentes mídias, passagem obrigatória em uma análise que visa à caracterização das fórmulas. As mídias estão entre os principais atores aptos a garantir a difusão da sequência em vastas áreas do espaço público. Embora importantes nos processos de construção das fórmulas, elas raramente são suas criadoras, antes "constituem plataformas de lançamento de fórmulas que chegam a elas frequentemente pela periferia" e impulsionadas por pesquisadores, intelectuais, gente das letras, juristas e representantes de organizações governamentais. "As mídias têm, na fabricação das fórmulas, o papel de publicização, mas aparecem mais frequentemente como operadoras da circulação do que como suas criadoras ou iniciadoras" (Krieg-Planque, 2009/2010, p.118-119).

Depois de depreendidas as ocorrências e variantes do sintagma *sistemas de ensino* em circulação na mídia, o que pode, em um primeiro momento, ser feito via um programa de estatística textual como o WordSmithTools composto por três ferramentas, entre elas o WordList, que serve para medir a frequência com que certas palavras ou expressões aparecem nos textos do *corpus* (Berber-Sardinha, 1999), recorreremos, também a algumas das contribuições de Maingueneau (1984/2008), mais especificamente ao princípio do *primado do interdiscurso* para tratar de duas das características da fórmula, seu caráter discursivo e polêmico. Invocar o *primado do interdiscurso*, isto é, a precedência do interdiscurso sobre o discurso significa "propor que a unidade de análise pertinente não é o discurso, mas um espaço de trocas entre dois ou mais discursos" (p.20). Esse espaço, o espaço discursivo, é construído pelo analista a partir de um conhecimento sobre os textos e de um saber histórico. Tal proposição coloca o interdiscurso como espaço de regularidade pertinente, do qual os diversos discursos são apenas componentes. Pode-se, então, dizer que, "em termos de gênese, os discursos não se constituem independentemente uns dos outros para serem, em seguida, colocados em relação, mas eles se constituem, de maneira regulada, no interior de um interdiscurso" (p.21).

Esse modo de pensar o interdiscurso faz com que a interação semântica entre os discursos seja compreendida como um processo de *interincompreensão* regrada, isto é, cada discurso introduz o Outro[13] em seu fechamento, traduzindo seus enunciados sob a forma de "simulacro", cuja construção é diretamente proporcional ao confronto aberto entre esses discursos, à polêmica. Dois níveis podem ser depreendidos nesse processo: por um lado, um nível de interação constitutiva, decorrente do fato de que a polêmica não advém do exterior; por outro lado, um nível responsável pela heterogeneidade mostrada, no qual o adversário é interpelado diretamente, ocupando, então, lugar de destaque a citação, que dá visibilidade a "fragmentos localizáveis do Outro". A incompreensão que se apreende por intermédio da atividade polêmica pode ser mais ou menos profunda, mas a polemização com o Outro é a garantia mesma da identidade de um discurso.

A relação entre os *sistemas de ensino* e a chamada tecnologização do discurso: uma pista para análise?[14]

Falamos no item anterior que uma característica forte dos *sistemas de ensino* é fornecer apoio complementar às escolas e professores por meio de tecnologias educacionais: portal para alunos e educadores, cursos a distância para professores e gestores municipais, etc. Apoiada em conversas informais com profissionais que elaboram material para *sistemas de ensino* e com professores atuantes em tais *sistemas*, avanço a seguinte hipótese a partir de Fairclough (1996): as práticas discursivas que permeiam a rede que caracteriza e cerca os *sistemas de ensino* estão sendo afetadas pelo que o autor designa como *tecnologização do discurso*,[15] entendida como "a incorporação de fórmulas institucionais e práticas de circuitos que englobam três domínios: pesquisa, formulação e treinamento" (p.71). Embora os elementos da tecnologização possam ser encontrados em práticas discursivas mais antigas, desenvolvidas *por* especialistas em discurso persuasivo e manipulativo, com a finalidade de oferecer *treinamento em habilidades sociais* (entrevistas pessoais, falar em público), "a configuração sistemática e institucionalizada a caracteriza como um processo contemporâneo que tem ocasionado mudanças na cultura do trabalho, em escala internacional, em diferentes setores, educação, indústria e serviços" (p.71).[16] São cinco as características da tecnologização do discurso: emergência de "tecnólogos do discurso", mudanças no modo de controle de práticas discursivas, formulação e projeção de técnicas discursivas livres de contexto, simulação estrategicamente motivada do discurso e pressão para a padronização de práticas discursivas. Acreditamos que o conjunto dessas características materializa-se de maneira combinada, mas para uma reflexão mais acurada vamos tratá-los isoladamente, aliás, como o faz o próprio autor.

Os "tecnólogos do discurso" contemporâneos são pessoas que têm relação com o conhecimento – cientistas sociais, ou consultores especialistas, cujas intervenções na prática discursiva carregam uma aura de "verdade" – e que mantêm relações institucionais fortes, isto é, atuam de acordo com práticas e rotinas aceitas em determinadas organizações, são recrutados internamente ou são contratados para participar de projetos específicos.

Um dos efeitos da tecnologização do discurso tem sido a mudança no modo de controle das práticas discursivas, que estão passando do nível institucional local para um nível transinstitucional, mudança essa acompanhada de outra que envolve a natureza do vínculo dos especialistas, antes restritos a uma instituição em particular (seja em educação, direito, medicina), agora recrutados externamente, com critérios também gerados externamente. Essas mudanças estão ligadas à questão da legitimidade dos tecnólogos do discurso: anteriormente baseada em seu poder e prestígio no âmbito da profissão, agora baseada na ciência, no conhecimento e na "verdade".

Outro efeito da tecnologização tem-se manifestado na formulação e projeção de técnicas discursivas preparatórias para o desempenho de determinadas atividades, como entrevistar, dar palestras, aconselhar, a fim de torná-las mais "efetivas e agradáveis".[17] Tais técnicas, muitas vezes advindas do *marketing* e propaganda, são projetadas para cooperar "livres de contexto" justamente para possibilitar sua utilização em várias outras situações, principalmente em treinamentos nos quais há um foco sobre a transferibilidade de técnicas, conforme a expressão: *ensinar para transferir*.

Ainda como característica da tecnologização, encontra-se a implementação de determinadas técnicas discursivas que se caracterizam pela *simulação* de formas interpessoais originadas em outros lugares; pela apropriação institucional dos recursos da conversação, a chamada *conversacionalização*, que simula interações informais; e, ainda, pela aparente democratização dos discursos institucionais. Trata-se de técnicas que abrem fronteiras entre o privado e o institucional. Finalmente, a última característica da tecnologização do discurso é seu direcionamento para a padronização e normatização das práticas discursivas em diferentes tipos de trabalho.[18]

Transpondo a fala de Fairclough para nosso contexto, pode-se dizer que a equipe de tecnólogos que elabora material para os *sistemas de ensino* insere-se em duas categorias, conforme os *sistemas de ensino* sejam vinculados ou não a cursinhos ou a escolas. No primeiro caso, essa equipe é composta por professores do próprio cursinho, os quais ou têm contratos de autoria e recebem dividendos percentuais de acordo com as vendas, ou assinam contratos de cessão de direitos autorais, elaborando as apostilas como uma atividade de prestação de serviços, recebendo por empreitada. Já em se tratando dos *sistemas de ensino* não vinculados a cursinhos ou a escolas, os tecnólogos são constituídos ou por equipes de especialistas (acadêmicos ou professores de estabelecimentos conceituados com formação sólida), ou por autores de editoras. Os especialistas são contratados por demanda, cedem os direitos autorais e recebem por empreitada (prestação de serviços), já os autores são contratados seja para transformar seus livros em apostilas, seja para elaborar novos originais para compô-las. Em ambas as situações, os contratos são específicos para essa atividade e o percentual recebido como direitos autorais é menor do que aquele recebido em relação aos livros. Às vezes, há uma mistura entre os modelos de cessão de direitos e de autoria, outras vezes, as equipes de especialistas são contratadas por CLT apenas para elaboração de apostilas.

Sintetizando este item, pode-se dizer que as características apontadas por Fairclough funcionam como pressões centralizadoras e padronizadoras da prática discursiva. Tais características, à semelhança do que já foi dito em relação às fórmulas, não são mensuráveis apenas em termos de presença ou ausência e suas propriedades devem ocorrer de modo desigual. Conhecê-las implica conhecer o mecanismo de produção dos sistemas e também a atividade de trabalho dos professores, aí compreendido o circuito em que eles se movimentam.

Que saberes priorizar para conhecer o trabalho dos professores que utilizam os *sistemas de ensino*?

Encontrar caminhos para responder a esta questão impõe ao estudioso da linguagem o diálogo com outras disciplinas, procedimento característico das pesquisas em linguística aplicada, que tem estabelecido vínculos com diferentes áreas do saber: a psicologia, a educação, a sociologia, a filosofia, etc. A abordagem teórico-metodológica de nosso grupo tem combinado enfoque dos estudos da linguagem com a problemática das relações de trabalho construídas pela ergonomia da atividade,[19] cujas contribuições se fizeram sentir não só pelo aporte metodológico, fundamental para a compreensão e transformação das situações de trabalho, mas também pelo resultado de suas pesquisas, que fizeram aflorar a variabilidade constitutiva das atividades de trabalho, propiciando condições para dar visibilidade à distância sempre existente entre o que era prescrito pela organização (que pressupunha um trabalhador apenas executor) e o que era efetivamente realizado e, como tal, implicava várias modalidades de recomposição (Wisner, 1996; Guérin et al. 1997/2001).

A atividade humana está no centro das preocupações da ergonomia francesa e também da ergologia, entendida como um modo de investigação, um espaço epistemológico – lugar de análise do processo da relação meio de vida e trabalho –, que oferece um quadro apropriado para integrar aportes das diversas disciplinas que tratam do trabalho, todas necessárias, embora nenhuma seja suficiente (Schwartz, 1992, 1997).

À semelhança da ergonomia da atividade, a perspectiva ergológica ultrapassa a noção de trabalho tal como vem sendo entendido no mundo capitalista – isto é, como uma tarefa remunerada segundo leis de mercado, submetida a contratos, regras, leis e prescrições em diversos níveis – e busca, antes, apreendê-lo como atividade humana. É no espaço entre o trabalho prescrito e o trabalho efetivamente realizado que se inscreve a realidade da atividade humana entendida, segundo a abordagem ergológica, como "um impulso de vida, de saúde, sem limite predefinido, que sintetiza, cruza e nutre tudo aquilo que as diferentes disciplinas têm apresentado separadamente: o corpo/o espírito, o individual/o coletivo, o privado, o profissional, o fazer e os valores, o imposto/o desejado, etc." (Schwartz e Durrive, 2008). A formalização dessa concepção encontra-se em um princípio teórico-metodológico intitulado dispositivo dinâmico de três polos (DD3P), no qual o termo *polo* indica um lugar virtual onde se articulam os saberes constituídos, os saberes investidos e a gestão de valores. Há sempre uma dialética, um compromisso, um encontro entre esses polos, parâmetros indissociáveis e presentes em toda a situação de trabalho (Schwartz, 1997).[20]

O polo dos saberes constituídos refere-se a todo o conjunto de prescrições e normas que se encontram antes da realização do trabalho, a tudo aquilo que é formalizado, ensinado e consultado, sob diversos suportes: livros, manuais, organogramas e, ainda, softwares, computadores, novas instalações, etc. Esse conjunto, que constitui as chamadas normas antecedentes, abrange todas as prescrições a que estão sujeitos os trabalhadores, no caso, professores que lecionam em unidades que adotam os *sistemas de ensino*.

Já o polo dos saberes investidos refere-se à dimensão conjuntural, à experiência prática, concreta, ao aqui e agora de cada trabalhador, no caso, de cada professor em cada situação de trabalho. Em toda atividade de trabalho os trabalhadores colocam em prática seu saber pessoal para preencher e gerir a distância prescrito/realizado. Esse saber é o resultado da história de cada um, de sua experiência profissional e de outras experiências sociais, familiares, culturais, esportivas. Saber investido e saber constituído são, assim, complementares e indispensáveis para se compreender qualquer situação de trabalho porque constituem os dois lados de toda a atividade. Passa-se, então, a compreender o trabalho como um debate sempre renovado entre normas antecedentes e as renormalizações, historicamente contextualizadas e balizadas pelo nível local de atuação concreta do trabalhador.

Finalmente, o terceiro polo, talvez o mais desconhecido e o mais enigmático, implica estabelecer uma consonância entre esses dois saberes. É, portanto, o polo do trabalho considerado como *uso de si*, como *gestão e valores* subjacentes às escolhas, decisões a serem tomadas no cotidiano a partir de imperativos diferentes, gestão de imprevistos, gestão de relações sociais, gestão de crises também e, finalmente, gestão de si – dessa entidade em parte opaca ao próprio ser humano que faz a experiência de si mesmo por meio da atividade laboriosa (Schwartz, 1997). É aqui o lugar das reavaliações, do tratamento de valores que estão enraizados nas gestões da atividade. O ser humano, como todo ser vivo, está exposto às exigências ou normas emitidas continuamente, e em quantidade, pelo meio no qual ele se encontra. Contudo, para existir como ser singular ele tenta, permanentemente, reinterpretar essas normas, renormalizá-las segundo seus valores. Gerir a complexidade do trabalho implica vivenciar as chamadas "dramáticas do uso de si", que podem ser observadas no cotidiano, em situações nas quais entram em jogo, simultaneamente, os imperativos do setor econômico – produtividade, eficiência, manutenção do próprio emprego – e aqueles dos valores não econômicos: solidariedade, respeito, ética (Trinquet, 2010).

Explicitados esses três polos temos pistas para a formulação de algumas questões: Quais são as prescrições comuns aos vários *sistemas de ensino*? Que práticas discursivas estão em circulação na produção de materiais? Como compreender o cotidiano de trabalho dos professores?

Para concluir, uma questão metodológica

Ainda, segundo a perspectiva ergológica, responder às questões formuladas no item anterior implica promover, isto é, fazer funcionar os Grupos de Encontro de Trabalho, os GRT, um método ao qual a ergologia recorre (Schwartz e Durrive, 2003/2010) para operacionalizar o dispositivo de três polos, procedimento que exige determinada interação pesquisador/trabalhador a fim de possibilitar a circulação de discursos e que possibilitem a construção conjunta de conhecimentos sobre a atividade desenvolvida. Diálogo esse intitulado *processo socrático de duplo sentido*[21] (Schwartz, 1997) que ocorre entre os pesquisadores, considerados "detentores" dos saberes instituídos, e os atores sociais, no caso os professores, no *aqui* e *agora* do seu trabalho, detentores dos saberes investidos, imprescindíveis para a compreensão da atividade de trabalho.

Essa ideia, à primeira vista, pode parecer um pouco obscura, mas trata-se, antes de tudo, de uma questão de postura por parte do pesquisador, uma aceitação de certo "desconforto intelectual", nas palavras de Schwartz (1997), que nos faz partir do pressuposto de que jamais estaremos seguros para tentar compreender e analisar as atividades humanas porque sempre há o imprevisto e o imprevisível.

Notas

1 Parte desta reflexão foi publicada no livro *Linguística aplicada e sociedade: ensino e aprendizagem de línguas no contexto brasileiro*. Campinas, Pontes Editores, 2011.

2 O livro resulta, segundo a própria autora, da combinação de três fatores: tese de doutorado, posteriormente adaptada para publicação, demandas sobre alguns pontos tratados na tese e uma vontade editorial coletiva.

3 Parte das informações referentes a este item foram obtidas em M. Lellis, (s/d) *Sistemas de ensino versus livros didáticos: várias faces de um enfrentamento*.

4 As informações referentes ao Anglo estão disponíveis em http://angloparademinas.blogspot.com/2008/03/sistema-de-ensino.html. [Acesso em: 18/09/2012.]

5 O Anglo mantém convênio com 600 escolas particulares. O Objetivo, além das 700 escolas privadas conveniadas, fez acordos com prefeituras espalhadas pelo país. COC congrega mais de uma dezena de unidades escolares próprias e mais de 200 escolas conveniadas na rede particular. Outros grandes *sistemas de ensino*: Pitágoras (Belo Horizonte) e Positivo (Curitiba).

6 Matéria publicada no jornal *O Estado de S. Paulo*, caderno Vida, A15, 23 ago. 2010.

7 Matéria publicada no jornal *O Estado de S. Paulo*, caderno Vida, 21 jul. 2011.

8 Sobre a relação livro didático e sistemas de ensino, ver Souza et al. (2007).

9 Matéria publicada no jornal *Folha de S. Paulo*, caderno Mercado, 03 set. 2011.

10 Matéria publicada no jornal *O Estado de S. Paulo*, caderno Notas e Informações, A3, 25 jul. 2010.

11 Avisamos o leitor que estamos recuperando as considerações de Krieg-Planque (2009/2010) essenciais para nossa pesquisa. Recorremos às aspas somente quando julgarmos muito pertinente.

12 A noção de fórmula também pode ser considerada sob uma perspectiva mais ampla: "enunciados curtos cujo significante e significado são considerados no interior de uma organização pregnante (pela prosódia, rimas internas, metáforas, antíteses...) o que explica que sejam facilmente memorizáveis" (Maingueneau, 2008, p.75).

13 O "Outro", com maiúscula, indica posicionamento discursivo; não coincide, portanto, com seu homônimo lacaniano.

14 Devo esta sugestão a D. Maingueneau.

15 *Discurso*, entendido como prática social referente a qualquer uso da língua escrita ou falada. *Ordem de discurso*: configuração geral de práticas discursivas de uma sociedade ou de uma de suas instituições. Optamos por usar apenas a designação práticas discursivas.

16 O autor, no artigo em questão, toma como ponto de referência a Grã-Bretanha e um domínio de trabalho, a educação superior.

17 Pesquisas, no setor de serviços, já concluídas na França por Boutet (2008) e, no Brasil, por Algodoal (2002), constataram o emprego desta técnica, também observada em artigo de Souza-e-Silva e Rocha (1999).

18 Tese de doutorado que analisou a revista *Melhor Gestão de Pessoas* (Borim, 2011) constatou essas características, também observadas em pesquisa em curso em empresa cujas atendentes relacionam-se com seus clientes, via chat (Anjos, 2011).

19 Recusando a abordagem mecanicista decorrente, em grande parte, da organização científica do trabalho, segundo a qual o homem, como a máquina, pode ser reduzido à tarefa que executa, a Ergonomia Situada ou da Atividade aborda o trabalho como atividade, elemento central, organizador e estruturante dos componentes da situação de trabalho.

20 Mais informações sobre esse dispositivo, consultar o site http://www.ergologie.com.

21 Situações em que não há somente Sócrates, aquele que sabe, e coloca questões aos trabalhadores, aqueles que devem responder, mas também o processo inverso. Daí o duplo sentido.

Bibliografia

Adrião, T. et al. Uma modalidade peculiar de privatização da educação pública: a aquisição de "sistemas de ensino" por municípios paulistas. *Educação & Sociedade*, v.30, n.108, p.799-818, out. 2009. Disponível em: www.cedes.unicamp.br. Acesso em: 18/08/2011.

Algodoal, M.J.A. de O. *As práticas de linguagem em situações de trabalho de operadores de telemarketing ativo de uma editora*. Tese (Doutorado em Linguística Aplicada e Estudos da Linguagem) – Programa de Pós-Graduação em Linguística Aplicada e Estudos da Linguagem, Pontifícia Universidade Católica de São Paulo, São Paulo, 2002.

ANJOS, J.S.T. *Práticas de linguagem em situação de trabalho* – chat: um novo gênero digital. Dissertação em andamento (Mestrado em Linguística Aplicada e Estudos da Linguagem) – Programa de Pós-Graduação em Linguística Aplicada e Estudos da Linguagem, Pontifícia Universidade Católica de São Paulo, São Paulo, 2011.

BERBER-SARDINHA, T. *Usando o WordSmith Tools na investigação da linguagem*. São Paulo: LAEL, 1999.

BORIM, R.A. *Discursos sobre trabalho*: os recursos (des)humanos e a (in)competência para "medir" a competência. Tese (Doutorado em Linguística Aplicada e Estudos da Linguagem) – Programa de Pós-Graduação em Linguística Aplicada e Estudos da Linguagem, Pontifícia Universidade Católica de São Paulo, São Paulo, 2011.

BOUTET, J. *La vie verbale au travail*: des manufactures aux centres d'appels. Paris: Octarès, 2008.

DANIELE, Y.M. *"Você trabalha ou só dá aula?"*: imagens de professor em duas revistas educacionais. Dissertação em andamento (Mestrado em Linguística Aplicada e Estudos da Linguagem) – Programa de Pós-Graduação em Linguística Aplicada e Estudos da Linguagem, Pontifícia Universidade Católica de São Paulo, São Paulo, 2011.

FAIRCLOUGH, N. Technologisation of Discourse. In: CALDAS-COULTHARD, Carmen Rosa; COULTHARD, Malcolm (ed.). *Texts and Practices*: Readings in Critical Discourse Analysis, London: Routledge, 1996.

FRIGOTTO, G. *Educação e crise do trabalho*: perspectivas de final de século. Petrópolis: Vozes, 2005.

GENTILI, P. O discurso da "qualidade" como nova retórica conservadora no campo educacional. In: GENTILI, P.; SILVA, T.T. (org.). *Neoliberalismo, qualidade total e educação*. Rio de Janeiro: Vozes, p.113-177, 2002.

GUÉRIN, F. et al. *Compreender o trabalho para transformá-lo*: a prática da ergonomia. Trad. Giliane M.J. Ingratta e Marco Maffei. São Paulo: Ed. Edgard Blücher Ltda. *Comprendre le travail pour le transformer*: la pratique de l'ergonomie. Paris: Anact, 1997/2001.

KRIEG-PLANQUE, A. La formule "développement durable": un opérateur de neutralisation de la conflictualité. *Langage et Société*, n.135, mar. 2011.

_____. *A noção de fórmula em análise do discurso* - quadro teórico e metodológico. Trad. Luciana Salazar Salgado e Sírio Possenti. São Paulo: Parábola Editorial. *La notion de "formule" en analyse du discours* – cadre théorique et méthodologique. Paris: Presses Universitaires de Franche-Compté, 2009/2010.

MAINGUENEAU, D. *Gênese dos discursos*. Trad. Sírio Possenti. São Paulo: Parábola Editorial. *Genèses du discours*. Paris: Pierre Mardaga, 1984/2008.

_____. Citação e destacabilidade. In: POSSENTI, S. & SOUZA-E-SILVA, M.C.P. (org.) *Cenas da enunciação*. Trad. Roberto Leiser Baronas. São Paulo: Parábola Editorial, 2008.

_____. *L'analyse du discours*. Introduction aux lectures de l'archive. Paris: Hachette Supérieur, 1991.

MATOS, S.T. *Cenografia e ethos em publicidades dos sistemas de ensino na revista Nova Escola*. Dissertação (Mestrado em Linguística Aplicada e Estudos da Linguagem) – Programa de Pós-Graduação em Linguística Aplicada e Estudos da Linguagem, Pontifícia Universidade Católica de São Paulo, São Paulo, 2010.

MENDES, S.R.C. *Cenografia e ethos: os discursos de uma instituição de ensino superior privada*. Tese (Doutorado em Linguística Aplicada e Estudos da Linguagem) – Programa de Pós-Graduação em Linguística Aplicada e Estudos da Linguagem, Pontifícia Universidade Católica de São Paulo, São Paulo, 2008.

SANT'ANNA, V.; SOUZA-E-SILVA, M.C.P. Trabalho e prescrição: aproximações ao problema a partir dos estudos da linguagem. *Revista Matraga*, v.14, n.20, p.77-99, 2007.

SAVIANI, D. *Educação brasileira*: estrutura e sistema. 12.ed. Campinas: Autores Associados, 1997.

SCHWARTZ, Y. *Travail et philosophie. Convocations mutuelles*. Toulouse: Octarès, 1992.

_____. *Reconnaisances du travail*: pour une approche ergologique. Paris: PUF, 1997.

SCHWARTZ, Y.; DURRIVE, L. (org.) *Trabalho & Ergologia*: conversas sobre a atividade humana. Coordenação de tradução: Jussara Brito e Milton Athayde. 2.ed. Niterói: Eduff. *Travail et ergologie*: entretiens sur l'activité humains. Toulouse: Octarès, 2003/2010.

SCHWARTZ, Y.; DURRIVE, L. Glossário da Ergologia. *Laboreal*, vol. IV, n.1, p.23-28, 2008. Disponível em: http://laboreal.up.pt/media/volumes/27/vol4n1_novo.pdf. Acesso em: 26/08/2010.

SOUZA, C.A. et al. *Livro didático e sistema de ensino*: o que está por trás da escolha? Monografia (Aperfeiçoamento para executivos do mercado editorial) – Fundação Instituto de Administração, São Paulo, 2007.

SOUZA-E-SILVA, M.C.P.; ROCHA, D.O.S. A linguagem nas relações de trabalho: a fala da operadora de telemarketing. In: *Anais do XXVIII do Seminário do Grupo de Estudos Linguísticos do Estado de São Paulo*. São José do Rio Preto: Editora da Unesp, p.296-301, 1999.

TRINQUET, P. Trabalho e educação: o método ergológico. *Revista HISTEDBR On-line*, n. especial, p.93-113, ago. 2010. Disponível em: http://www.histedbr.fae.unicamp.br/revista/edicoes/38e/art07_38e.pdf. Acesso em 26/08/2010.

WISNER, A. Questions épistémologiques autour de l'ergonomie. In: DANIELLOU, F. (dir.) *L'ergonomie en quête de ses principes*. Toulouse: Octares, p.29-55, 1996.

ENUNCIAÇÃO, DISCURSO E ARGUMENTAÇÃO NA LÍNGUA

O sentido no discurso: o olhar da Teoria da Argumentação na Língua

Leci Borges Barbisan

Há séculos, os homens vêm procurando compreender o fenômeno da linguagem. De difícil explicação, a linguagem tem desafiado, com sua atraente beleza, pesquisadores com distintos olhares, que buscam desvendar segredos que ela resiste em revelar. Complexa como o ser humano, e talvez porque inerente a ele, a familiaridade que aproxima homem e linguagem estaria exigindo um estrangeiro – como propõe Platão – para, tomando distância dela, poder percebê-la com lucidez, para cercá-la em suas múltiplas facetas e, de algum modo, apreendê-la. Mas diante da impossibilidade de se colocar no lugar desse outro, estranho, afastado do objeto linguagem, que o constitui, só resta ao homem resignar-se a continuar na busca desses mistérios, criando, como tem feito até agora, propostas para preencher sua necessidade de cercar a linguagem para conhecê-la melhor e, talvez, em decorrência, conhecer-se melhor a si mesmo.

Na variedade de hipóteses de explicação criadas, há aquelas que pretendem compreender, de diferentes lugares, o papel da linguagem na interação entre seres de fala que, servindo-se de palavras e frases, produzem discursos. Reconhecemos que nada é mais complexo, no que diz respeito à linguagem, do que pensar em como se constitui o sentido, quando o objeto em análise é a significação produzida por um locutor que, ao empregar a língua, converte seu pensamento em linguagem. Talvez por isso mesmo, o estudo do sentido, como bem explica Benveniste (1974), em "La forme et le sens dans le langage", foi durante muito tempo rejeitado pelos linguistas como vago, subjetivo, impreciso, não podendo ser analisado de modo concreto, definido, como são analisados os aspectos da forma. Mas, buscando novamente amparo para a afirmação de que do sentido não se escapa, lembramos o que Benveniste escreve no mesmo texto, na página 217, para justificar a necessidade de se procurar compreender o sentido: "o próprio da linguagem é, antes de tudo, significar".

É de uma hipótese que se ocupa do sentido no discurso que pretendemos tratar aqui: a da Teoria da Argumentação na Língua, criada por Oswald Ducrot na École des Hautes Études en Sciences Sociales. Mas, para chegarmos à compreensão do olhar que essa teoria lança sobre a linguagem para explicar o sentido construído no discurso, torna-se necessário que revisitemos teorias que a antecederam, das quais ela se faz devedora, já que encontrou nelas seus fundamentos filosóficos. Para justificarmos o retorno ao passado, vamos nos apoiar no que diz Oswald Ducrot no prólogo de seu livro de 1989, intitulado *Logique, structure, énonciation*, quando retoma as palavras do físico do século XIX, Pierre Duhem, que afirmava que *os fatos de hoje são construídos pelas teorias de ontem*. Buscaremos inicialmente em Platão as origens da Teoria da Argumentação na Língua.

Em busca das origens: Platão

No prefácio ao livro O *intervalo semântico* – em que Carlos Vogt, fundamentado na Teoria da Argumentação na Língua, estuda o sentido da comparação em português – Ducrot evoca a teoria da alteridade, proposta por Platão em O *Sofista*, uma teoria, diz Ducrot, "cuja necessidade a linguística moderna vem redescobrindo desde Saussure, não sem inquietudes, hesitações e retornos" (p.10). É de nosso interesse, então, procurarmos o apoio da filosofia de Platão para a explicação dos fundamentos da Teoria da Argumentação na Língua. Para isso, vamos recorrer ao filósofo Nestor-Luis Cordero que, em algumas passagens que podem ser lidas na introdução à sua tradução para o francês de O *Sofista* (1993), explica a alteridade tal como é entendida por Platão, ao tratar do *ser* e do *não ser*. Diz Cordero:

> O que é isolado degenera e morre. A vida, o pensamento, a mudança existem e é graças a isso que as Formas ou qualquer outra realidade podem – e devem – comunicar com outras realidades e encontrar assim um novo impulso. O ser, que escapa à "coisificação", torna-se um verdadeiro *poder* que leva as realidades a essa mistura que as coisas são. É nessa possibilidade de comunicação com outras realidades que cada coisa chega a constituir sua essência: toda coisa é, de fato, a mesma que ela própria, e diferente das outras; eis seus limites, isto é, sua essência. Identidade e diferença são assim dois princípios supremos – tornados possíveis pela comunicação recíproca – que definem cada coisa (p.25). [...] tudo o que é real existe porque há um poder de comunicação recíproco. Esse poder de comunicação é o ser. O que não produz nenhum efeito ou que não pode sofrer nenhum efeito não existe. [...] O fundamento dessas causas e desses efeitos que caracterizam o que é seu poder de agir e de sofrer. [...] Tudo o que existe depende desse elo. É a dupla ação-paixão. Esses dois movimentos são modos de comunicar. [...] As coisas existem porque têm poder de comunicação. [...] Cada coisa é idêntica a ela mesma, mas é também diferente das outras. Há um olhar para dentro e para fora. O lado exterior é o início da "região do outro", em relação a alguma coisa. Então, a definição de cada coisa é dupla: cada coisa não é só o que ela é; ela é também diferente do que ela não é. (p.47-54) (tradução nossa)

Com base nessa citação, podemos compreender que os seres existem porque têm um poder: o de comunicar-se com outras realidades. Toda coisa é o mesmo que ela própria - sua identidade - e diferente de outras coisas. O ser caracteriza-se por seu poder de agir e de sofrer ação: ação de relacionar-se com o outro e de sofrer a ação do outro. Nessa comunicação, além do olhar para dentro, há um olhar para fora, que é a busca do outro. *Cada coisa é não só o que ela é; cada coisa é também diferente do que ela não é*, explica Cordero.

Mas deixemos que, com sua autoridade de filósofo, Oswald Ducrot (2009) nos explique Platão. Diz ele que, no inventário das categorias fundamentais da realidade, Platão coloca o Movimento, o Repouso, o Mesmo e o Ser. Mas acrescenta um quinto gênero, o Outro, que é o gênero dos gêneros e o fundamento de todos os outros. E cita O *Sofista*: "Da essência do Outro, diremos que ela circula através de todas [as categorias] porque se cada uma delas, individualmente, é diferente das demais, não é em virtude de sua própria essência, mas de sua participação na natureza do Outro". (255e). Ducrot continua sua explicação: o Movimento é diferente do Repouso e essa diferença é constitutiva dessas noções (p.10). O Movimento é o que ele é pelo fato de que ele é outro, diferente do Repouso, do Mesmo, etc.

Mas podemos nos perguntar: por que recorrer à filosofia? Que relação há entre os conceitos de Platão e a linguagem? Para respondermos a essa pergunta teremos de recorrer a outra autoridade, a do mestre fundador da linguística: Ferdinand de Saussure.

Em busca das origens: Ferdinand de Saussure

Mais uma vez reclamamos o apoio de Ducrot, que nos explica que, se tomarmos o *Curso de linguística geral*, veremos que, ao criar a noção de *valor*, Saussure aplica às palavras da língua o que Platão disse sobre as Ideias. "A oposição, para Saussure, é constitutiva do signo da mesma forma que a alteridade é, para Platão, constitutiva das ideias. O valor de uma palavra - ou seja, sua realidade linguística - é o que a opõe às outras. Seu ser é ser outro" (Ducrot, 2009, p.10-11). E vai além, na página 11:

> Para reencontrar na sua essência o platonismo saussuriano, é preciso reconhecer na linguagem uma função mais fundamental. Uma função que se satisfaça com a pura alteridade, ou mesmo que a implique. É justamente o que fazem, há alguns anos, certos linguistas, cuja reflexão alimentou-se das pesquisas de Émile Benveniste. Para eles [...] a língua é, antes de mais nada, o lugar da intersubjetividade, o lugar onde os indivíduos se confrontam, o lugar onde encontro o outro.

Ducrot desenvolve seu pensamento, mostrando que, se a língua é o lugar da intersubjetividade, se é na língua que encontramos o outro, então, do mesmo modo que o Outro de Platão, a realidade linguística é, como mostra o *Curso de linguística geral* de Saussure, no capítulo sobre o *valor*, fundamentalmente opositiva, já que uma entidade linguística só pode definir-se num diálogo. O ato linguístico fundamental do locutor, em sua interação com o alocutário, é o de levar este último a uma continuação, a uma resposta. Então, o enunciado define-se pelas possibilidades de resposta que abre e por aquelas que fecha, e, desse modo, a realidade do enunciado não está nele, mas fora dele, nos enunciados que o continuam, e que a língua oferece ou proíbe a quem dela faz uso.

Voltando a Saussure, a quem é atribuída a concepção de *valor*, fundamentada na alteridade, cabe uma pergunta: o *Curso de linguística geral* (CLG) tomou a *língua* como objeto de estudo, então Saussure construiu sua noção de *valor* aplicando à *língua* o pensamento de Platão. Mas e o emprego da língua? De que modo, mantendo a adoção de *valor*, Saussure entenderia o emprego da língua? E uma segunda pergunta também surge: como Ducrot, que assumiu fundamentalmente o *valor* saussuriano que encontrou no *Curso de linguística geral*, pode explicar a alteridade no emprego da língua, pela sua Teoria da Argumentação na Língua?

O emprego da língua: ainda em busca das origens em Saussure e em Benveniste

Para buscarmos resposta à primeira pergunta que formulamos, será necessário que nos reportemos a um texto em que Saussure trata do emprego da língua, em um de seus manuscritos encontrados em 1996, publicados com o título de *Escritos de linguística geral*, editados por Simon Bouquet e Rudolf Engler, em 2002. Na página 277 da edição francesa, lemos três parágrafos curtos, que receberam dos editores o título de "Nota sobre o discurso". Escreve Saussure:

> A língua só é criada em vista do discurso, mas o que é que separa o discurso da língua, ou o que é que, em certo momento, permite que a língua entre em ação como discurso?
> Conceitos variados estão aí, prontos na língua (isto é, revestidos de uma forma linguística) tais como boi, lago, céu, forte, vermelho, triste, cinco, cortar, ver. Em que momento ou em virtude de que operação, de que jogo que se estabelece entre eles, de que condições esses conceitos formarão o DISCURSO?
> A sequência dessas palavras, por rica que seja, pelas ideias que evoca, nunca indicará a um indivíduo humano que outro indivíduo, ao pronunciá-las, queira lhe significar alguma coisa. O que é preciso para que tenhamos a ideia de que se quer significar alguma coisa, empregando termos que estão à disposição na língua? É a mesma questão a de saber o que é o discurso, e à primeira

> vista a resposta é simples: o discurso consiste, mesmo que rudimentarmente, e por caminhos que ignoramos, em afirmar um elo entre conceitos que se apresentam revestidos pela forma linguística, enquanto a língua anteriormente não faz mais do que realizar conceitos isolados, que esperam ser postos em relação entre eles para que haja significação de pensamento. (tradução nossa)

A leitura desses parágrafos deve permitir a compreensão de algumas afirmações de Saussure:

- a *língua* tem por finalidade o discurso;
- *língua* e *discurso* são distintos;
- a *língua* contém conceitos isolados revestidos pela forma linguística, os quais, se postos em relação, produzirão *sentido* no *discurso*;
- a ação, necessária para que a língua produza *discurso*, deverá prever um agente, um "indivíduo", como refere Saussure, que se servirá da língua para significar seu pensamento para outro "indivíduo".

Resultam, então, dos três parágrafos, várias afirmações: que a língua contém signos isolados, que, quando postos, por um "indivíduo", em relação com outros signos significam o pensamento e produzem sentido no discurso; que uma sequência de signos isolados, embora contenha conceitos, não produz discurso. Para que a língua torne-se discurso, são necessárias operações, condições, para a criação do *elo* entre signos isolados, para que haja significação de pensamento. Vemos, assim, que Saussure reafirma o *valor linguístico*, já apresentado no *Curso de linguística geral*.

Mas e o *discurso*, como explicar a relação entre *língua* e *discurso* nessa Nota manuscrita? Entendemos que, para Saussure, empregar a *língua* é estabelecer relações entre *signos*, colocados em ação por um *indivíduo* para outro *indivíduo*. Com essas observações contidas nessas poucas linhas manuscritas que tratam do discurso, encontramos o conceito filosófico da *alteridade* na construção de sua concepção de *valor linguístico* e, em decorrência, no papel fundamental que o *valor* assume na concepção de *discurso*. Mas podemos nos perguntar: não estariam já presentes na teoria da língua que lemos no CLG os conceitos que deveriam fundamentar uma teoria do *discurso*? Seria possível pensarmos que, ao conceber uma teoria da *língua*, Saussure pretendia, a partir da *língua*, criar uma teoria do *discurso*? Em consequência, seu pensamento, tal como nos foi deixado, seria um pensamento inacabado e, se assim foi, o *Curso de linguística geral* deveria ter sido lido de modo distinto daquele modo como foi lido, durante o século XX? Na hipótese de que Saussure tivesse tido em mente construir uma teoria do discurso, como teria sido a teoria do discurso saussuriana? Teria ele identificado outras formas de realização da alteridade na *linguagem*? E mais: como Saussure veria as teorias da *enunciação* e do *discurso* de hoje, que referem seu trabalho?

Pensar em enunciação leva a pensar em Benveniste. Ora, Benveniste, sem ter tido conhecimento dos manuscritos de Saussure, apresenta em seu último artigo, "O aparelho formal da enunciação", muita semelhança com o pensamento saussuriano de transformação da língua em discurso. Ao conceber a enunciação como a conversão individual da língua em discurso, como "a colocação em funcionamento da língua por um ato individual de utilização" (p.82), Benveniste coloca o *outro* em sua proposta: o locutor, ao se declarar como tal, implanta o *outro* (termo sublinhado por Benveniste) diante dele: "Toda enunciação é uma alocução, ela postula um alocutário", o que nos faz retornar a Platão e à sua alteridade. Mas Benveniste vai além de Saussure quando explica que, linguisticamente, surgem da relação eu-tu as marcas de pessoa, e também de espaço e de tempo que, pela enunciação, assumem um estatuto próprio.

Retomando, ainda de Benveniste, sua noção de *forma vazia* atribuída aos dêiticos, que lemos em seu texto "A natureza dos pronomes" (1966) e em "A linguagem e a experiência humana" (1974), poderíamos formular a hipótese de que talvez outros signos – queremos dizer também aqueles que não são dêiticos – se enquadrariam nessa categoria, aproximando, desse modo, os dêiticos e aqueles signos que têm um conceito? Não seria da natureza do signo conter um certo "vazio" que permitiria a *alteridade*, pela relação entre signos no enunciado, constituindo sentidos novos? Então, a própria natureza das entidades linguísticas não estaria apontando para a *alteridade*? E, assim, chegaríamos à afirmação da *alteridade*, não mais como uma hipótese de explicação do sentido, mas como constitutiva da linguagem?

Mas como Ducrot fundamenta sua teoria semântica em Saussure?

O emprego da língua em Ducrot

Também Oswald Ducrot criou uma proposta linguística do emprego da língua para pensar o *discurso*. Sua Teoria da Argumentação na Língua faz a descrição semântica da linguagem fundamentada em alguns conceitos saussurianos. Em capítulo de um livro que apresenta novos olhares sobre Saussure (2006), Ducrot relata como, em 1960, ao ter de dar aulas de filosofia em uma escola de Paris, em cujo programa constava o tema *estruturalismo*, encontrou, no *Curso de linguística geral*, o capítulo sobre o *valor*, que da filosofia o lançou na pesquisa linguística, *valor* que ele sempre colocou no centro de seu trabalho de semântica e que ele nunca mais abandonou. A teoria que Ducrot construiu parte do princípio de que o *sentido* é produzido pelas relações que se estabelecem no *discurso*. Assim, o signo é a frase complexa: a significação de uma frase simples só pode ser definida por suas possibilidades de combinação com outras frases simples. Ducrot encontra em seu trabalho diferentes formas de mostrar nas palavras da *língua* o que Saussure já havia trazido de Platão para a linguagem. Assim como a *alteridade* constitui as ideias, a *relação* entre palavras, enunciados, discursos constitui o *sentido* na *linguagem*. Alguns pressupostos decorrem desse olhar: primeiramente, o de que o sentido não se constrói por objetos ou estados de coisas da realidade; que, ao contrário, o sentido é produzido internamente, pelas palavras. É pela alteridade, fundamento da noção de valor, que o sentido se produz na linguagem.

Então, se Ducrot encontrou em Saussure a noção de *valor* que, a seu ver, contém a *alteridade*, trazida de Platão para a linguagem, e se Ducrot fundamenta nessa noção sua teoria, cabe procurarmos resposta à segunda pergunta que formulamos, agora já parcialmente respondida, a de como o *valor* é explicado, no emprego da língua, pela Teoria da Argumentação de Ducrot. A primeira resposta que vem à mente é: pela argumentação. Mas, para podermos dar um sentido claro a essa resposta, é necessário compreendermos alguns conceitos que sustentam a teoria.

Partindo dos conceitos saussurianos de *língua* e *fala*, mas modificando-os e vendo-os sob a perspectiva do discurso, Ducrot entende a *língua* como construção teórica para explicar a *fala*. A *língua* é construção do linguista. A *fala* é constituída de *dados observáveis*, é o *enunciado* produzido pelo *locutor* para seu *alocutário*. Com esses conceitos, entendidos desse modo, o objeto teórico *língua* deve conter referência à *fala*, ou seja, a *distinção metodológica* é projetada sobre o *dado* e, assim, a *enunciação* deve ser introduzida no interior do *enunciado* (Ducrot, 1987, p.65). Em outras palavras, o estudo semântico do emprego da língua, de um lado, deve contemplar a noção de *relação*, de outro, deve incluir a *enunciação*.

É a partir das palavras que a *enunciação* deve ser caracterizada, porque a *escolha das palavras* cria *uma imagem da fala*, e essa imagem é pertinente para a compreensão do *sentido* no discurso. Os conceitos de *língua* e *fala* dão origem, na leitura que Ducrot faz do CLG de Saussure, a *frase* e *enunciado*, respectivamente. A *frase* é a entidade teórica, abstrata, construção do linguista para explicar o *enunciado*. O *enunciado* é a realização, a manifestação particular da *frase*; é a entidade empírica que pode ser observada. Um *enunciado* é formado de *dois segmentos*, articulados por um *conector*, sendo que o primeiro só assume sentido a partir do segundo. Um segmento só encontra sentido quando relacionado a outro segmento.

Do ponto de vista semântico, a *frase* é dotada de *significação* e o *enunciado*, de *sentido*. *Significação* e *sentido* são de naturezas distintas. A *significação* não é o sentido literal. A *significação* é constituída de *instruções* que indicam ao intérprete de um enunciado como chegar ao *sentido*. A *significação* é essencialmente aberta. A *instrução* de X *mas* Y, por exemplo, é: "busque uma conclusão r de modo que resulte justificada por X, e uma conclusão não r, justificada por Y" (Ducrot, 1990, p.59). O sentido construído pelo locutor, por meio da relação entre X e Y, impõe a seu *alocutário* a busca da conclusão expressa pelo locutor. É, portanto, o *locutor* que constrói seu sentido e esse sentido é resgatado pelo *alocutário*, já que a própria *significação da frase*, portanto, da *língua*, em termos saussurianos, lhe dá *instruções* para isso. Ficam, assim, articulados, relacionados, *frase* e *enunciado*, e, do ponto de vista semântico, *significação* e *sentido*.

A *significação*, como objeto construído pelo linguista, faz referência ao *sentido* produzido pelo locutor no acontecimento enunciativo que é o *enunciado*. Assim, o termo *enunciação* é definido como "o acontecimento histórico constituído pelo fato de que um enunciado foi produzido, isto é, que uma frase foi realizada" (Ducrot, 1995, p.728). A *enunciação é marcada no enunciado*, constituindo parte de seu sentido. A relação entre *locutor* e *alocutário* comporta imagens de ambos no discurso, imagens que são percebidas, por exemplo, na *afirmação*, na qual o locutor pode aproximar-se ou distanciar-se do que diz; na *exclamação*, pela qual, ao contrário, o locutor se engaja no que está sendo enunciado. Pela *negação*, o alocutário é dado como já conhecendo algo a que alude o *enunciado*.

O momento atual da pesquisa, desenvolvida por Oswald Ducrot e Marion Carel, conforme palavras do próprio linguista, *radicaliza* a concepção de base da teoria: a *relação*, "tradução" linguística da *alteridade* de Platão. É a *Teoria dos Blocos Semânticos*, inscrita no quadro da *Teoria da Argumentação na Língua*. O termo *encadeamento* é definido pela *relação* entre dois *segmentos* ligados pelos conectores *portanto* e *no entanto*, representativos de outras conexões de mesma natureza. Tomam-se os exemplos dados pelos próprios autores:

Pedro é rico; ele deve ser feliz.
Pedro encontrou Maria; ele deve ser feliz.

Os dois enunciados, embora contenham um mesmo segmento (ele deve ser feliz), não exprimem a mesma felicidade. No primeiro enunciado, Pedro é feliz como pode ser feliz alguém que é rico. No segundo, a felicidade é motivada pelo amor. Cada um desses encadeamentos constitui um *bloco semântico*, já que a *relação* entre seus dois segmentos, ou seja, a *interdependência semântica* entre os dois segmentos produz uma unidade de sentido indecomponível.

Encontra-se aí, mais uma vez, a relação indissociável entre os dois *segmentos* que compõem o *encadeamento*. Cada *bloco semântico*, contendo encadeamentos em *portanto* (representativo de outras conjunções que produzem sentidos *normativos*) e em *no entanto* (representativo de outras conjunções que produzem sentidos *transgressivos*), constituídos de dois segmentos, comporta quatro *aspectos*. Os aspectos são diferentes formas de *relacionar*, por meio de conectores, da afirmação e da negação, os segmentos que compõem o encadeamento. Retomando o *encadeamento* anterior – Pedro *é rico, portanto é feliz* – é possível prever outras *relações* entre *rico* e *feliz*, passíveis de serem assumidas pelo locutor, ao se enunciar para seu *alocutário*. Seriam as seguintes as relações: *Pedro é rico, no entanto, não é feliz / Pedro não é rico, portanto não é feliz /* ou ainda *Pedro não é rico, no entanto é feliz*. Em todos esses encadeamentos, o *bloco semântico*, ou seja, seu valor semântico se mantém: o de que *a riqueza traz felicidade*.

Mas pode-se assumir a posição contrária: a de que *a riqueza não traz felicidade*. Constroem-se, então, mais quatro *encadeamentos* pelas relações estabelecidas entre seus segmentos, alternando-se a forma de *relação* entre eles e utilizando-se a *negação*. Mantém-se com isso o mesmo *bloco semântico*, a partir de *Pedro é rico, portanto não é feliz*. Assim, com as mesmas entidades lexicais: *rico* e *feliz*, a língua permite a seu locutor expressar-se de oito formas distintas, dependendo da *relação* estabelecida entre as entidades lexicais – relações expressas pelos conectores *portanto* e *no entanto* – e por meio da afirmação e da negação.

Desse modo, chegamos, mais uma vez, à *alteridade/relação*. Com isso, atingimos o sentido, e a própria natureza da *linguagem*, que dá ao locutor a possibilidade de se enunciar, relacionando-se com seu alocutário, e de construir múltiplas *imagens de si mesmo* e do *outro*, utilizando entidades lexicais, relacionadas de diferentes formas entre si.

As *entidades linguísticas* têm *significações* (na *língua*) e *sentidos* (no *discurso*) que podem ser resgatados *externamente* ou *internamente* por meio de *encadeamentos*. *Externamente*, a entidade linguística pode ser continuada por um enunciado. Por exemplo, a palavra *prudente* pode conter *externamente*: *Pedro é prudente, portanto não há com o que se preocupar* ou *Pedro é prudente, portanto não haverá problemas*. Podemos pensar também em: *Pedro tem medo, portanto será prudente*. *Internamente*, a mesma entidade lexical *prudente* poderá conter: *perigo, portanto precaução*, encadeamento que pretende, por meio da relação entre dois segmentos, revelar um possível sentido contextual de *prudente*, no discurso. Com isso, podemos verificar que as palavras, tanto na *língua* quanto no *discurso*, têm *significação/sentido* constituídos por sua *relação* com outras palavras.

É pela escolha de diferentes formas de *enunciar*, ao relacionar palavras e frases, que o *locutor* constrói *seus sentidos* e, ao mesmo tempo, evoca, pelas escolhas que faz, *outros sentidos*, com os quais relaciona o seu. Por isso, ao enunciar algo como *Pedro é rico, no entanto não é feliz*, o locutor evoca *implicitamente Pedro é rico, portanto é feliz*, ao qual se opõe. Encontramos assim a *polifonia*, conceito criado por Ducrot. Tocamos novamente na *alteridade*, desta vez pela *relação* que se estabelece entre discursos.

Observando atentamente todos os conceitos criados pela teoria, percebemos que a *alteridade* está presente sempre, de diferentes formas: não apenas na relação entre palavras e enunciados, mas também na relação entre *frase* e *enunciado*, entre *significação* e *sentido*, entre *locutor* e *alocutário*, entre o *discurso do locutor* e outros *discursos*.

Mas como definir *argumentar*? Como teoria enunciativa, a *Teoria da Argumentação na Língua* distingue apenas dois tipos de indicação sobre a realidade: as *subjetivas* e as *intersubjetivas*, excluindo as *objetivas*. Indicações *subjetivas* e *intersubjetivas* são unificadas pelo conceito de *valor argumentativo* dos enunciados. O valor argumentativo de uma palavra é a *orientação* que essa palavra dá ao *discurso*. Assim, as entidades linguísticas escolhidas pelo locutor para seu enunciado tornam possível ou impossível sua *relação* com outra palavra ou outro enunciado, ou seja, as entidades linguísticas *orientam* para determinada continuação. Se tomarmos o enunciado *Pedro é inteligente*, devemos continuá-lo, *relacionando-o* a outro enunciado como *então vai conseguir resolver o problema*, e não com *então não vai conseguir resolver o problema*. Observemos que podemos continuar com outros enunciados como *deve ser bom aluno* ou *deve ser bom profissional*, mas não seria possível continuar com *não deve ser bom aluno* ou *não deve ser bom profissional*. O *valor argumentativo* torna-se o nível fundamental da descrição semântica.

A palavra *sentido* remete, assim, tanto a *significado* quanto a *direção*, explica Ducrot (1990): o *sentido* de uma palavra é, ao mesmo tempo, um *significado* e uma *orientação* no discurso. Em decorrência do *valor argumentativo*, que congrega *subjetividade* e *intersubjetividade*, ao falarmos, colocamos a realidade a serviço de nossas argumentações. "Falar é construir e tratar de impor aos outros uma espécie de apreensão argumentativa da realidade", explica Ducrot (1990, p.14). Considerando que as palavras *orientam* para determinada continuação e que, dentre várias possibilidades de continuação, o locutor escolhe aquela que exprime determinado *sentido*, a relação de *alteridade* entre *locutor* e *alocutário* conduz o *alocutário* a apreender o *sentido* escolhido pelo *locutor* e a responder-lhe a partir desse *sentido*.

É por essa via que passa, então, a *relação* entre *locutor* e *alocutário*. O enunciado define-se pelas possibilidades de resposta que abre e por aquelas que fecha, e, desse modo, a realidade do enunciado não está nele, mas fora dele, nos outros enunciados, cujo uso ele oferece ou proíbe ao alocutário. Diz Ducrot:

> Se falar é, antes de mais nada, constituir seu próprio pensamento, obrigando o outro a nos enviar dele um reflexo, e se a língua tem por função primeira permitir este jogo de fala, o enunciado não é mais nada em si mesmo, não é senão uma alusão a outros enunciados – aqueles pelos quais ele quer ser continuado, este futuro discursivo que projeta diante de si esta sombra de si mesmo que é a sua única realidade. (2009, p.12)

Trata-se novamente da *alteridade*, construída agora pela relação entre o *discurso* do *locutor* e o *discurso* de seu *alocutário*, relação criada pela própria natureza do enunciado, continuado por outros enunciados que ele autoriza e que são como que constitutivos dele mesmo.

Em busca do sentido em discursos

Tomamos a seguir um discurso, que tentaremos analisar, seguindo os princípios e conceitos da Teoria da Argumentação na Língua de Ducrot.

> CHUVA DE ARROZ
>
> Preocupados em chamar a atenção para os baixos preços do produto, que atribuem basicamente às importações do Mercosul, os orizicultores gaúchos recorreram até mesmo a uma chuva de arroz em casca em Bagé, valendo-se de quatro aviões. O recurso a essa medida extrema num país de tanta fome não escapou das críticas. Chamou a atenção, porém, para as dificuldades enfrentadas pelos orizicultores. Por isso é importante que as reivindicações sejam encaradas como prioridade pelo governo federal, até mesmo pela necessidade de o Estado compensar os prejuízos da seca.

Procurando identificar as relações entre *enunciados* contidos nesse *discurso*, por meio de *encadeamentos* compostos de dois segmentos relacionados por um conector, podemos parafraseá-lo do seguinte modo:

- importações do Mercosul, por isso baixo preço do arroz
- baixo preço do arroz, portanto preocupação dos orizicultores
- preocupação dos orizicultores, então chuva de arroz
- chuva de arroz, logo desperdício de alimento

Podemos ver, nesses encadeamentos, discursos relatados pelo locutor, anteriores ao dele, e que explicam:

- desperdício de alimento, então críticas

Segue-se, porém, a resposta do locutor:

- desperdício de alimento, no entanto alerta às autoridades

Lemos, assim, nesse discurso, um diálogo entre dois *discursos*, articulados por *porém*, que relaciona dois sentidos que se opõem:

- desperdício de alimento, consequentemente críticas (discurso do outro, relatado pelo locutor 1).
- desperdício de alimento, consequentemente alerta às autoridades (discurso do locutor 2).

Do ponto de vista enunciativo, o *dizer* reflete-se no *dito*. O *sentido* do enunciado é a representação de sua enunciação, explica Ducrot. É o que podemos observar no diálogo entre os dois discursos que aí aparecem: o locutor 2 concorda com o discurso do locutor 1: o discurso das críticas ao desperdício de alimento. Mas coloca restrições quanto aos efeitos do *desperdício de alimento*, orientando para outra continuação, consequentemente, para outro sentido, construído pela relação entre *desperdício de alimento* e *alerta às autoridades*.

Assumindo essa atitude, o locutor 2 acata a opinião do outro, o locutor 1, embora tenha posição distinta sobre a questão. O articulador *porém* apresenta, neste caso, o mesmo funcionamento das conjunções *pero*, do espanhol, e *aber* do alemão, que Ducrot e Vogt (1989) denominam MAS PA. O locutor do primeiro discurso constituiu seu pensamento para o alocutário, criticando os orizicultores pelo desperdício de alimento, levando o alocutário, transformado em locutor, a enviar-lhe como "resposta" outro discurso em que *desperdício de alimento* é continuado por *alerta às autoridades*, atribuindo-lhe um novo sentido. Desse modo, a *alteridade* se manifesta na linguagem. A relação de diálogo entre os dois discursos constrói o sentido, constrói *argumentação*.

Tomamos, a seguir, uma charge.

Figura 1 – Charge

A imagem mostra a professora e um aluno numa sala de aula. A argumentação do locutor, no primeiro enunciado *Imagine o seguinte: "Daqui a alguns dias, todos os computadores saem do ar e todos se apavoram"*, pode ser expressa pelo encadeamento:

neg-controle da situação, portanto pânico

Pois relaciona *[você] será o único a saber quanto são 6 vezes 7!* com *saber controlar a situação*, e introduz o primeiro segmento que é o suporte do segundo:

saber multiplicar, portanto ter controle da situação

Dois sentidos estão aí presentes:

- sem computador, portanto sem controle da situação
- sem computador, no entanto com controle da situação

O locutor assume os dois enunciados, que contêm os aspectos denominados *conversos* do mesmo bloco semântico, e que passam a ser aqueles que o locutor dirige a seu alocutário:

- não saber multiplicar, portanto não controlar a situação
- saber multiplicar, portanto controlar a situação

O articulador *mas* compara a argumentação anterior à que se segue, que é *você vai conseguir controlar a situação*, introduzindo a ideia de oposição à argumentação do primeiro enunciado:

- não controle da situação, portanto pânico

MAS

- controle da situação, portanto não pânico.

Os dois encadeamentos anteriores, articulados por MAS, expressam dois aspectos *recíprocos* (A portanto B e não A portanto não B) do mesmo bloco semântico. Isto é, com os mesmos segmentos, mais a negação, constroem-se, pela linguagem, duas atitudes distintas em relação ao mesmo sentido. Ao trazer duas *vozes*, por *polifonia*, como nos encadeamentos *conversos*, é pelas relações de semelhança e de diferença entre enunciados que o sentido, por *alteridade*, se produz. Pela diferença entre as vozes, o locutor, assumindo as duas, argumenta para seu destinatário. É assim que o locutor espera que seu alocutário apreenda seu pensamento e espera dele (alocutário) a continuação. Ou seja, a expressão do pensamento do locutor *orienta* a "resposta" do alocutário, ou ainda, é pela fala do outro (alocutário) que a argumentação do locutor poderá vir a ter outro sentido. É pela relação com o outro, com outros enunciados ou outros discursos, que aos poucos vão se produzindo, que o sentido se desenvolve, ao longo do discurso.

É importante observar que, no enunciado *Você será o único a saber quanto são 6 vezes 7*, afirmado pelo locutor para justificar seu pensamento, também encontramos *polifonia*. O sentido de *único*, na *língua*, pode ser expresso pelo encadeamento:

- outros não saberão, no entanto você saberá.

É necessário perceber que encontramos no discurso que estamos analisando, diríamos nós, duas *formas de polifonia*: uma construída no interior do próprio discurso entre encadeamentos formados pelos mesmos termos, como no caso de *mas*. Outra forma é a que está contida na significação do termo *na língua*, e que seria o *pressuposto*, como a que se encontra na entidade lexical *único*.

Mais duas observações devem ser feitas. A primeira sobre o articulador *e* em *Daqui a alguns dias, todos os computadores saem do ar* **e** *todos se apavoram*. Nesse enunciado, o articulador *e* assume o valor de *portanto*. Esse valor deve ser explicado pela *relação* que *e* estabelece entre os dois enunciados que articula. É pela relação de um enunciado com o outro que o sentido de *e* se produz. É importante observarmos, então, que o sentido está na relação entre os enunciados e que o conector (portanto, no entanto) apenas expressa essa relação. A escolha feita pela Teoria da Argumentação na Língua de apenas dois conectores *portanto* e *no entanto*, para representar as formas prototípicas de relação entre encadeamentos, decorreria, a nosso ver, justamente da semelhança e da diferença entre os segmentos. *Portanto* e *no entanto*, constructos teóricos, não são a representação de conjunções da língua; são formas de expressão da alteridade que se apresentam na relação entre segmentos do enunciado ou entre enunciados no discurso.

A segunda observação que poderíamos fazer sobre o discurso em análise diz respeito à argumentação interna de *multiplicar*. A Teoria da Argumentação na Língua entende que o sentido das palavras é argumentativo. As palavras da língua contêm sentidos, por isso, contêm um sentido que lhes é interno, logo argumentam. Língua e discurso, ou seja, *frase* e *enunciado* são indissociáveis. Assim, no discurso em estudo, *multiplicar* pode ser expresso pelo encadeamento que constitui sua *argumentação interna*:

- grande dificuldade, no entanto solução

O sentido de *multiplicar* é: solução para uma grande dificuldade. *Multiplicar* aparece, nesse contexto linguístico, como algo que permitiria solucionar um grande problema. É a *relação* entre palavras e enunciados que permite que novos sentidos sejam construídos.

O humor, nesse discurso, estaria em *você será o único a saber quanto são 6 vezes* 7. A polifonia contida em *o único* (a saber quanto são 6 vezes 7) aponta para uma oposição de *um* às outras pessoas, que não sabem quanto são 6 vezes 7. Esse mesmo termo e essa mesma polifonia estariam permitindo que se tome esse discurso como *crítica*, possível de ser explicada pela negação de *os outros (as outras pessoas) não saberão quanto são 6 vezes 7*.

Tomamos outro discurso. Nele, a polifonia ocupa lugar fundamental. É uma história em quadrinhos, criada por Matt Groening.

Figura 2 – História em quadrinhos

Nessa história em quadrinhos encontramos um diálogo entre dois locutores, que designaremos aqui como locutor 1 e locutor 2. Nela, vemos um exemplo do lugar importante que a adjetivação pode desempenhar na construção do sentido argumentativo no discurso. No primeiro quadrinho está a pergunta do locutor 1, que desencadeia o discurso do locutor 2. A pergunta é: *Que tal a escola este ano?* Nos sete quadrinhos seguintes, o alocutário, transformado agora em locutor 2, responde a essa pergunta, analisando a escola. O último quadrinho é uma avaliação do locutor 1 à resposta. Nos sete quadrinhos em que o locutor 2 fala da escola, diferentes formas de adjetivação são utilizadas: adjetivo, substantivo precedido de preposição, oração relativa.

Em todos esses enunciados, a adjetivação orienta para uma continuação implícita, a de que *a escola vai mal*:

- estou enjaulado na classe, portanto a escola vai mal
- a classe é superlotada, então a escola vai mal
- os garotos são maltratados e rancorosos, logo a escola vai mal

- o professor está exausto, por isso a escola vai mal
- o professor é mal pago, logo a escola vai mal
- os livros tiram o gosto das coisas, então a escola vai mal
- os fatos ensinados não são verdadeiros, portanto a escola vai mal
- ninguém obedece às regras ensinadas, logo a escola vai mal
- etc.

É interessante observar que a resposta à pergunta *Que tal a escola este ano?* decorre da *orientação* que a adjetivação dá ao discurso dos sete quadrinhos que o compõem, orientação que é a busca da relação com outro enunciado, para a constituição do sentido.

Aplicando-se o conceito de polifonia – à luz da Teoria dos Blocos Semânticos, momento atual da Teoria da Argumentação na Língua – verifica-se que em cada enunciado há uma relação entre dois discursos, em que um é afirmativo e o outro é formado pela negação dos dois segmentos (o *aspecto recíproco*) do mesmo bloco semântico. Vejamos a polifonia em alguns desses enunciados:

Estou enjaulado
1: estar enjaulado DC[1] não bom
2: não estar enjaulado DC bom
a classe é superlotada
1: classe superlotada DC não bom
2: classe não superlotada DC bom
Os garotos são maltratados e rancorosos:
1: garotos maltratados e rancorosos DC não bom
2: garotos não maltratados nem rancorosos DC bom
há regras que ninguém obedece:
1: regras que ninguém obedece DC não bom
2: regras que todos obedecem DC bom
etc.

O locutor atribui sempre o discurso 1 à sua escola, porque essa é a representação que por ele é feita da escola, imagem que revela a enunciação no enunciado, o dizer no dito. Entretanto, não é o discurso 1 que o locutor assume como seu. Ele assume o recíproco desse mesmo bloco, expresso pelo discurso 2:

- não enjaulado DC bom
- classe não superlotada DC bom
- garotos não maltratados nem rancorosos DC bom
- etc.

Encontramos, com isso, o diálogo entre dois discursos: o valor decorre da relação entre os dois segmentos conectados. Duas atitudes distintas são reveladas por polifonia e resultam da escolha do locutor e da afirmação ou negação em cada segmento do encadeamento. O sentido constituído pela relação entre segmentos positivos e negativos é o mesmo, mas a escolha de uma ou de outra forma de relação expressa atitudes diversas face ao mesmo sentido.

Alguns pensariam que a adjetivação, que toma a escola como tema, *informa* sobre essa realidade. Entretanto, parece claro, de acordo com a análise desenvolvida, que não existe informação; a realidade é vista subjetivamente, construída pelo locutor, e serve apenas como primeiro segmento para o estabelecimento da argumentação. O sentido da palavra determina a orientação, ou seja, a continuação que ela impõe ao discurso. Devemos entender, no discurso em análise, que os adjetivos escolhidos pelo locutor 2 para responder à pergunta do locutor 1 conduzem todos à continuação: *a escola vai mal*. Em decorrência, é fundamental que se compreenda, de acordo com a Teoria da Argumentação na Língua, que o sentido é construído pela linguagem que, estabelecendo relações entre palavras, enunciados, discursos, locutor e alocutário, produz argumentações. O sentido na linguagem decorre do valor argumentativo, ou seja, da relação entre subjetividade e intersubjetividade, entre locutor e alocutário. Ao expressar seu pensamento, o locutor, pelo estabelecimento de relações entre palavras, produz sentido e orienta, com esse sentido, construído pelas palavras, o discurso do alocutário. Queremos dizer que a informação não é a função primeira da linguagem; ao contrário, ela é efeito do emprego argumentativo da linguagem, estabelecido pela noção de valor. O sentido expresso pelo locutor não é a representação da realidade; o sentido é, como diz Ducrot (1990, p.14), o modo de pôr as coisas da realidade *a serviço de nossas argumentações.*

Na história em quadrinhos em análise, a adjetivação apresenta uma realidade vista por um locutor, que não a assume e, justamente pela discordância, evoca, por polifonia, o sentido que assume. Assim, o locutor serve-se da adjetivação e dá a ela uma dupla função: a de exprimir seu olhar sobre a escola e a de assumir outra posição, contrária a essa. Relacionando dois pontos de vista, o locutor argumenta pela relação de oposição entre dois discursos. Desse modo, vemos a polifonia como um diálogo em que a importância da noção de valor é fundamental para a compreensão da enunciação no discurso. Os conectores, que relacionam os segmentos do encadeamento, apontam para a escolha (entre conectores e entre afirmação e negação) que o locutor pode fazer, fundamentado nas possibilidades que a língua lhe oferece. A língua, então, já prevê seu emprego e, tratando-se da polifonia, a possibilidade de escolhas, prevê a enunciação. Assim, podemos entender a importância fundamental da polifonia para a construção da argumentação no discurso.

O enunciado do *locutor* no último quadrinho, avaliando a resposta do *alocutário* à sua pergunta, produz sentido irônico: *Bom, então as coisas estão melhorando, hein?*

A ironia pode ser explicada pela polifonia. O locutor coloca em seu enunciado um discurso que apresenta dois pontos de vista opostos, dois blocos semânticos distintos e opostos:

1. a escola vai mal DC isso é bom
2. a escola vai mal DC isso não é bom

O *locutor* se apresenta como se assumisse o discurso 1. Entretanto, é o discurso 2, contrário ao discurso 1, que o *locutor* realmente assume. Com isso, o *locutor* reafirma a argumentação de seu *alocutário*, em resposta a sua pergunta, e fornece a continuação esperada pelo discurso do *alocutário*.

O articulador *então* (*Bom, então as coisas estão melhorando, hein?*) introduz a argumentação que o *locutor* afirma, mas que é contrária àquela que ele assume. *Então* estabelece relação semântica entre a resposta de seu *alocutário* – que se lê nos quadrinhos 2 a 8 – e a do *locutor*, que se enuncia de modo irônico.

Para terminar

A Teoria da Argumentação na Língua é uma teoria semântica linguística, uma proposta de explicação do sentido produzido pela linguagem por meio de conceitos criados a partir de certas decisões. Essas decisões não são ingênuas, ao contrário, elas olham a linguagem a partir de um ponto de vista que, conforme a expressão utilizada por Saussure, *cria o objeto* a ser estudado. O objeto criado pelo ponto de vista da Teoria da Argumentação é o do sentido produzido por um locutor ao empregar a língua. É em Platão e em Saussure e Benveniste que Ducrot fundamenta seu olhar sobre o uso da linguagem. Resulta dessa posição teórica firmada que língua e fala não se separam, que uma linguística da língua é impossível se não for também uma linguística da fala. Encontramos, em decorrência, também a afirmação da autonomia da ordem linguística. O apoio a essa decisão tomada como lugar de observação da linguagem levou à escolha da proposta linguística de Saussure, fundamentada em Platão, que procuramos mostrar anteriormente.

É preciso que fique claro, entretanto, que o *valor*, buscado no *Curso de linguística geral*, sofreu, pelo olhar de Ducrot, um alargamento em relação ao que se lê na teoria saussuriana: a esse conceito foram integrados aspectos enunciativos trazidos da Teoria da Enunciação de Émile Benveniste, também modificados e vistos sob outro prisma, para a explicação do emprego da língua.

Sabemos que a Teoria da Argumentação na Língua tem uma longa história que se desenvolve – é difícil apontar exatamente a data de seu início – provavelmente desde 1960, quando Ducrot adotou o conceito de *valor*, trazido da *alteridade* de Platão. Desde então, o filósofo Ducrot, tornado linguista pela leitura do *Curso de linguística geral*, nunca mais abandonou o estudo da linguagem, e continua a desenvolver sua pesquisa constantemente até os dias de hoje. Esse é um trabalho que encontrou suas bases na filosofia clássica, necessária para a compreensão do sentido no emprego da língua.

No entanto, muito ainda resta a dizer e a fazer a partir desse olhar. A complexidade da linguagem, a busca de explicação para a pluralidade de sentidos que o discurso constrói quando o locutor se *apropria* da língua, como escreve Benveniste, continua desafiando quantos tenham coragem de tentar desvendar seus mistérios.

O que apresentamos muito rapidamente, neste texto, não esgota, de forma alguma, o que a teoria tem a dizer. Trouxemos apenas alguns conceitos, que nos pareceram essenciais para a compreensão, mesmo que superficial, da proposta em questão e, por meio deles, procuramos resgatar os fundamentos da Teoria da Argumentação na Língua. Para finalizar, retomamos o que já lembramos no início: a importância de explicar como as palavras significam no discurso, independentemente de fatores externos, concebidos *a priori*. O tema é complexo, sem dúvida, e difícil, mas talvez justamente por ser difícil é fascinante, porque revela com intensa profundidade toda a beleza da linguagem.

Nota

1 "DC", abreviatura de *donc*, em francês, corresponde a *portanto*, *por isso*, *então*, etc.

Bibliografia

BENVENISTE, Émile. La nature des pronoms. In: *Problèmes de Linguistique Générale*, v.1. Paris: Gallimard, 1966.

_____. La forme et le sens dans le langage. In: *Problèmes de Linguistique Générale*. v.2. Paris: Gallimard, 1974.

_____. L'appareil formel de l´énonciation. In: *Problèmes de Linguistique Générale*, v.2. Paris: Gallimard, 1974.

_____. Le langage et l'expérience humaine. In: *Problèmes de Linguistique Générale*, v.2. Paris: Gallimard, 1974.

CORDERO, Nestor L. Introductiòn. In: Platon: *Le Sophiste*. Paris: Flammarion, 1993.

DUCROT, Oswald; SCHAEFFER, Jean-Marie. *Nouveau dictionnaire encyclopédique des sciences du langage*. Paris: Seuil, 1995.

_____. *O dizer e o dito*. São Paulo: Cultrix, 1987.

_____. *Logique, structure, énonciation*. Paris: Minuit, 1989.

_____. *Polifonía y argumentación*. Cali: Universidad del Valle, 1990.

_____. La sémantique argumentative peut-elle se réclamer de Saussure? In: SAUSSURE, Louis de. *Nouveaux regards sur Saussure*. Genève: Droz, 2006.

_____. Prefácio. In: VOGT, Carlos. *O intervalo semântico*. São Paulo: Ateliê Editorial/Campinas: Editora da Unicamp, 2009.

SAUSSURE, Ferdinand de. *Cours de linguistique générale*. Paris: Payot, 1969.

_____. *Écrits de linguistique générale*. Paris: Gallimard, 2002.

Sentidos argumentativos e polifônicos de *pecar* em poema de Gregório de Matos

Telisa Furlanetto Graeff

Este capítulo pretende articular enunciação, dialogismo e argumentação, por meio da explicitação dos sentidos da palavra *pecar* no poema de Gregório de Matos Guerra, "A Jesus Cristo Nosso Senhor". Tomaremos como base a Teoria da Argumentação na Língua (ADL), iniciada por Ducrot e Anscombre em 1983, na versão desenvolvida atualmente por Carel e Ducrot, que alia conhecimentos da Teoria da Polifonia de Ducrot (1984), atualizada por Ducrot e Carel (2006), com a Teoria dos Blocos Semânticos (TBS), proposta por Carel (1995).

Deveremos, inicialmente, destacar que, nos aproximados trinta anos de surgimento da ADL, o desenvolvimento de uma teoria *polifônica* da enunciação que incorpora em sua matriz de produção de sentido, além das atitudes do locutor, das Pessoas, um conteúdo puramente argumentativo, torna a Teoria da Argumentação na Língua uma teoria semântica com poder de realizar a descrição polifônica e argumentativa de discursos, ao combinar a descrição polifônica com a concepção argumentativa da significação desenvolvida pela TBS, a qual mantém e até radicaliza a ideia fundadora de que a argumentação está na língua.

Passaremos, em vista disso, na sequência deste texto, a precisar o entendimento de argumentação e, especialmente, de sentido argumentativo, para, em seguida, delinear a concepção atual da Teoria Polifônica da Enunciação (Carel e Ducrot, 2009; Carel, 2008), pela apresentação dos elementos da significação, descritos como tripés, constituídos pela atitude do locutor do enunciado, pelo conteúdo argumentativo e pela Pessoa (em versões anteriores, chamada Enunciador).

Por um sentido puramente argumentativo das entidades linguísticas

Assumindo a definição saussuriana de que a língua é um sistema de signos, de que o significado de um signo é constituído pelas relações do signo com outros signos, sendo de ordem estritamente linguística, a ADL propôs que se considerassem como relações semanticamente pertinentes as argumentativas, ou seja, os encadeamentos com *portanto* entre um signo e outro. Essa decisão levou Ducrot a afirmar que a ADL é uma aplicação do estruturalismo saussuriano à semântica linguística.

Desde seu início a ADL defende a tese de que o sentido ou a significação de uma entidade linguística é argumentativo, sendo, por consequência, constituído por encadeamentos, e não por informações ou pensamentos. Essa tese da ADL (1983) é mantida em sua versão atual, a Teoria dos Blocos Semânticos (TBS). Comparando esses dois momentos da ADL, Carel e Ducrot (2005) assim se expressam sobre esse ponto em comum:

> Tanto em uma como na outra, o que nos interessa dos encadeamentos argumentativos é a parte que não pode ser deduzida da informação dada pelas orações. Esta preocupação segue sendo a mesma. Em ambas as teorias de fato, tentamos mostrar a autonomia da argumentação relativamente à informação. (p.53)

Ao tratar das diferenças entre essas versões, destacam duas. Primeiramente que ele e Anscombre entendiam por argumentação os encadeamentos argumentativos em DC[1]. Consequência disso era que as argumentações eram sempre movimentos conclusivos, enquanto a TBS propôs que se entendesse por encadeamento argumentativo não somente encadeamentos do tipo *isso* DC *aquilo*, mas também encadeamentos do tipo *isso* PT[2] *aquilo*, como se mostrará a seguir, pela apresentação das reflexões de Marion Carel (1995, 1997), que conduzem a modificações importantes na Teoria da Argumentação na Língua. Seus trabalhos mostram que os encadeamentos argumentativos não exprimem atos argumentativos, não sendo, portanto, realização discursiva do que, em retórica, se chama, habitualmente, de argumentação.

Cumpre lembrar que a Teoria da Argumentação na Língua situava-se numa tradição aristotélica que distingue *demonstração* e *argumentação*, opondo à demonstração necessária do silogismo a argumentação incompleta e somente provável do entimema. Na demonstração (cf. Carel, 1997, p.23-24), ter-se-ia uma sequência de enunciados, interpretáveis isoladamente uns dos outros, sendo todos apresentados como verdadeiros, mas aceitáveis sobre bases diferentes: os primeiros da sequência (premissas ou argumentos) devem ser admitidos independentemente do último (conclusão), o qual é validado e justificado por eles, ocorrendo, desse modo, a transmissão da veracidade das premissas para a conclusão. A marca linguística de referência desses discursos é o emprego da palavra *donc* (então, de onde, assim...). Já na argumentação no discurso, ter-se-ia um procedimento deturpado de demonstração.

Carel, como se mencionou anteriormente, afirma que os discursos do cotidiano, mesmo que sejam comumente qualificados de "argumentativos", não correspondem ao que se entende por argumentação. Demonstra essa afirmação com base nas teses de que o argumento e a conclusão de um encadeamento em *donc* não são semanticamente independentes e de que a marca linguística de referência da argumentação no discurso não é unicamente a palavra *donc*.

A respeito dessas modificações na Teoria da Argumentação na Língua, comenta Ducrot (1999, p.1):

> [...] pensávamos encontrar nas palavras da língua a causa ou o sinal do caráter fundamentalmente retórico, ou, como dizíamos, "argumentativo" do discurso. Mas parece que somos levados a dizer muito mais. Não somente as palavras não permitem a demonstração, como tampouco permitem essa forma degradada de demonstração. Esta também é tão somente um sonho do discurso, e nossa teoria deveria antes se chamar *teoria da não argumentação*.

Admitindo que um encadeamento argumentativo não exprime um *ato de argumentação*, Ducrot (1999, p.8-9) apresenta três razões para distinguir esses encadeamentos e as argumentações.

A *primeira razão* é que o argumento e a conclusão de um encadeamento discursivo constituem-se reciprocamente, ou seja, se a conclusão pode determinar semanticamente o argumento, o inverso também ocorre. Comparando as duas sequências

(1) é tarde, o trem deve estar lá
(2) é cedo, o trem deve estar lá

o referido autor mostra que, embora se fique tentado, à primeira vista, a dizer que a *mesma* conclusão é justificada por argumentos opostos, a *presença* em (1) é vista como uma *chegada* e, em (2), como uma *não partida*. Consequentemente, as continuações que se podem entrever para (1) são as que autorizariam "O trem deve ter chegado", enquanto as que se podem entrever para (2) são as que autorizariam "O trem não deve ter partido". Cumpre relembrar, aqui, que na ADL o sentido de um fragmento de discurso reside em sua orientação, nas continuações que lhe podem ser dadas.

A *segunda razão* é que não é o mesmo o número de objetos semânticos encontrados nos encadeamentos e nas argumentações. Enquanto nestas há, pelo menos, três objetos semânticos (argumento, conclusão e *topos* que justifica a passagem), naqueles há apenas um, mesmo se são possíveis distinguir aí os dois segmentos "materiais" que Ducrot chama de "argumento" e "conclusão". Nesse caso, a justaposição entre os dois predicados forma uma entidade semântica única, constituída pelo próprio encadeamento.

Nas palavras de Ducrot (p.8), o encadeamento argumentativo:

> [...] produz uma representação da situação de que fala o enunciado, dá deste o que chamei de uma "apreensão argumentativa" (expressão em que a palavra "argumentativo" remete a um tipo de concatenação discursiva, e não a uma atividade de pseudodemonstração).

A *terceira razão*, apresentada pelo autor em foco para distinguir encadeamentos e argumentações, tem sua origem no artigo de Marion Carel (1995), intitulado "Pourtant: argumentation by exception", em que a autora mostra que a argumentação não é uma demonstração incompleta e que o encadeamento em POURTANT, assim como o encadeamento em DONC, constitui uma unidade semântica básica.

Segundo Carel (1995, 1997), um enunciado do tipo A *donc* C como *Alimentou-se portanto está bem* é argumentativo por convocar princípios como "o apetite é sinal de saúde". Tais princípios não são considerados pela autora como associações de conceitos independentes, não sendo vistos, em sua Teoria dos Blocos Semânticos, como elo entre o argumento e a conclusão. Ela os percebe como representações unitárias, as quais constituem o próprio conteúdo dos encadeamentos argumentativos.

Analisando o enunciado (1) *É tarde. O trem deve estar lá*, a autora mostra que ele expressa uma ideia inteira, indecomponível, que poderia ser designada por um enunciado como "o tempo provoca a presença das coisas". Observa que, embora gramaticalmente esse enunciado ligue duas palavras *tempo e presença*, a ideia que exprime não é construída a partir de dois termos metalinguísticos de *Tempo* e de *Presença*, o que implica dizer que esse enunciado não relaciona dois conceitos (ou realidades) isolados, absolutos. Ao contrário, é essa unidade semântica que permite determinar o tipo de presença assinalado pelo verbo *estar*, no segmento *o trem está lá*, e de entendê-lo como *chegada*.

Análises como essa levam Carel (1997, p.33) a afirmar que todos os encadeamentos em *donc* exprimem blocos semânticos:

> Exprimindo apenas os blocos, os encadeamentos argumentativos não são demonstrações, além do mais vagas ou incertas que se quererá. Argumentar consiste somente em convocar os blocos lexicais e em permanecer coerente com eles: se os encadeamentos em <u>donc</u> podem assumir uma eventual força persuasiva, é unicamente porque eles exprimem os lugares comuns.[3]

Carel (1995) mostra que, assim como os encadeamentos em *donc*, os encadeamentos em *pourtant* são enunciados argumentativos, posto que, como aqueles, também convocam blocos semânticos e nisso consiste a sua argumentatividade. Mais ainda, faz ver que A *pourtant non* C *e* A *donc* C realizam o mesmo bloco semântico.

Considerando os encadeamentos:

(1_{trans}) É tarde, mesmo assim o trem não está lá.[4]

(1) É tarde: o trem deve estar lá.

mostra que tanto em (1_{trans}) quanto em (1) *estar lá* significa *ter chegado*, de forma que (1_{trans}) apresenta o trem como *não chegado*. Observa que (1) e (1_{trans}) realizam o mesmo bloco (*o tempo provoca a presença das coisas)*, sob a mesma forma positiva (quanto mais o tempo passa, mais as coisas acontecem).

Essas observações permitem afirmar que os encadeamentos A *donc* C e A *pourtant non* C são fortemente aparentados, visto exprimirem o mesmo bloco semântico.

Já o mesmo não ocorre caso se comparem os encadeamentos (1) e (3):

(1) é tarde, portanto o trem deve estar lá.

(3) é tarde, portanto o trem não deve estar lá.

Note-se que, enquanto (1) trata da *chegada* do trem, (3) trata da *partida* do trem. Desse modo (1) e (3) expressam sentidos contrários, blocos semânticos contrários.

Como se observou, tanto nos encadeamentos em *donc* quanto nos encadeamentos em *pourtant*, é criada uma representação do referente, representação que não é determinada pela intenção retórica de fazer admitir.

No seu estágio atual, a ADL, incorporando o conhecimento construído pela Teoria dos Blocos Semânticos, tenta conciliar duas teses: a primeira é que os encadeamentos argumentativos constroem, por sua própria existência, representações do mundo de que se fala; a segunda é que tais encadeamentos são restritos pela semântica intrínseca das palavras utilizadas (descreve-se *prudente* por um encadeamento como *perigo donc precaução)*, o que satisfaz o objetivo estruturalista da ANL, permitindo-lhe descrever as palavras não a partir de um conhecimento prévio da realidade, mas a partir de suas potencialidades discursivas.

Cumpre referir que Ducrot e Anscombre (1983) buscavam a autonomia da argumentação não em palavras plenas, como substantivos, adjetivos ou verbos, mas em palavras que atuam sobre os substantivos, adjetivos ou verbos. Exemplo disso é o par pouco /um pouco, operando sobre um mesmo verbo, em que se percebe uma grande diferença de sentido não situada na informação dada. De fato, observe-se que não é clara a diferença informativa entre *Ele estudou um pouco* e *Ele estudou pouco*, sendo, contudo, notável a sua diferença argumentativa. Caso se continue a primeira com *portanto vai passar no exame*, a outra deverá ser continuada com *portanto não vai passar no exame* e vice-versa.

Na Teoria dos Blocos Semânticos, Ducrot e Carel aplicam as ideias fundamentais da Teoria da Argumentação na Língua às palavras plenas, procurando mostrar que seu sentido reside nos encadeamentos discursivos a que estão associadas. Confiram-se os sentidos de *imprudente*, *temeroso*, *não temeroso* e *prudente* constituídos pela interdependência semântica entre os predicados *haver perigo* e *haver precaução*, acrescidos ou não de negação e ligados por DC (*donc* = portanto) ou por PT (*pourtant* = mesmo assim).

Considerem-se os predicados: A = PERIGO / B = PRECAUÇÃO (Carel e Ducrot, 2005, p.55-56)

(1) Perigo PT Neg-precaução (*imprudente*)

(2) Neg-perigo PT precaução (*temeroso*)

(3) Neg-perigo DC Neg-precaução (*não temeroso*)

(4) perigo DC precaução (*prudente*)

Observem-se enunciados que evocam esses aspectos:

(1) Há perigo, mesmo assim não toma precauções. (*imprudente*)
(4) Há perigo, portanto toma precauções. (*prudente*)
(2) Mesmo quando não há perigo, toma precauções. (*temeroso*)
(3) Quando há perigo, não toma precauções. (*não temeroso*)

Vejam-se, agora, as relações (Carel e Ducrot, 2005, p.55-57) que são sistematicamente estabelecidas entre os aspectos de um quadrado argumentativo, nesse caso do Bloco Semântico que relaciona PERIGO/PRECAUÇÃO:

RELAÇÃO DE TRANSPOSIÇÃO (ao menos, em todo caso / inclusive) (2) e (4) / (1) e (3)
(2) É temeroso, ou, em todo caso, prudente.
(4) É prudente, diria mais, é temeroso.

(1) Não é temeroso, inclusive diria que é imprudente.
(3) É imprudente. Ou ao menos não é temeroso.

RELAÇÃO DE RECIPROCIDADE (pelo contrário / mas também não exageremos) (1) e (2) / (3) e (4)
(1) Ele é imprudente.
(2) Pelo contrário, é temeroso.

(3) Ele não é temeroso.
(4) Bom, mas também não exageremos, é prudente.

A Teoria dos Blocos Semânticos (Carel e Ducrot, 2005) mostra o modo como os enunciados estão associados às entidades semânticas. Segundo essa teoria, o vínculo entre enunciados e entidades semânticas pode ser tanto interno quanto externo. Desse modo, toda entidade linguística possui duas argumentações: uma argumentação externa (AE) e uma argumentação interna (AI).

A argumentação externa de uma entidade *e* está constituída pelos encadeamentos que partem de *e* ou que vêm de *e*. Supondo-se que a entidade seja *prudente*, em sua argumentação externa (AE), essa palavra contém os encadeamentos que podem ser feitos **a partir** de *prudente* (*Pedro é prudente, portanto não terá acidentes. Pedro é prudente, portanto estará seguro*) ou que, a partir de outras entidades, podem **chegar** a *prudente*, como *Tem medo, portanto é prudente*. No primeiro caso, trata-se de AE à direita e, no segundo, de AE à esquerda.

Carel e Ducrot (2005, p.62-63) distinguem duas propriedades da AE de uma entidade linguística: (1) a entidade linguística é parte dos encadeamentos externos que a descrevem; (2) os aspectos pertencentes à argumentação externa serão sempre pares de encadeamentos argumentativos conversos, como *prudente DC segurança*; *prudente PT neg-segurança*.

A argumentação interna de uma entidade *e* está constituída por certo número de aspectos a que pertencem os encadeamentos que parafraseiam essa entidade *e*. São AI de *prudente*, por exemplo, os aspectos *perigo DC precaução*; *perigo DC desistir*.

Destacam Carel e Ducrot (2005, p.65) duas propriedades da AI que a diferenciam da AE: (1) os encadeamentos que formam parte da AI de *e* não contêm a *e* como segmento constitutivo, já que a AI é constituída de paráfrases. Assim, *perigo DC precaução*, que é um AI de *prudente*, não contém *prudente*; (2) se há na AI de *e* um aspecto X CON Y (prudente = perigo DC precaução) não encontraremos nessa mesma AI o encadeamento converso X CON' Neg-Y, que constituiria a AI da palavra *imprudente*, oposta a prudente (perigo PT Neg-precaução = *imprudente*).

Observam, por fim, os referidos autores (p.67) que, se na AI de uma *e* não se podem encontrar dois aspectos conversos, podem ser encontrados dois aspectos recíprocos. Entre outros exemplos (p.67), apresentam a AI de *peneira*, que estaria constituída pelos aspectos argumentativos recíprocos que a parafraseiam: fino DC passa / neg-fino DC neg-passa.

Numa síntese sobre o sentido argumentativo, não informativo, posto pela ADL desde seu início e ratificado radicalmente pela TBS, pode-se afirmar, a título de conclusão desta parte do texto, que por sentido ou significação de uma entidade linguística *e* são entendidos os aspectos que estão associados a ela. Pode-se dizer que essa entidade *e* expressa esses aspectos, que são, por sua vez, conjuntos de encadeamentos. Fica evidente, então, que o sentido ou a significação está constituído por encadeamentos, e não por informações ou pensamentos.

Por uma Teoria Polifônica da Enunciação que concebe o conteúdo como argumentativo

Esta seção tem o objetivo de apresentar, muito sinteticamente, o estado atual da Teoria Polifônica da Enunciação como concebida atualmente por Carel (2008) e Carel e Ducrot (2009), sem compará-la a fases anteriores ou a outras teorias, também polifônicas da enunciação.

A versão atual da Teoria da Polifonia mantém a ideia de que todos os enunciados têm um autor, responsável pela introdução de diversos conteúdos. Esse autor, chamado *locutor* (L), é distinto do produtor real do enunciado, dito *sujeito falante*, do qual a teoria não trata. Mantém, ainda, a ideia de que os conteúdos polifônicos dos enunciados são introduzidos pelo *locutor* com *maneiras de dizer* que são descritas pelos referidos autores (2008, 2009) por meio de dois parâmetros: a *atitude discursiva do locutor* e a *Pessoa*.

Pela *atitude discursiva*, o locutor indica o papel que dá, no discurso pelo qual é responsável, ao conteúdo introduzido. São três as atitudes, visto o conteúdo poder ser *posto*, caso em que é ilustrado, comentado ou defendido pelo locutor; *acordado*, caso em que o locutor não discute o conteúdo; e *excluído*, caso em que o conteúdo é rejeitado. Destaca Carel (2008, p.29-30) que essas atitudes do locutor têm caráter discursivo, e não psicológico. Confiram-se suas palavras:

> Insisto no fato de que não se trata de atitudes psicológicas do locutor, manifestando o que seriam diversas maneiras de crer, variáveis por seu grau ou por suas razões. As atitudes do locutor são puramente *discursivas*: elas indicam o papel que o conteúdo terá no discurso. É por marcar esse caráter discursivo e não psicológico das atitudes do locutor que preferi os termos "pôr" e "excluir" aos termos "assumir" e "recusar" que utilizei com Ducrot em Ducrot e Carel (2006).[5]

A outra *maneira de dizer* do locutor será descrita pelo parâmetro *Pessoa*, definido como os *tons* que podem ter num discurso os diferentes conteúdos, garantidos por diferentes Pessoas, que falam objetivamente, sem relativizar os conteúdos que lhes são associados. Conforme Carel (2008), entre as vozes que o locutor pode tomar estão as do locutor (L) e do interlocutor (TU), a da opinião pública (SE), a do MUNDO, que corresponderia à voz dos Fatos, da História, e, ainda, a voz do Ausente, de tom mais fraco que a do MUNDO, que é IL de enunciados como *Parece que vai fazer bom tempo* (*Il paraît qu'il va faire beau*), cujo conteúdo é *posto* e com a voz de IL, diferentemente de *Vai fazer bom tempo* (*Il va faire beau*), cujo conteúdo seria *posto* também, mas com a voz de L ou do MUNDO. Percebe-se que IL é uma voz fraca em relação a MUNDO.

Ao explicitar a diferença entre IL e o MUNDO e, consequentemente, a necessidade de incluir IL entre as Pessoas, assim se manifesta Carel (2008):

> A diferença entre IL e o MUNDO me parece de ordem retórica. Notar-se-á, nesse sentido, que somente IL pode intervir numa unidade excluída *sem que haja nela efeito irônico*. Insisto no fato de que a diferença entre IL e o MUNDO não está na capacidade de intervir numa unidade excluída. A diferença reside no efeito produzido, e não na intervenção de duas Pessoas no interior de uma unidade excluída: é possível dizer *essa parede não é branca*, mostrando uma parede branca e, desse modo, transmitir (excluído, MUNDO, [*essa parede é branca*]), mas isso será sempre compreendido como irônico (imaginar-se-á que o locutor ria de si mesmo e da segurança com que na véspera afirmara que a parede era de pedra); por outro lado, (excluído, IL, [*q*]) pode ser comunicado sem ironia – por exemplo, por ocasião de um banal emprego polifônico de *ne ... pas* (*não*).[6]

Carel (2008) mostra que conceber de maneira argumentativa o conteúdo evita dar uma estrutura de diálogo aos enunciados. Vale lembrar que o termo argumentativo compreende tanto discursos concessivos que comportam conjunções do tipo de *pourtant* (= mesmo assim) quanto discursos consecutivos que comportam conjunções do tipo de *donc* (= portanto). Nessa perspectiva, associam-se às Pessoas argumentações, mais especificamente, aspectos argumentativos.

Constitui-se, assim, o tripé que contém os elementos da significação que são: uma atitude do locutor do enunciado; um conteúdo argumentativo (representado por encadeamentos em DC ou em PT que marcam não a associação de duas noções independentes, mas a interdependência semântica de duas entidades linguísticas; em que cada uma significa por meio da outra) e uma Pessoa, instância que como as outras duas não é do tipo referencial, não podendo, portanto, ser vista como uma alusão a indivíduos, marcando, nas palavras de Carel e Ducrot (2009, p.44), "unicamente certo modo de garantir o dito, certo tom para apresentá-lo, e a exigência de um tom particular para refutá-lo".[7]

Análise argumentativa e polifônica da palavra *pecar* no poema "A Jesus Cristo Nosso Senhor", de Gregório de Matos

Com base em conceitos e princípios da TBS, fase atual da ADL, e especialmente da Teoria Polifônica da Enunciação (Carel e Ducrot, 2009; Carel, 2008), que considera em sua matriz de sentido, a atitude do locutor frente ao conteúdo, a Pessoa que garante esse conteúdo e, principalmente, a concepção argumentativa do conteúdo, se fará a seguir uma análise argumentativa e polifônica de "pecar", no poema "A Jesus Cristo Nosso Senhor", de Gregório de Matos (1967).

> Pequei, Senhor; mas não porque hei pecado,
> da vossa alta clemência me despido;
> porque, quanto mais tenho delinquido,
> vos tenho a perdoar mais empenhado.
>
> Se basta a vos irar tanto pecado,
> a abrandar-vos sobeja um só gemido:
> que a mesma culpa, que vos há ofendido
> vos tem para o perdão lisonjeado.
>
> Se uma ovelha perdida, e já cobrada
> Glória tal e prazer tão repentino
> vos deu, como afirmais na sacra história,
>
> Eu sou, Senhor, a ovelha desgarrada,
> cobrai-a; e não queirais, pastor divino,
> perder na vossa ovelha a vossa glória.

Observaremos, na análise do poema, os seguintes procedimentos:

a) o texto será dividido em trechos, segundo o critério de que contenham um discurso argumentativo (dois predicados passíveis de serem relacionados por DC ou PT);
b) após a leitura dos enunciados de cada trecho, será identificado o encadeamento argumentativo que as relações linguístico-discursivas permitem evocar e explicitado o aspecto do bloco nele expresso;
c) será, então, construído o quadrado argumentativo, que contém os aspectos normativos e transgressivos, com as relações de reciprocidade, conversão e transposição que se podem estabelecer entre eles, com vistas à análise argumentativa e polifônica dos discursos;
d) a partir das relações identificadas, será feito o resumo argumentativo do texto, mostrando a sequência dos aspectos expressos no transcorrer do discurso, cada um representado por uma Pessoa, e uma análise sobre as atitudes do locutor frente aos conteúdos argumentativos.

Trecho 1

Pequei, Senhor; mas não porque hei pecado,
da vossa alta clemência me despido;
porque, quanto mais tenho delinquido,
vos tenho a perdoar mais empenhado.

Do trecho 1, é possível evocar o bloco semântico 1 que relaciona: **pecar/punir** e o bloco semântico 2 que relaciona **pecar/perdoar**. Observe-se que são dois blocos contrários: o primeiro constituindo um sentido não estranho à língua, uma vez que *pecar* se caracteriza por prever punição como decorrência, e o outro constituindo um sentido estranho à língua, em que *pecar* é caracterizado por induzir ao perdão. Esse segundo sentido é criado no contexto linguístico do discurso analisado. Confiram-se os dois sentidos e os aspectos argumentativos de cada quadrado argumentativo.

BS1 pecar/punir (mais pecar mais ofender)

(1) **pecar DC punir**

(2) não pecar DC não punir

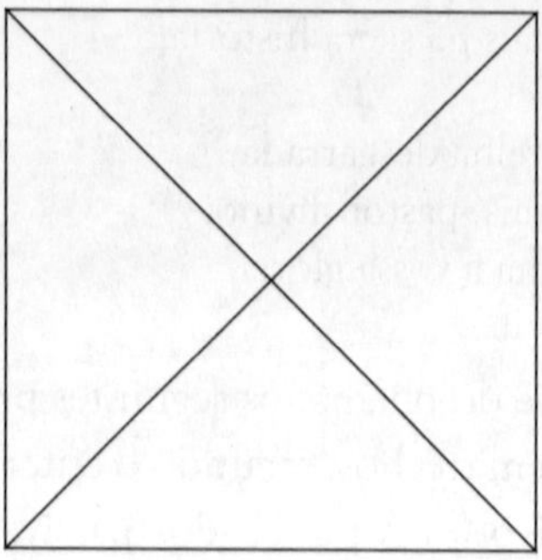

(3) não pecar PT punir

(4) **pecar PT não punir**

BS2 pecar/perdoar (mais pecar mais empenhar em perdoar)

(1) **pecar DC perdoar**

(2) não pecar DC não perdoar

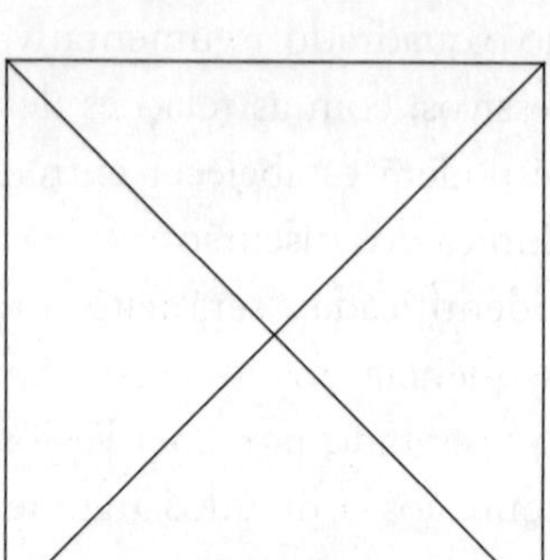

(3) não pecar PT perdoar

(4) pecar PT não perdoar

Esses dois sentidos de **pecar** são explicitados nos dois últimos versos da estrofe seguinte: *que a mesma culpa, que vos há ofendido/vos tem para o perdão lisonjeado.*

Trata-se do sentido de **pecar que ofende** e do sentido de **pecar que glorifica.**

Constituindo, agora, os tripés da significação (atitude do locutor diante do conteúdo, Pessoa e conteúdo argumentativo), conforme se mencionou antes, pode-se afirmar que:

a) o locutor exclui o conteúdo argumentativo *pecar DC ofender, pecar DC punir,* conteúdo garantido pela Pessoa dita MUNDO;

b) o conteúdo argumentativo *pecar PT não ofender; pecar PT não punir* é posto pelo locutor e garantido por ele mesmo;

c) o conteúdo argumentativo *pecar DC empenhar em perdoar; pecar DC glorificar* é posto pelo locutor, garantido primeiramente pelo TU, como se verifica na estrofe: *Se uma ovelha perdida, e já cobrada/ Glória tal e prazer tão repentino/ vos deu, como afirmais na sacra história,* sendo, posteriormente, posto e garantido pelo locutor, como se pode constatar nos versos: *Eu sou, Senhor, a ovelha desgarrada, /cobrai-a; e não queirais, pastor divino,/ perder na vossa ovelha a vossa glória.* Note-se que esses últimos versos evocam, respectivamente, os encadeamentos argumentativos conversos do BS2 *pecar DC perdoar* e *pecar PT não perdoar.*

Note-se que *pecar* aparece no poema com o sentido argumentativo que o MUNDO garante e, também, com o sentido contrário que o discurso cria, e que o locutor garante. No primeiro caso, *glorificar* o Senhor implicaria *não pecar*; no segundo, *glorificar* o Senhor implicaria *pecar.*

Considerações finais

Percebe-se, então, que estão presentes no poema dois sentidos argumentativos contrários de *pecar*: o garantido pelo MUNDO, rejeitado pelo locutor, que pode constituir argumentações externas como *pecar DC não glorificar o Senhor; pecar DC desobedecer ao Senhor; pecar DC punir; pecar DC afastar-se do Senhor* e o sentido posto pelo locutor e por ele garantido *pecar PT não punir; pecar PT não se afastar do Senhor* e, mais até, *pecar DC glorificar o Senhor,* na medida em que *pecar* empenha em mais *perdoar,* em que é estabelecida pelo discurso uma interdependência semântica inusitada entre pecado e clemência, uma influenciando o sentido da outra.

O poema permite criar uma imagem de um locutor que foge ao comportamento doxal, uma vez que, confessando-se pecador, ele não desiste da clemência de Deus:

rejeita o conteúdo argumentativo *pecar DC punir*, garantido pelo *MUNDO*; põe e garante ele mesmo o conteúdo oposto *pecar PT não punir*. Indo mais além, põe o conteúdo argumentativo expresso pelo encadeamento normativo paradoxal *pecar DC perdoar* do bloco contrário ao expresso no encadeamento argumentativo normativo *pecar DC punir*, pois entende que para a glória do Senhor o pecado é necessário, uma vez que, sem ele, nem perdão, nem glória.

Notas

1 "DC", abreviatura de *donc*, em francês, corresponde a *portanto, por isso, então*, etc.

2 "PT", abreviatura de *pourtant*, em francês, corresponde a *no entanto, mas, mesmo assim*, etc.

3 "N'exprimant que des blocs, les enchaînements argumentatifs ne sont pas des démonstrations, aussi floues ou incertaines qu'on voudra. Argumenter consiste seulement à convoquer des blocs lexicaux et à se prétendre cohérent avec eux: si les enchaînements en *donc* peuvent prendre une éventuelle force persuasive, c'est uniquement parce qu'ils expriment des lieux communs."

4 Em (1_{trans}), trans abrevia a palavra transgressiva.

5 "J'insiste sur le fait qu'il ne s'agit pas d'attitudes psychologiques du locuteur, manifestant ce qui serait diverses manières de croire, variables par leur degré ou leurs raisons. Les attitudes du locuteur sont purement *discursives*: elles indiquent le rôle qu'aura le contenu dans le discours. C'est pour marquer ce caractère discursif et non psychologique des attitudes du locuteur que j'ai préféré les termes «poser» et «exclure» aux termes «prendre en charge» et «refuser» que j'utilisais avec Ducrot dans Ducrot et Carel (2006)."

6 "La différence entre IL et le MONDE me semble d'ordre rhétorique. On notera dans ce sens que seul IL peut intervenir dans une unité exclue *sans qu'il y ait d'effet ironique*. J'insiste sur le fait que la différence entre IL et le MONDE n'est pas dans la capacité à intervenir dans une unité exclue. La différence est dans l'effet produit par l'intervention des deux Personnes à l'intérieur d'une unité exclue: il est possible de dire *ce mur n'est pas blanc* en montrant un mur blanc et d'ainsi transmettre (exclu, MONDE, [*ce mur est blanc*]) mais cela sera toujours compris comme ironique (on imaginera que le locuteur se moque de lui-même et de l'assurance avec laquelle la veille il avait affirmé que le mur était en pierres); par contre, (exclu, IL, [*q*]) peut être communiqué sans ironie - par exemple à l'occasion d'un banal emploi polyphonique de *ne...pas*."

7 "Elle marque seulement une certaine façon de garantir le dit, un certain ton pour le présenter, et l'exigence corrélative d'un ton particulier pour le réfuter."

Bibliografia

ANSCOMBRE, Jean-Claude; DUCROT, Oswald. *L'argumentation dans la langue*. Bruxelles: Mardaga, 1983.

ARISTÓTELES. *Retorica*. Madrid: Instituto de Estudios Políticos, 1953.

CAREL, Marion. Pourtant: argumentation by exception. *Journal of Pragmatics*, v.24, p.167-188, 1995.

_____. L'argumentation dans le discours: argumenter n'est pas justifier. *Letras de Hoje*, Porto Alegre, PUCRS, v.32, n.1, p.23-40, março 1997.

_____. Polyphonie et argumentation. In: BIRKELUND, M.; MOSEGAARD HANSEN, M.-B.; NOREN, C. (org.). *L'énonciation dans tous ses états. Mélanges offerts à Henning Nølke*. Bern, Berlin, Bruxelles, Frankfurt am Main, New York, Oxford, Wien: Peter Lang, 2008. p.29-46.

_____. Polifonia e argumentação. *Desenredo*. Rev. do Programa de Pós-Graduação em Letras da Univ. de Passo Fundo, v.6, n.1, p.22-36, jan./jun.2010.

CAREL, Marion; DUCROT, Oswald. Le problème du paradoxe dans une sémantique argumentative. *Langue Française*, Larousse, n.123, p. 6-26, sept. 1999a.

_____. Les propriétés linguistiques du paradoxe: paradoxe et négation. *Langue Française*, Larousse, n.123, p.27-40, sept. 1999b.

_____. *La semántica argumentativa*: una introducción a la Teoría de los Bloques Semánticos. Buenos Aires: Colihue, 2005.

_____. Descrição argumentativa e descrição polifônica: o caso da negação. *Letras de Hoje*, Porto Alegre, PUCRS v.43, n.1, p.7-18, jan./mar. 2008.

_____. Mise au point sur la polyphonie. *Langue Française*, n.164, p.33-44, 2009.

_____. Atualização da polifonia. *Desenredo*: Rev. do Programa de Pós-Graduação em Letras da Univ. de Passo Fundo, v.6, n.1, p.9-21, jan./jun.2010.

DUCROT, Oswald. *Le dire et le dit*. Paris: Minuit, 1984.

_____. *Polifonía y argumentatión*. Cali: Universidad del Valle, 1990.

_____. La pragmatique et l´étude sémantique de la langue. *Letras de Hoje*, Porto Alegre, PUCRS, v.32, n.1, p.9-21, mar. 1997.

_____. Os "topoi" na Teoria da Argumentação na Língua. *Rev. Brasileira de Letras*, v.1, n.1, p.1-11, jul.1999.

DUCROT, Oswald; CAREL, Marion. Description argumentative et description polyphonique: le cas de la négation. *Recherches Linguistiques*, n.28 (Les sens e ses voices), Metz, p.215-243, 2006.

_____. Descrição argumentativa e descrição polifônica: o caso da negação. *Letras de Hoje*, Porto Alegre, PUCRS v.43, n.1, p.7-18, jan./mar. 2008.

MATOS, Gregório de. *Poesia barrôca*. São Paulo: Melhoramentos, 1967.

Semântica Argumentativa: a Teoria e seu potencial para a pesquisa e o ensino

Tânia Maris de Azevedo

Argumentar talvez seja uma forma de aproximar a língua da expressão plena das ideias. Se não o for, é, certamente, a mais utilizada estratégia para buscar tal aproximação. Desde o choro insistente e cada vez mais intenso do bebê até os mais elaborados e eloquentes sermões, a argumentação é uma das mais eficazes "armas" de interlocução de que o ser humano dispõe para fazer o outro agir ou reagir.

E mais: a argumentação é, segundo o que veremos aqui, constitutiva do sentido de tudo o que dizemos por meio de uma dada língua. Ou seja, só podemos dizer o que dizemos e, com isso, fazer nosso interlocutor[1] reagir, porque o que dizemos é essencialmente argumentativo, tem a argumentação inscrita no próprio sistema linguístico que usamos para dizer.

No intuito de tornar mais compreensível essa complexa rede de inter-relações argumentativas que constitui a língua e de apontar caminhos para a pesquisa linguística e para o ensino de línguas por meio da semântica argumentativa, serão resumidamente expostos neste texto os pressupostos fundantes da *Teoria dos Blocos Semânticos* CTBS – versão atual da *Teoria da Argumentação na Língua* – TAL) e o modelo teórico-metodológico para a descrição do sentido do discurso pela semântica argumentativa (Azevedo, 2006), criado justamente na tentativa de aplicar essa teoria à pesquisa e ao ensino, bem como alguns resultados da aplicação desse modelo.

Teoria dos Blocos Semânticos: pressupostos de base

Antes de explicitar os pressupostos fundantes da TBS, um esclarecimento se faz necessário sobre o método defendido pelos criadores da TAL para formular a própria teoria.

Oswald Ducrot (1987) afirma que o método capaz de permitir ao linguista a descrição semântica de uma língua é a *simulação*. Esse método, segundo o semanticista, conduz à elaboração de dois tipos de hipótese: (a) as *hipóteses externas* (HE), que nada mais são do que o aporte teórico por meio do qual o fenômeno escolhido como objeto de estudo é observado; e (b) as *hipóteses internas* (HI), referentes à própria construção da teoria para descrever e explicar o fenômeno observado. A formulação das hipóteses internas, consoante Ducrot (Anscombre e Ducrot, 1994), requer criar entidades abstratas, estabelecer sua correspondência com os observáveis e construir um aparato formal que possibilite calcular, entre entidades abstratas, relações semelhantes àquelas postuladas entre os observáveis correlativos.

É importante salientar que as hipóteses internas implicam as externas, o que Ducrot (1987, p.51) chama seu *custo teórico*: "em se admitindo tal hipótese interna, deve-se admitir tal hipótese externa; em se admitindo tal modelo, devem-se ver os fenômenos linguageiros de tal forma; ou ainda, tal teoria implica tal viés na observação".

Pois bem, esclarecimentos feitos, vamos às hipóteses internas (HI) da TAL, em sua versão mais recente, a TBS, e, ao explicitá-las, obviamente serão mencionadas algumas de suas hipóteses externas.

O pressuposto primeiro (HI1) da TBS é o de que *a argumentação está na língua*, sendo *argumentação*[2] definida por Ducrot e Carel (2008, p.9) como:

> [...] uma sequência de dois enunciados ligados por um conector: um desses enunciados é o suporte, o antecedente, o anterior, da conexão; o outro é o aporte, o consequente, o posterior (não é a posição geográfica do enunciado no encadeamento que define essa função; "está chovendo" é suporte tanto em "está chovendo, no entanto vou sair" quanto em "vou sair, mesmo que chova").

Para compreender melhor esse primeiro pressuposto da TBS, faz-se necessária uma incursão pela teoria que constitui a principal hipótese externa da TAL, a linguística da Ferdinand de Saussure.

Ducrot tem reiterado ao longo de seus estudos que a TAL filia-se radicalmente aos postulados de Saussure e que o pressuposto fundador da Teoria, assim como todas as suas versões, tem por finalidade primeira a fidelidade à linguística saussuriana, chegando a dizer explicitamente que a TAL é "uma aplicação do estruturalismo saussuriano à semântica linguística" (Ducrot, 2005a, p.11).

De acordo com Ducrot (2005a, p.11), essa "aplicação" se justifica na medida em que, para Saussure: (a) "o significado de uma expressão reside nas relações dessa expressão com outras expressões da língua"; e (b)

> o significado de um signo não tem nenhuma relação com o referente do signo nem com um conceito psicológico que os usuários do signo teriam na cabeça. O significado de um signo não está constituído por coisas ou por ideias, mas pelas relações do signo com outros signos: sua ordem é puramente linguística.

Conforme Ducrot (2005a), em Saussure, a noção de *relação* de um signo com outros é relativamente vaga, sendo esse o motivo de a TAL propor como relações semanticamente pertinentes as argumentativas, nos parâmetros da TBS, os encadeamentos argumentativos em *donc* e em *pourtant* entre um signo e outro. Dito de outro modo, para a TAL, os encadeamentos em *donc* ou em *pourtant* possíveis de serem produzidos depois de um signo ter sido enunciado constituem sua significação.

Eis, portanto, a razão de a TAL sustentar que a argumentação, constitutiva da significação das entidades linguísticas, está inscrita no próprio sistema linguístico e que

> os encadeamentos em *portanto* [e em *no entanto*, pela TBS], encadeamentos argumentativos, não se baseiam na informação que os segmentos encadeados levam consigo. Assim, se é possível dizer *o hotel está próximo, portanto é fácil chegar*, isso não é porque *próximo* carregue em si a informação *é fácil chegar aí*, mas porque essa palavra significa em si mesma *portanto é fácil chegar aí*. (2005a, p.12).[3]

A hipótese *a argumentação está na língua* pressupõe ainda, para seu pleno entendimento, a oposição metodológica estabelecida por Ducrot (1984) entre *material linguístico* e *realização linguística* e cuja base está na oposição saussuriana *língua/fala*.

Segundo Ducrot (1987), a oposição *língua/fala*, em Saussure, tem duas funções: (a) *metodológica*, que diz respeito à distinção entre o objeto construído pelo pesquisador e o dado para o qual o objeto deve possibilitar uma explicação; e (b) *material*, no sentido de que é interior ao dado.

Para o semanticista,

> a língua constitui-se, então, de algumas relações – observáveis ou por introspecção, ou por uma espécie de estudo distribucional – entre os elementos da linguagem. Quanto aos fatos de fala, são outros [os] dados observáveis, a saber, os acontecimentos históricos que são os diversos atos de comunicação efetivamente realizados. [...] Queremos dizer que o objeto teórico "língua" não pode ser construído sem fazer-se alusão à atividade de fala. (Ducrot, 1987, p.64 – Artigo publicado em 1978).

Mantendo o que disse Azevedo (2006), Ducrot (1984) define, então, *material linguístico* como correspondente à *língua* saussuriana, uma espécie de conjunto sistêmico de entidades abstratas, o qual persiste nos múltiplos e diferentes empregos que o falante faz de uma dada língua. Opostamente, *realização linguística*, equivalente à *fala* em Saussure, é definida como o que pode ser observado pelo pesquisador, uma vez que é a manifestação, a concretização, pelas produções do falante, daquelas estruturas que constituem o *material linguístico* do qual ele dispõe para suas interlocuções consigo mesmo, com os outros e com o mundo.

A partir dessa oposição, Ducrot, na mesma obra, define *frase/enunciado*, *texto/discurso*, *sentido/significação* e os níveis, *simples* e *complexo*, da realização linguística, conceitos fundamentais para a compreensão não só da TBS mas inclusive do que é proposto por Azevedo (2006) para a descrição semântica do discurso. Vejamos, então, esses conceitos.

Ducrot (1984) define (a) *frase* e, analogamente, *texto*, como o *material linguístico*, a entidade abstrata, de nível teórico-metodológico, criada pelo linguista[4] para descrever o sentido dos enunciados de uma língua, pois *frase* assume o *status* de estrutura que subsiste às diferentes realizações que dela faz o *enunciado*; e (b) *enunciado*, como manifestação *datada*, *circunstancial* (isto é, produzida pelos falantes em um tempo-espaço determinado), entidade concreta, realidade empírica, uma das múltiplas possibilidades de realização da *frase*.

Para que se possa referir aqui à distinção feita pela TAL entre *significação* e *sentido*, é preciso voltar ao conceito de *valor* em Saussure, pois é dele que Ducrot e Anscombre partem para falar em *valor semântico da frase* (a *significação*) e *valor semântico do enunciado* (o *sentido*), e Ducrot e Carel (pela TBS) para falar em *argumentação interna* e *argumentação externa*.

Saussure define *língua* como um sistema de signos e diz que o *valor* de um signo é dado pela oposição deste aos outros signos que constituem o sistema, numa oposição negativa, isto é, um signo é o que os outros não são;[5] este é seu *valor negativo* e *relativo*.

Ducrot, nas duas primeiras versões da TAL, com base no conceito saussuriano de *valor*, atribui à *frase* e ao *enunciado* um *valor semântico*; e, segundo ele mesmo (Ducrot, 1984) chama, arbitrariamente, de *significação* o valor semântico das entidades linguísticas abstratas, a *frase* e o *texto*, e de *sentido* o valor semântico das entidades linguísticas concretas, o *enunciado* e o *discurso*.

Já, no âmbito da TBS, concebendo o valor saussuriano do signo como um "conjunto de relações entre signos", Ducrot e Carel (2008, p.9) afirmam ser os *encadeamentos argumentativos* ou as *argumentações* "as relações entre signos que estão na base de todo significado, e que são como os átomos da significação". Ducrot (2006) diz que as argumentações que constituem o sentido de uma entidade linguística podem ser a ela vinculadas pela língua de forma *externa* e *interna*, e estas são as duas formas do *valor argumentativo*.

O *valor externo* (ou *argumentação externa*) consiste em encadeamentos cuja própria entidade linguística é um dos componentes e constituem dois tipos de prolongamentos, à direita ou à esquerda, dessa entidade. No exemplo dado pelo próprio autor (Ducrot, 2006, p.157), o valor externo à esquerda de *X perdoou Y* será "X ama Y, portanto X perdoou Y", transgressivamente, "X não ama Y, no entanto X perdoou Y", e o valor externo à direita de *X perdoou Y* será "X perdoou Y, portanto X não puniu Y" e, em seu aspecto transgressivo, "X perdoou Y, no entanto X puniu Y".

Por outro lado, a forma *interna* pela qual um encadeamento é associado a uma entidade linguística consiste numa espécie de paráfrase ou de reformulação, forma em que a própria entidade não constitui o encadeamento. De volta ao mesmo exemplo de Ducrot (op. cit., p.157), a argumentação interna de *X perdoou Y* será um encadeamento do tipo de "X pensa que Y lhe fez mal, no entanto X não quer mal a Y".

Não é possível falar de valor argumentativo na TAL sem que se trate, mais uma vez sumariamente, da concepção polifônica do sentido,[6] ou da também chamada *Teoria da Polifonia*, igualmente desenvolvida por Ducrot, Anscombre e Carel.

O conceito de *polifonia* aparece pela primeira vez na teoria de Ducrot no capítulo I de *Les mots du discours* (1980), mas é em *O dizer e o dito* (1987) que ele realmente formula sua *Teoria da Polifonia*, desenvolvendo e/ou revendo os postulados apontados na obra de 1980.

Ao questionar a existência de um ser único como autor do enunciado e como responsável pelo que nele é dito (o que é afirmado por outras teorias linguísticas), Ducrot (1987) demonstra que a descrição da enunciação,[7] constitutiva do sentido do enunciado, contém (ou pode conter) a atribuição à enunciação de um ou vários sujeitos que seriam a sua origem. Assim sendo, sua tese é a de que é preciso distinguir entre esses sujeitos pelo menos dois tipos de personagens: os enunciadores e os locutores. Daí a ideia de que um enunciado é *polifônico*, isto é, tem seu sentido constituído por *várias vozes*, por *vários pontos de vista*.

A TBS, conforme Ducrot e Carel (2008), mantém a concepção polifônica de que o locutor[8] tem dois tipos de relação com os enunciadores que ele põe em cena em seu enunciado, e que são as origens dos pontos de vista expressos: (a) o locutor *assimila* os enunciadores a seres determinados ou indeterminados;[9] e (b) o locutor adota as atitudes de *assumir*, *concordar* ou *se opor* aos enunciadores. No entanto, a TBS reformula essa concepção ao estabelecer que os pontos de vista expressos pelos enunciadores são constituídos apenas de encadeamentos argumentativos.

Voltando às atitudes do locutor frente aos enunciadores que atualiza em seus enunciados, Ducrot e Carel (2008, p.8) dizem que: (a) ao *assumir* um enunciador, o locutor busca impor "o ponto de vista do enunciador enquanto ponto de vista da personagem à qual o enunciador é assimilado"; (b) ao *concordar* com um enunciador – caso em que, normalmente, o enunciador é origem de um pressuposto[10] –, o locutor proíbe-se de refutar, no restante do discurso, o ponto de vista desse enunciador; e (c) ao se *opor* ao enunciador de um ponto de vista – "como faz o locutor de um enunciado negativo em relação ao que seria dito no enunciado positivo correspondente" –, o locutor descreve a enunciação como o proibindo de, no discurso ulterior, assumir esse enunciador ou concordar com ele.

Pela TBS, então, a descrição polifônica faz-se pela assimilação do locutor aos enunciadores que põe em cena em seus enunciados, pelas atitudes do locutor em relação a esses enunciadores e pelos encadeamentos argumentativos que constituem os pontos de vista, expressos pelos enunciados, cuja origem são os enunciadores.

Ainda no sentido de tornar claros os conceitos sobre os quais a TAL e o modelo proposto por Azevedo (2006) se desenvolvem, é preciso voltar às palavras de Ducrot (1984) para tratar dos níveis em que a realização linguística acontece.

Neste texto, o autor afirma que a *realização linguística* – seja ela entendida como *o que é realizado* (o *enunciado* ou o *discurso*), como *acontecimento* (a *enunciação*), ou ainda como *o processo de produção* (a *atividade linguística*) – ocorre em dois níveis: (a) o nível *elementar*, do qual fazem parte a *frase* e o *enunciado*; e (b) o nível *complexo*, constituído pelo *texto*, como sequência[11] de frases, logo, igualmente compreendido como entidade abstrata subjacente aos discursos realizados, e pelo *discurso*, como sequência de enunciados interligados, por isso, também concebido como entidade concreta, manifestação/realização do *texto*.

Convém esclarecer que, como diz Azevedo (2006, p.120), não é a quantidade de enunciados, mas a forma como se relacionam que faz de um discurso uma realização linguística de nível complexo, "uma organização semanticamente sistêmica, quer pela intrincada rede de relações que a configura, quer pela unicidade que essa rede lhe confere".

Feitos os esclarecimentos e as incursões teóricas mínimas para a compreensão do pressuposto de base da TAL, convido o persistente e paciente leitor a seguir comigo pelas demais hipóteses internas da Teoria, as quais são as hipóteses externas do modelo de Azevedo (2006), bem como pelas hipóteses internas do referido modelo para a descrição semântica do discurso.[12]

Descrição semântica do discurso: modelo teórico-metodológico

Passo, agora, a apresentar as hipóteses externas (HE) e internas (HI) do modelo teórico-metodológico de Azevedo (2006) para a descrição do sentido do discurso. Com efeito, é necessário ter sempre em conta que as hipóteses externas do modelo nada mais são do que os pressupostos de base da *Teoria dos Blocos Semânticos* e da *Teoria da Polifonia*, ou seja, da *Teoria da Argumentação na Língua* na sua versão mais recente.

Convém lembrar ao leitor que a hipótese **HE1** do modelo é a HI1 da TAL – *a argumentação está na língua* – tratada logo no início do tópico anterior e, por isso, não explicada aqui novamente.

A segunda hipótese externa do modelo, **HE2**,[13] assume a seguinte configuração: *o sentido de uma entidade linguística concreta pode ser descrito em termos de encadeamento argumentativo, este composto de dois segmentos, um suporte e um aporte, os quais mantêm entre si uma relação de interdependência semântica expressa por um conector do tipo de* donc *ou do tipo de* pourtant. Elaborada no que concerne às entidades linguísticas abstratas, tem-se HE2 como: *a significação de uma entidade linguística abstrata pode ser descrita pela inter-relação de dois conceitos que formam um bloco semântico, unitário e indivisível.*

De acordo com Carel (1998), apenas conjuntamente os dois segmentos de um encadeamento argumentativo têm sentido. O que a autora considera fundamental é que

> os dois segmentos de um encadeamento com *pourtant* compartilham com os dois segmentos de um encadeamento com *donc* a propriedade de ser interpretáveis somente de forma conjunta: da mesma forma que o encadeamento com *donc*, é o encadeamento com *pourtant* o que tem sentido, e não os segmentos que esse conector une. (Carel, 1998, p.269 – grifos da autora)

Carel, nesse mesmo artigo, assinala que o que há de comum entre *X DC Y* e *X PT neg-Y* é o fato de ambos os encadeamentos serem duas realizações diferentes de um mesmo *bloco semântico*, unitário e indivisível; e é por meio dessa entidade abstrata, o bloco semântico, que o sentido das entidades concretas de uma língua (o *enunciado* e o *discurso*) pode ser descrito.

Sob essa perspectiva, o *encadeamento* é, então, uma sequência de dois segmentos interligados por um conector, normativo ou transgressivo, que realiza uma entidade semântica unitária: o *bloco semântico*, este, em última análise, como expressão do valor semântico de uma entidade linguística concreta como o *enunciado* e/ou o *discurso*.

Resultante de HE1 e de HE2, a hipótese **HE3** do modelo é assim enunciada: *o valor semântico de uma entidade linguística abstrata (sua significação) deverá ser descrito a partir do valor semântico (do sentido) de pelo menos uma das entidades linguísticas concretas que a realizam.*

Depois de tudo o que já foi dito aqui sobre o conteúdo dessa hipótese, sobre sua filiação à oposição metodológica *langue/parole* de Saussure, resta somente relembrar ao leitor que, segundo HE3, a descrição semântico-linguística de uma frase ou de um texto só poderá ser feita a partir da descrição do sentido dos enunciados ou dos discursos respectivos de uma dada língua.

Imbricadas em HE3 podem ser percebidas duas sub-hipóteses: **HE3.1**, *a significação de uma entidade abstrata, seja ela de nível elementar ou complexo, corresponde às possibilidades de formação de blocos semânticos que essa entidade é capaz de gerar*; e **HE3.2**, *o sentido de uma entidade concreta, de nível elementar ou complexo, equivale aos encadeamentos argumentativos por ela realizados desde os blocos semânticos inscritos/previstos no sistema linguístico.*

Essas duas sub-hipóteses, nas palavras de Azevedo (2006, p.133-134),

> confirmam a característica fundamental de um sistema linguístico, a recursividade estrutural a ser explicitada se se quer descrever esse sistema do ponto de vista semântico. Como pensava Saussure, a *langue* normatiza, regula a *parole*, que, por sua vez, redefine e faz evoluir a própria *langue*. Reconheço na proposta da Semântica Argumentativa essa mesma recursividade: pela observação das entidades concretas (o *enunciado*, o *encadeamento*, o *discurso*), pelo que é efetivamente produzido pelos falantes de uma dada língua é que o semanticista pode – criando entidades abstratas que simulem tal produção (a *frase*, o *bloco*, o *texto*), estruturas que se mantêm constantes ao longo das diferentes realizações que delas fazem as entidades concretas – descrever semanticamente esse sistema. Em termos saussurianos, é pela *fala* que se chega a descrever a *língua*.

Dito isso, é hora de apresentar as hipóteses internas do modelo de descrição semântica do discurso (cf. Azevedo, 2006) com base nesse conjunto de hipóteses externas.

Tendo por fundamento primeiro o conteúdo de HE1 – a saber, que a língua traz inscrita, prevista em si, a argumentação –, a primeira hipótese interna para a descrição do sentido dos discursos de uma língua pode ser assim expressa: **HI1** – *a* Teoria da Argumentação na Língua (TAL) *fornece mecanismos para a descrição de entidades linguísticas complexas como o* texto *e o* discurso.

O exposto até aqui demonstra que a evolução da TAL, mais especificamente com a elaboração da *Teoria dos Blocos Semânticos*, não significou o abandono ou a negação de todos os pressupostos e conceitos das versões anteriores. Essa ideia foi a base da ampliação dos limites da descrição semântica proposta pela TAL para além do enunciado. Por outras palavras, as "ferramentas" criadas por essa Teoria são perfeitamente capazes de viabilizar a descrição semântica de entidades complexas como o *discurso*. (Embora em textos mais recentes Ducrot e Carel, como exemplos de suas teorizações, já tenham apresentado algumas descrições semânticas de discursos e tenham utilizado mais em suas formulações teóricas o conceito *discurso*, penso que o modelo proposto por Azevedo e já testado[14] mantenha sua validade e viabilidade.)

A primeira dessas ferramentas é o par de conceitos *encadeamento argumentativo/bloco semântico*, e a segunda é a *concepção polifônica do sentido*, com os conceitos de que faz uso.

Como já dito, a TBS passou a ver o *encadeamento argumentativo* como: (a) a inter-relação semântica de dois segmentos interligados por um conector sob o aspecto normativo ou sob o aspecto transgressivo; (b) como a realização de uma entidade indivisível, o *bloco semântico*. Decorre daí o fato de a argumentação deixar de ser concebida como uma justificação – à semelhança de uma demonstração matemática e, portanto, ainda ligada à vericondicionalidade – para ser vista como puramente linguística, representando tão só "as restrições nas quais nos encerra o discurso, e as possibilidades que nos abre" (Carel, 1998, p.296). *Argumentar*, desde a TBS,[15] consiste em constituir encadeamentos de duas proposições ligadas implícita ou explicitamente por um conector do tipo de *donc* ou do tipo de *pourtant*. Esses encadeamentos, sejam eles constituídos sob o aspecto normativo ou transgressivo, realizam blocos semânticos.

Pois bem, o que proponho (e que está na base da formulação de HI1) é que essa mesma entidade semântica (o *bloco*) que é atualizada pelos enunciados (como entidades concretas pertencentes ao nível simples da realização linguística) de uma língua seja também atualizada pelos discursos (como entidades igualmente concretas, porém pertencentes ao nível complexo da realização linguística) dessa mesma língua. Dito de outro modo, acredito que o *discurso* realize linguisticamente um *texto*, entidade abstrata (tal qual a *frase*, só que também pertencente ao nível complexo da realização linguística) e que poderia ser traduzida em um *bloco semântico*.

O segundo conceito da TAL que serve de "ferramenta" para a proposta de descrição das entidades linguísticas complexas é o conceito de *polifonia* e a correspondente concepção polifônica do sentido.[16]

Ducrot, ao longo de seus estudos, sempre sustentou a tese de que os enunciados são polifônicos, no sentido de que põem em cena, por meio de um locutor, várias vozes, vários pontos de vista aos quais ele chamou *enunciadores*. Com efeito, se a argumentação está prevista na língua, determinando, portanto, a significação de suas entidades, o sentido de um enunciado, desde essa perspectiva, é descrito pela posição que o locutor assume em relação aos vários pontos de vista que atualiza por meio do enunciado.

Se a concepção polifônica é válida para o *enunciado*, por certo, o é também para o *discurso*. Intuitivamente, percebe-se que todo discurso apresenta diversos pontos de vista, mas, em geral, há um posicionamento em defesa de uma dessas perspectivas. Ora, se é assim, a concepção polifônica pode servir como critério para pôr à mostra o enunciador (o ponto de vista) assumido pelo locutor do discurso, explicitando, dessa forma, o encadeamento argumentativo que realiza esse enunciador e, consequentemente, o bloco semântico convocado/atualizado pelo discurso.

Para que toda essa complexidade seja mais bem compreendida, passemos às demais hipóteses internas da descrição do sentido do discurso.

A associação da *Teoria dos Blocos Semânticos* e da *Teoria da Polifonia* para a descrição semântica do discurso tornou viável propor a segunda hipótese interna **HI2:** *o valor semântico do* texto, *enquanto entidade abstrata subjacente aos discursos produzidos, pode ser descrito em termos de* bloco, *a partir do valor semântico dos discursos que realizam* o texto, *isto é, desde os encadeamentos argumentativos que atualizam os blocos semânticos previstos no sistema linguístico.*

Ducrot (1984, p.375-381), ao distinguir explicitamente *texto* de *discurso*, afirma que o sentido do *discurso* contém o sentido de cada um dos enunciados que o compõem e ressalta que essa afirmação decorre da própria definição de *enunciado* como produto de um ato de enunciação, logo, como objeto de "empenhamento" por parte do locutor do discurso. No entanto, conforme o autor, há mais do que isso no sentido do *discurso*: a própria ordem em que os enunciados aparecem num discurso é responsável pelo movimento e pela organização desse discurso, possuindo também ela um valor semântico. Ducrot alerta, ainda, para o fato de que não é a soma dos sentidos dos enunciados de um discurso que vai redundar no seu sentido global, já que a reunião de vários enunciados sugere (ou mesmo impõe) determinado sentido que pertence à totalidade do discurso, e não a nenhum de seus enunciados em particular. Além disso, pode ocorrer que, numa sequência de enunciados, o segundo imponha um outro sentido ao primeiro, já descrito, ou seja, que um enunciado posterior faça com que o(s) enunciado(s) anterior(es) passe(m) a ter um outro sentido, diferente daquele a ele(s) atribuído numa primeira leitura.[17]

Embora, nessa obra, o sentido seja concebido como resultante de um processo argumentativo que ainda é colocado sob o prisma da justificação, da orientação do argumento para a conclusão, tornam-se interessantes, pelo menos, três aspectos aí levantados por Ducrot. O primeiro refere-se à possibilidade de atribuir ao *discurso* um sentido, isto é, de considerá-lo uma unidade semântica, uma entidade linguística passível de descrição. O segundo concerne à ideia de não ser unicamente pela descrição de cada *enunciado* que compõe o *discurso* que se chega ao sentido dessa entidade complexa. Há de se ter presente que a ordem de disposição dos enunciados num discurso não é fruto do acaso, mas é justamente essa ordem que mostra como o discurso foi constituído e, por isso, é também, senão principalmente, portadora de sentido. Na verdade, não é pela descrição semântica de cada enunciado sucessivamente que se poderá chegar ao sentido de um discurso. O que o modelo prevê (e será detalhado mais adiante) é que um encadeamento argumentativo, no nível do *discurso*, põe em relação vários enunciados, sendo composto por subencadeamentos, estes inter-relacionando vários enunciados: reside aí a complexidade atribuída por Ducrot a essa entidade linguística concreta que é o *discurso*.

O terceiro aspecto abordado por Ducrot, e corroborado por Negroni (2000), diz respeito ao fato de um enunciado posterior no *discurso* impor uma *reinterpretação*[18] ao(s) enunciado(s) que o antecede(m). Ora, a relação entre os enunciados, ou melhor, como dito no parágrafo anterior, a relação entre os subencadeamentos que compõem o encadeamento argumentativo realizado pelo *discurso* não é linear (do primeiro para o segundo e assim por diante), mas recursiva: o sentido do subencadeamento posterior pode redimensionar o sentido do(s) subencadeamento(s) anterior(es), reconfigurando, consequentemente, o sentido do encadeamento argumentativo complexo que é o *discurso*.

De volta ao conteúdo de HI2: para chegar à significação do *texto*, logo, ao *bloco semântico*, como entidade abstrata subjacente aos encadeamentos argumentativos, é preciso partir da descrição do sentido global do *discurso*, isto é, da descrição semântica do encadeamento argumentativo que põe em ação, pelo *discurso*, o *bloco semântico*, que, por seu turno, constitui o valor semântico da entidade linguística igualmente abstrata de nível complexo que é o *texto*.[19]

Derivada de HI1 e de HI2, a terceira hipótese interna passa a ser **HI3**: *o* texto *é um bloco semântico – como tal, inscrito no sistema linguístico – realizado pelo encadeamento argumentativo complexo que é o* discurso.

Azevedo (2006, p.145) justifica o conteúdo dessa sub-hipótese.

> Se Carel e Ducrot usam a expressão *encadeamento argumentativo* para referir a argumentação realizada pelas palavras plenas e pelos enunciados de uma língua, ao pretender descrever a argumentação posta em cena pelo discurso e reconhecendo nele uma unidade semântica, preciso me valer dessa mesma expressão. Entretanto, não posso deixar de ver o discurso como um encadeamento argumentativo complexo, logo, composto de encadeamentos menores – estes do nível do enunciado ou mesmo das palavras plenas – que cumprem o papel de, ao se encadearem, revelar a totalidade do sentido do discurso.

Essa hipótese possibilitou a construção do valor semântico, a *significação*, da entidade linguística abstrata de nível complexo, o *texto*, a partir dos discursos que a realizam. No entanto, para tornar HI3 mais clara, compreensível e eficaz na descrição do sentido do discurso, é preciso subdividi-la nas hipóteses internas mais específicas ou sub-hipóteses, HI3.1 e HI3.2.

Assim, **HI3.1** é: o discurso, *como encadeamento argumentativo complexo, é composto de* subencadeamentos, *estes igualmente argumentativos, já que compreendidos também como a inter-relação semântica de dois segmentos – suporte e aporte.*

A noção de *subencadeamento*, designando os encadeamentos mais específicos constituintes do discurso, foi introduzida no modelo por duas razões. Primeiro, por perceber neles uma unidade semântica semelhante àquela percebida pelos teóricos da TAL quando descrevem o sentido do enunciado. "Semelhante", porque, no âmbito da descrição semântica do discurso, um subencadeamento pode não coincidir com os limites de um enunciado. Ele pode ser composto de vários enunciados, uma vez que cada subencadeamento - constituído de um ou de vários encadeamentos, estes, agora, como a TAL os descreve atualmente - deverá, no mínimo, encadear-se com outro(s) até formar um dos segmentos (suporte ou aporte) do *encadeamento argumentativo global* que é o *discurso*. Decorre daí a criação dessa nomenclatura para diferenciar o *subencadeamento* da complexa estrutura semântico-argumentativa que é o encadeamento argumentativo no nível do discurso.

A segunda razão para usar o termo *subencadeamento* diz respeito à sua função na descrição do sentido global do *discurso*. Conceber um *discurso* como um sistema semântico organicamente estruturado, significa reconhecer que esse sistema se organiza por meio da inter-relação de suas partes, estas também reconhecidas como unidades, como sistemas. Ou nas palavras de Azevedo (2006, p.146):

> um discurso é um todo composto de partes inter-relacionadas, que, mesmo nessa interação, não perdem as propriedades que lhes possibilitam ser percebidas como unidades, mas que, simultaneamente, precisam ser compreendidas e descritas à luz de sua função de formar o todo. O subencadeamento só é assim percebido por contribuir para a construção do encadeamento global que constitui o sentido do discurso.

O critério para a identificação do encadeamento global do discurso (encadeamento este que se constitui na realização do bloco semântico que é o *texto*) é dado pela concepção polifônica do sentido, conforme o conteúdo de **HI3.2**: *o encadeamento argumentativo que expressa o sentido global do discurso expressa igualmente o ponto de vista (o enunciador) assumido pelo locutor desse discurso.*

Se, conforme propõe a TAL, o enunciado manifesta uma pluralidade de vozes, de pontos de vista postos em cena pelo locutor, o *discurso* torna esse fenômeno ainda mais evidente. Até mesmo pela seleção dos subencadeamentos e pela disposição destes para a constituição do *encadeamento argumentativo global*, a polifonia se faz notar.

Sendo assim, e ao compartilhar com Ducrot sua proposta de manifestação polifônica nas entidades concretas da realização linguística, o *encadeamento argumentativo global* que confere a um dado discurso uma unidade semântica é aquele que expressa o ponto de vista pelo qual o locutor desse discurso se responsabiliza.

Dadas as três hipóteses internas, sendo HI3 viabilizada por suas duas sub-hipóteses, torna-se necessária uma nova "engrenagem" para fazer funcionar a "máquina" de descrição do sentido do discurso: uma última hipótese interna que dê conta da segmentação do *encadeamento argumentativo global* nos subencadeamentos que o constituem. Dessa necessidade, surge **HI4**: *a segmentação do discurso em subencadeamentos é feita com base na condição de que os subencadeamentos assim se configurem por contribuírem para a constituição e a consequente interconexão dos segmentos suporte e aporte, os quais formam o encadeamento argumentativo complexo que expressa o sentido global do* discurso.

Há que explicá-la. O princípio saussuriano da *relação* sustenta HI4, possibilitando afirmar que um *subencadeamento* só se define como tal na sua relação com os demais subencadeamentos e com o *encadeamento argumentativo global*. Nesse sentido, um *subencadeamento* só será assim reconhecido quando, se não for o responsável direto, ao menos contribua para a formação de um dos segmentos do encadeamento global, ou para sua interconexão. Por isso, a extensão de um *subencadeamento* é variável e não há como, de antemão, determiná-la. Um *subencadeamento* pode ser composto de um ou mais encadeamentos do nível do enunciado ou mesmo da palavra, dependendo sempre do papel que cumpre na constituição/organização do discurso visto como *encadeamento argumentativo global*.

> Como a descrição semântica das entidades linguísticas de nível complexo tem por objetivo primeiro construir o encadeamento argumentativo global que expressa o sentido dessas entidades, e, derivando deste, construir a significação das entidades semânticas subjacentes, a estruturação do encadeamento argumentativo global é o elemento balizador para a configuração dos subencadeamentos como tais. Enfim, o subencadeamento só se define por oposição ao encadeamento global [...]. (Azevedo, 2006. p.150).

No que diz respeito às entidades abstratas, o *subencadeamento* se define por colaborar na explicitação de um ou dos dois conceitos que, inter-relacionados, constituem o *bloco semântico*, o *texto*, realizado pelo *encadeamento argumentativo global*, que é o *discurso*.

Muito bem, é chegada a hora de exemplificar, mesmo que de modo breve, o modelo teórico-metodológico de descrição do sentido do discurso. Brevemente, porque, devido à extensão da descrição, não farei a análise polifônica dos enunciados do discurso-exemplo. Obviamente, quando da aplicação do modelo a um discurso, todos os enunciados são descritos polifonicamente, pois é essa descrição que possibilita a identificação dos encadeamentos argumentativos que constituem cada enunciado.

O discurso utilizado aqui como exemplo foi extraído de um livro didático de língua portuguesa (Andreu, 2004, p.119), destinado ao sexto ano (quinta série) do ensino fundamental, avalizado pelo Programa Nacional do Livro Didático, do Ministério da Educação.

Vejamos, então, o discurso D:

O ser humano é um ser social e, por isso, a vida é um processo contínuo de comunicação. Desde os primeiros tempos, foram feitos registros, por meio de desenhos e sinais, para comunicar ideias, ações e experiências.

Comunicação ocorre em todos os momentos da vida, desde o nascimento até a morte. As pessoas utilizam diversas formas de linguagem e diversos códigos. Um gesto, um desenho, uma palavra falada ou escrita ou mesmo um sinal transmite uma determinada situação desejada ou ocorrida.

Feita a análise polifônica, constata-se que o discurso D compõe-se de sete encadeamentos argumentativos do nível do enunciado. A saber:

EA_1: *ser humano DC ser social*
EA_2: *vida DC comunicação*
EA_3: *registro DC comunicação*
EA_4: *comunicação DC todos os momentos da vida*
EA_5: *pessoas DC uso de formas de linguagem variadas*
EA_6: *pessoas DC uso de códigos variados*
EA_7: *gestos, desenho, palavra, sinal DC transmissão de situações*

Considerando os encadeamentos atualizados pelo locutor L para a constituição do discurso D e tendo em conta que D é uma entidade complexa, composta, portanto, pelas relações estabelecidas por L entre esses encadeamentos, é possível propor que tais relações sejam expressas por subencadeamentos (SE),[20] estes já do nível do *discurso*.

Assim sendo, o sentido do discurso D é constituído pela relação de três subencadeamentos. A relação entre os dois primeiros enunciados de D se dá por meio dos articuladores *e* e *por isso*. O articulador *e* põe em relação de acréscimo as ideias de "*o ser humano* ser um *ser social*" e a ideia de "a *vida* ser *um processo contínuo de comunicação*". Já, o articulador *por isso* estabelece que a *comunicação* é decorrência da *sociabilidade humana*. Daí o subencadeamento SE_1 ser expresso por: **SE_1:** *ser social DC comunicação*.

NB.: O que é possível perceber, por se tratar de um discurso com finalidade didática e destinado ao 6º ano do ensino fundamental, é que o artigo *a* exige do leitor um esforço maior para a recuperação do conceito de *vida humana* do que se, no lugar do artigo, tivesse sido empregado o pronome *sua*, que, por seu turno, deixaria mais explícita a vinculação do conceito *vida* ao conceito *humana*. No entanto, não é objeto de análise aqui a construção do discurso com finalidade didática.

O enunciado (3), cujo encadeamento argumentativo é EA_3: *registro DC comunicação*, só vem ilustrar o subencadeamento **SE_1**, uma vez que o conceito *registro* configura-se como o meio pelo qual o ser social se comunica.

O segundo subencadeamento (**SE_2**) que configura o sentido do discurso D é constituído pela relação normativa estabelecida por L entre os encadeamentos argumentativos EA_4, EA_5 e EA_6. Pela relação normativa em *donc* estabelecida entre os três encadeamentos argumentativos EA_4, EA_5 e EA_6 e pelos conceitos que compõem os respectivos blocos semânticos – *comunicação, vida, pessoa, linguagem* e *código* –, pode-se dizer que o subencadeamento **SE_2** configura-se como *comunicação DC vida humana*.

O conceito *pessoa* atualizado em EA_5 e EA_6, conforme o próprio discurso, substitui o conceito *vida* atualizado por EA_4. Tanto é assim que, pela análise polifônica do enunciado (4) (*Comunicação ocorre em todos os momentos da vida, desde o nascimento até a morte*), a posição assumida por L evidencia sua identificação com o enunciador E_2, a saber, *há comunicação em todos os momentos da vida*. No enunciado (5) (*As pessoas utilizam diversas formas de linguagem*), a posição de L é assimilada ao enunciador E_2 (*pessoas utilizam formas de linguagem variadas*), na qual já se pode perceber a substituição dos conceitos de *vida* e *comunicação* por *pessoa* e *formas de linguagem* e, se fosse explicitada, por meio de um articulador, a relação causal que une o enunciado (5) ao (4), teríamos, sob o aspecto normativo em *donc*, algo como *comunicação DC vida DC pessoa DC formas de linguagem*, a qual poderia ser expressa por um enunciado como *Se há comunicação, há vida*, JÁ QUE *se há pessoas, há formas de linguagem sendo utilizadas*.

O mesmo ocorre quando se descreve a relação entre os enunciados (6) e (4), uma vez que (6) (*As pessoas utilizam diversos códigos*) só representa um acréscimo ao conteúdo semântico do enunciado (5), logo, de igual forma, há uma relação causal sob o aspecto normativo entre os enunciados (6) e (4), como *comunicação DC vida DC pessoa DC código* – o que poderia ser atualizado por um enunciado como *Se há comunicação, há vida*, JÁ QUE *se há pessoas, há códigos sendo utilizados* –, e, novamente, é possível perceber a substituição dos conceitos de *vida* e *comunicação* por *pessoas* e *código*.

Dessa relação entre os enunciados (4), (5) e (6), das posições assumidas pelo locutor L em cada um deles e da substituição dos conceitos, resulta a configuração semântico-argumentativa de **SE**$_2$ como *comunicação DC vida humana*, cujo bloco semântico põe em relação normativa (em *donc*) os conceitos *comunicação* e *vida humana*, e poderia ser expresso por um enunciado como *Se há comunicação, há vida humana*.

O leitor mais atento poderia questionar a origem do conceito *vida humana*, uma vez que no encadeamento argumentativo EA$_4$ o conceito que constitui o segundo segmento é o de *vida* e não o de *vida humana*. É possível verificar o surgimento de *vida humana* justamente pela substituição feita pelo conceito *pessoa*, visto que este conceito não poderia ser utilizado para retomar qualquer forma de vida, mas exclusivamente a forma *humana* de vida. Isso leva a crer que, no discurso D, L restrinja à vida humana a comunicação.

O terceiro e último subencadeamento do discurso D tem seu sentido constituído pela relação normativa em *donc* estabelecida entre os encadeamentos argumentativos EA$_5$, EA$_6$ e EA$_7$.

Antes de prosseguir com a descrição de **SE**$_3$, parece caber aqui uma retomada da noção de *subencadeamento*, principalmente no que diz respeito à sua delimitação no discurso.

Voltemos, então, ao conteúdo da hipótese interna HI4: *a segmentação do discurso em subencadeamentos é feita com base na condição de que os subencadeamentos assim se configurem por contribuírem para a constituição e a consequente interconexão dos segmentos suporte e aporte, os quais formam o encadeamento argumentativo complexo que expressa o sentido global do discurso.*

Justamente por fazer operar essa hipótese na descrição do sentido do discurso D é que ele foi segmentado nos subencadeamentos **SE**$_1$, **SE**$_2$ e **SE**$_3$, como apresentado anteriormente. Tal segmentação não tem a sintaxe como critério, mas a relação argumentativa que o locutor L estabelece para a construção do sentido de D. Assim: **SE**$_1$ constituiu-se pela inter-relação dos encadeamentos argumentativos que descrevem o sentido dos três primeiros enunciados de D; **SE**$_2$, pela inter-relação dos encadeamentos argumentativos 4, 5 e 6; e **SE**$_3$, para ser constituído, precisou inter-relacionar os encadeamentos 5 e 6, os quais compõem seu primeiro segmento, e o encadeamento 7, que compõe seu segundo segmento.

Retomando o discurso D, percebe-se que o último enunciado tem por função enumerar exemplos que "concretizem"[21] os conceitos de *formas de linguagem* e *código* mencionados nos dois enunciados anteriores. Essa percepção intuitiva permite manter entre os encadeamentos EA$_5$, EA$_6$ e EA$_7$ uma relação normativa em *donc* e configurar **SE**$_3$ como *linguagem DC comunicação*. Tratemos de comprovar semanticamente tal intuição discursiva.

Os conceitos de *gesto, desenho, palavra* e *sinal* veiculados pelo encadeamento EA_7 são, na verdade, exemplos de *formas de linguagem* e *códigos*, mobilizados por L nos encadeamentos EA_5 e EA_6. Tanto é que, se descrevermos a argumentação externa à esquerda de *formas de linguagem*, teremos como um dos encadeamentos possíveis *gesto, desenho, palavra, sinal DC formas de linguagem*. Daí o primeiro segmento de **SE_3** ser constituído pelo conceito de *linguagem*, que nada mais é do que o conceito-síntese de todos aqueles postos em cena por L. Mais uma prova disso é que se buscarmos a argumentação externa à direita de *linguagem* teremos: *linguagem DC código, desenho, palavra, sinal*, em que, conforme Ducrot e Carel (2006), a palavra *linguagem* figura como *suporte* de tal argumentação.

Para chegar à constituição do segundo segmento (o *aporte*) de **SE_3**, é preciso descrever a argumentação interna de *comunicação*, ou seja, *transmissão DC recepção*. E aqui se vê o segundo segmento de EA_7 como parte da AI de *comunicação*, o que permite corroborar a intuição discursiva e configurar **SE_3** pela articulação argumentativa dos três encadeamentos, conforme havia sido previsto.

Ora, se as hipóteses internas de Azevedo (2006) puderem dar conta da descrição do sentido do discurso, a articulação dos três subencadeamentos, assim como foram descritos, deve resultar no *encadeamento argumentativo global* (EAG) do discurso D e deve coincidir com o ponto de vista que o locutor L assume nesse discurso. Passemos, então, à configuração do EAG e, para tanto, retomemos os três subencadeamentos que constituem seu sentido.

SE_1: *ser social DC comunicação*

SE_2: *comunicação DC vida humana*

SE_3: *linguagem DC comunicação*

Pela posição assumida por L em relação aos enunciadores que mobiliza para a constituição do discurso D e dada a configuração dos subencadeamentos argumentativos que realizam os blocos semânticos evocados por D, o encadeamento argumentativo que define globalmente o sentido desse discurso assume o aspecto normativo em *donc* e põe em relação os conceitos de *ser social* e *comunicação*.

Segundo a análise, o discurso D é constituído por três subencadeamentos argumentativos que relacionam diferentes conceitos – *ser social, vida humana* e *linguagem* – ao conceito *comunicação*. Não parece haver dúvida, então, de que um dos segmentos do **EAG** de D seja expresso pelo conceito *comunicação*, uma vez que esse conceito é constituinte de todos os subencadeamentos. Além disso (e agora extrapolando os limites da descrição semântica), torna-se fundamental ter em conta que o conceito *comunicação* é objeto de estudo no ano letivo correspondente ao livro didático de língua portuguesa do qual foi extraído o discurso analisado, o que também justifica a constituição do **EAG**.[22]

Voltando à descrição do discurso, proponho, então, que o *encadeamento argumentativo global* de D seja algo como *ser social DC comunicação*, uma vez que os demais conceitos constituintes dos subencadeamentos que lhe estão na origem ou são desdobramentos dele, como é o caso do conceito *vida humana*, ou são próprios dele, como é o caso do conceito de *linguagem* veiculado em SE_3. Retomando o discurso D, vemos que o enunciado (1) (*o ser humano é um ser social*) e o enunciado (2) (*a vida é um processo contínuo de comunicação*) já expressam as relações argumentativas entre esses conceitos e que os demais enunciados constituintes de D assumem, basicamente, o papel de exemplificar e, com isso, tornar mais concretas essas relações. Afora isso, a posição assumida pelo locutor de D coincide com os enunciadores que veiculam esses conceitos, a saber: no enunciado (1), L assume o ponto de vista do enunciador E_3 expresso como *o ser humano é um ser social*; no enunciado (2), L assume o enunciador E_4 que tem como ponto de vista *a vida é um processo de comunicação*.

É possível propor, portanto, que o encadeamento argumentativo global que expressa o sentido de D seja *ser social DC comunicação* e que este coincida com a posição assumida por L frente ao enunciador E_8 (que resulta da articulação dos enunciados (1) e (2)) *o ser social vive um processo contínuo de comunicação.*[23] Eis aqui a comprovação da hipótese interna HI4 de Azevedo (2006), que diz respeito ao fato de o encadeamento argumentativo global de um discurso coincidir com a posição assumida por seu locutor frente aos enunciadores que mobiliza.

Exemplificado o modelo de descrição semântica do discurso, é chegado o momento de cumprir o que foi prometido no título deste texto: tratar do potencial da semântica argumentativa para a pesquisa e o ensino.

Pesquisa e ensino sob o olhar da semântica argumentativa

Depois de tudo o que foi falado aqui, chega a ser perigoso apontar algumas possíveis investigações derivadas da semântica argumentativa e nela fundamentadas. Essa teoria, desde a descrição do sentido de palavras, enunciados e discursos de uma língua até as mais diferentes aplicações que pode ter no ensino de língua (materna ou estrangeira), bem como nos mais diversos ramos da ciência que tenham a linguagem por objeto ou com ela compartilhem fronteiras, possibilita um verdadeiro universo investigativo.

O sentido da linguagem está na base de todo o conhecimento social, científica e historicamente produzido e, simultaneamente, é também o seu veículo maior e primeiro. Decorre daí o fato de a semântica argumentativa ser uma das teorias que possibilitam a compreensão do processo de constituição do sentido da linguagem, com a vantagem de descrever o sentido a partir da língua em uso, do enunciado ou do discurso como resultado de uma enunciação, como manifestação linguageira de um sistema de signos compartilhado por uma comunidade linguística.

Investigar como se dá a aquisição da linguagem, a atribuição e/ou a (re)construção de sentido, a recepção e/ou a produção discursiva, quer no que diz respeito aos falantes em geral, quer no que se refere a setores específicos de uso da língua (como a publicidade, a ciência, o humor, a religião, a política), são algumas das amplas possibilidades de pesquisa que a Teoria da Argumentação na Língua (TAL) pode fundamentar e viabilizar.

Por outro lado, ou como decorrência das investigações alicerçadas na TAL, o ensino de língua pode ser bastante mais qualificado e mesmo otimizado pelas aplicações dessa teoria que vêm sendo feitas. Oportunizar ao aprendiz a compreensão do dito, do pressuposto, das conexões e articulações que tecem a trama discursiva, bem como sua produção, tem sido um constante desafio a linguistas e professores de língua.

Apenas para citar um exemplo, merece ser investigada uma vinculação entre o modelo para a descrição do sentido do discurso, aqui apresentado, e o processo de formação de conceitos científicos, por meio da descrição semântica de discursos explicativos veiculados em livros didáticos. Essa vinculação reside na hipótese de que o bloco semântico que constitui o encadeamento argumentativo global dos discursos analisados coincida – explicitando-os – com os conceitos científicos objeto de estudo em cada discurso. Caso seja constatada essa vinculação, os próximos passos, as próximas investigações poderão ter como objeto, por exemplo: (a) a testagem da vinculação em outros discursos de mesmo tipo; (b) a transposição didática do modelo; (c) a aplicação da transposição feita e a respectiva avaliação; e (d) a produção de material didático com vistas à otimização do processo de formação de conceitos científicos via compreensão leitora da argumentação constituinte do sentido dos discursos didáticos de tipo explicativo.

Dito isso, penso ter contribuído para que você, leitor, possa ao menos ter vislumbrado uma outra forma de compreender a argumentação e, por conseguinte, a significação linguística por ela constituída, além de alguns dos caminhos investigativos e educacionais a serem percorridos pelos trilhos fundados na Teoria da Argumentação na Língua.

Notas

1 Mesmo que esse interlocutor seja o próprio sujeito empírico, o próprio sujeito que fala.

2 No mesmo texto, os autores usam *encadeamento argumentativo* e *argumentação* como sinônimos.

3 Tradução da autora respeitando os grifos do autor e a tradução argentina para os conectores *donc* e *pourtant*.

4 Ou abstraída por ele desde sua observação das realizações produzidas pelos falantes. E cabe dizer ainda que esse caráter teórico-metodológico das entidades abstratas é, mais uma vez, fruto da vinculação da TAL à linguística de Saussure, pois corresponde, fiel e radicalmente, à oposição *língua/fala*, "traduzida" por Ducrot em sua Teoria ao dizer que a *frase* é construída a partir da infinidade de enunciados efetivamente realizados; construção que só pode ser feita ao ser admitido que o ato de fala individual funda-se num esquema geral da atividade linguística.

5 Textualmente, no *Curso de linguística geral*, "sua característica mais exata é ser o que os outros não são" (Saussure, 1995, p.136).

6 Diz-se em concepção polifônica do *sentido* e não da *significação*, porque, de acordo com Ducrot e Carel (2008), a polifonia só se manifesta em enunciados, entidades linguísticas concretas da fala (cujo valor semântico é o *sentido*); nunca em frases, entidades abstratas da língua (cujo valor semântico é a *significação*), que, por isso mesmo, não podem conter locutor e enunciadores, logo, não podem ser polifônicas.

7 Para Ducrot (1980), *enunciação* é o evento, o fato que constitui o aparecimento de um enunciado; é o surgimento dos enunciados, como fatos históricos, em diferentes pontos do tempo e do espaço. Portanto, para ele, a enunciação tem uma função puramente semântica, estritamente linguística.

8 Mais uma distinção é aqui necessária. *Locutor* – função discursiva responsável pelo enunciado, a quem se atribui a responsabilidade pela enunciação no interior do próprio enunciado – não pode ser confundido com *sujeito empírico*. Como diz Azevedo (2006), *sujeito empírico* é definido por Ducrot (1988) como o autor efetivo, o produtor do enunciado, cuja determinação, para o semanticista, não se constitui objeto da descrição semântica, pois está fora do enunciado, faz parte das condições externas de sua produção. "A tarefa do linguista semanticista é descrever o que diz o enunciado, o que ele traz, ou seja, o que está no enunciado e que faz parte do seu sentido" (Azevedo, 2006, p. 93).

9 A assimilação é *determinada* em enunciados como *eu estou triste*, em que o locutor dá a si mesmo como origem do ponto de vista segundo o qual *está triste*. E é *indeterminada* em enunciados como *há quem acredite em p* ou *conforme querem alguns linguistas*, em que o enunciador é assimilado a pessoas que *acreditam* ou a um *grupo de linguistas* que o locutor não quer ou não julga necessário identificar.

10 *Pressuposto* (Flores et al., 2009, p.191) é definido como *o sentido implícito inscrito em um enunciado, cuja responsabilidade é atribuída a um enunciador*. Essa é a segunda acepção desse conceito apresentada no referido *Dicionário*, válida no âmbito da TBS; a primeira acepção situa-se no contexto da versão *standard* da TAL.

11 *Sequência*, aqui, não deve ser entendida como *ordem* ou *soma*, mas como *segmento*, *conjunto sistêmico*, isto é, um *todo* cujas *partes* estão intimamente relacionadas e cujo reconhecimento é impossível senão pela interdependência de seus constituintes.

12 Convém esclarecer que a TBS teve vários de seus conceitos e postulados mais precisa e detalhadamente explicitados por seus autores desde a elaboração e a consequente publicação do modelo que propus para a descrição do sentido do discurso, como já foi possível ao leitor perceber pelas referências feitas ao longo desta exposição. No entanto, frente aos objetivos e limites deste texto, farei apenas algumas alterações terminológicas no conjunto das hipóteses internas da TBS (e, portanto, externas do referido modelo) e das hipóteses internas do modelo teórico-metodológico sugerido por mim, até porque não me parece, pelo menos neste momento, que a construção do modelo tenha sido substancialmente afetada pelas alterações que os teóricos da TBS vêm propondo atualmente.

13 Explicitada por Azevedo (2006) e, agora, reformulada conforme os textos de Ducrot e Carel posteriores à publicação do modelo por mim criado.

14 Para conhecimento, ver Azevedo, 2006, 2008 e 2010.

15 Mais pontualmente, conforme Ducrot (2009).

16 Conforme descrito no tópico anterior deste texto.

17 Para aprofundar essa ideia de Ducrot, ver Negroni, 1998 e 2000.

18 Negroni (2000, p.91) propõe para o cálculo geral do sentido do *discurso* considerar a *reinterpretação*, definida como a atribuição de uma segunda interpretação (s'_1) para um enunciado E_1 ao qual já tenha sido atribuído um sentido s_1 no momento de sua enunciação. Segundo a autora, essa reinterpretação é passível de ser desencadeada

pelas instruções de releitura contidas na significação de certas palavras e conectores presentes em um enunciado E_2. Dito de outro modo, para a construção do sentido global de um discurso, faz-se necessário considerar as possibilidades de reinterpretação de enunciados determinadas pela interpretação de enunciados posteriores.

[19] Dados os limites editoriais deste texto, exemplificarei, com a análise de um discurso, o modelo de descrição do sentido do discurso, e não o conteúdo de cada uma de suas hipóteses internas.

[20] Conforme prevê o conteúdo da hipótese interna HI3.1 apresentada anteriormente.

[21] Em se tratando de um discurso utilizado com fins didáticos e destinado ao 6º ano do ensino fundamental, torna-se pedagogicamente necessária a "concretização" de conceitos, pois, nessa fase de escolarização, os alunos, em geral, ainda têm dificuldades para realizar abstrações mais complexas. Nesse sentido, os exemplos são didaticamente muito bem-vindos, já que propiciam maior compreensão dos conceitos trabalhados por aproximarem, vincularem esses conceitos a situações concretas ou factuais.

[22] Talvez esteja aí uma possível comprovação do que propõe Azevedo (2000) ao vincular os pressupostos da *Teoria da Argumentação na Língua* à formação de conceitos. Nessa obra, vejo na TAL uma possível ferramenta didático-pedagógica para promover e otimizar o processo de formação, pelos aprendizes, dos conceitos veiculados nos textos que compõem os livros didáticos. Mas isso é história para outra investigação, o que será tratado no próximo tópico deste estudo.

[23] Há de se notar que, embora o **EAG** seja expresso por um encadeamento aparentemente igual ao subencadeamento SE_1, trata-se apenas de uma coincidência, e não de uma regularidade. Não há nenhuma obrigatoriedade de o **EAG** de um discurso configurar-se como um de seus subencadeamentos, até porque são entidades de natureza semelhante, mas de complexidade diferente: o subencadeamento não tem por finalidade expressar a síntese do sentido de um discurso, como é o caso do encadeamento argumentativo global.

Bibliografia

ANDREU, Sebastião. *Aprendendo a ler e escrever textos 5ª série*. Curitiba: Nova Didática, 2004 – (Coleção Alet), p.119.

ANSCOMBRE, Jean-Claude; DUCROT, Oswald. *La argumentación en la lengua*. Madrid: Editorial Gredos, 1994.

AZEVEDO, Tânia Maris de. *Argumentação, conceito e texto didático*: uma relação possível. Caxias do Sul: Educs, 2000.

_____. Semântica argumentativa: esboço de uma descrição do sentido do discurso. In: BARBISAN, Leci Borges (org.). *Cadernos de Pesquisas em Linguística*: a construção do sentido no discurso, Publicação do Centro de Pesquisas Linguísticas do Programa de Pós- Graduação em Letras da PUCRS, Porto Alegre, v.2, n.1, p.135-150, nov. 2006.

_____. *Em busca do sentido do discurso*: a semântica argumentativa como uma possibilidade para a descrição do sentido do discurso. Caxias do Sul: Educs, 2006.

_____. Discurso didático: testagem de um modelo para descrição do sentido pela semântica argumentativa. Encontro Internacional de Texto e Cultura, 2008, Fortaleza – CE. *Anais*. Fortaleza: UFCE, 2008.

_____. Uma opinião sobre a *opinião*. In: AZEVEDO, Tânia M. de; PAVIANI, Neires M.S. (org.). *Universo acadêmico em gêneros discursivos*. Caxias do Sul: Educs, 2010, p.33-57.

CAREL, Marion. *Vers une formalisation de la théorie de l'argumentation dans la langue*. Tese de doutorado, École des Hautes Études en Sciences Sociales (EHESS), Paris, 1992.

_____. Argumentación normativa y argumentación exceptiva. In *Signo & Seña*, n.9, p.257-298, jun. 1998.

DUCROT, Oswald. *Les mots du discours*. Paris: Minuit, 1980.

_____. Enunciação. In: *Enciclopédia EINAUDI*: Linguagem-Enunciação. Lisboa: Imprensa Nacional-Casa da Moeda, 1984. v.2, Linguagem – Enunciação, p.368-393.

_____. *O dizer e o dito*. Campinas: Pontes, 1987.

_____. *Polifonia y argumentación* – conferencias del seminario Teoría de la Argumentación y Análisis del Discurso. Cali: Universidad del Valle, 1988.

_____. Argumentação e "topoi" argumentativos. In: GUIMARÃES, Eduardo (org.) *História e sentido na linguagem*. Campinas: Pontes, 1989.

_____. Introducción: conferencia 1 – de Saussure a la Teoría de los Bloques Samánticos. In: CAREL, Marion; DUCROT, Oswald. *La semántica argumentative*: una introducción a la teoría de los bloques semánticos. Edição literária e tradução de María Marta G. Negroni e Alfredo M. Lescano. Buenos Aires: Colihue, 2005a, p.9-25.

_____. Los bloques semánticos y el cuadrado argumentativo: conferencia 2 – de Saussure a la Teoría de los Bloques Samánticos. In: Carel, Marion; Ducrot, Oswald. *La semántica argumentativa*: una introducción a la teoría de los bloques semánticos. Edição literária e tradução de María Marta G. Negroni e Alfredo M. Lescano. Buenos Aires: Colihue, 2005b, p.27-50.

_____. La sémantique argumentative peut-elle se réclamer de Saussure? In: Saussure, Louis de (éd.). *Nouveaux regards sur Saussure*. Genève: Droz, 2006.

_____. Argumentação retórica e argumentação linguística. *Letras de Hoje*, Porto Alegre, v.44, n.1, p.20-25, jan./mar. 2009.

Ducrot, Oswald; Carel, Marion. Descrição argumentativa e descrição polifônica: o caso da negação. *Letras de Hoje*, Porto Alegre, v.43, n.1, p.7-18, jan./mar. 2008.

Flores, Valdir; Barbisan, Leci, Finatto, Maria José, Teixeira, Marlene (org.), *Dicionário de linguística da enunciação*. São Paulo: Contexto, 2009.

Negroni, Maria Marta G. La negación metalingüística: argumentación, gradualidad y reiterpretación. In: *Signo & Seña*, n.9, p.227-254, jun. 1998.

_____. Acerca de los fenómenos de relectura y reiterpretación en el discurso. In: *Revista Iberoamericana de Discurso y Sociedad*, Barcelona, v.2, n.4, p. 89-108, dez. 2000.

Saussure, Ferdinand de. *Curso de linguística geral*. 20.ed. São Paulo: Cultrix, 1995.

_____. *Escritos de linguística geral*. Organização e edição de Simon Bouquet e Rudolf Engler com a colaboração de Antoinette Weil. Tradução de Carlos Augusto Leuba Salum e Ana Lucia Franco. São Paulo: Cultrix, 2004.

Sobre a *fala* no *Curso de linguística geral* e a indissociabilidade *língua/fala*

Valdir do Nascimento Flores

É sabido de todos os que já se dedicaram a ler o *Curso de linguística geral*[1] que Ferdinand de Saussure, durante os três cursos que ministrou na Universidade de Genebra, não chegou a desenvolver reflexão específica quanto à questão da *fala*. Sempre que essa noção é evocada no CLG é para contrastá-la com outra noção: ou é contraposta à *língua*, ou à *língua/linguagem*. A *fala*, então, parece ter tão somente espaço lateral no CLG. Será assim mesmo?

Os editores nos informam, no "Prefácio" que fazem à obra, que desenvolver reflexão especificamente voltada à *fala* era um propósito de Saussure. Dizem eles, no "Prefácio", a respeito das dificuldades de organização do livro e, principalmente, das ausências que se fariam notar na obra aos olhos de todos os que sabiam do teor dos *Cursos*:

> a ausência de uma "Linguística da fala" é mais sensível. **Prometida aos alunos do terceiro curso**, esse estudo teria tido, sem dúvida, lugar de honra nos seguintes; sabe-se muito bem por que tal promessa não pôde ser cumprida. Limitamo-nos a recolher e a situar em seu lugar natural as lições fugitivas desse **programa apenas esboçado**; não poderíamos ir mais longe. (CLG, "Prefácio", p.4, grifos nossos)

Dessa passagem nos interessam dois pontos: a) a linguística da fala estava prometida aos ouvintes do *Curso*. Saussure havia, portanto, manifestado a intenção de desenvolvê-la; b) o CLG *recolhe e situa as ideias fugitivas desse programa apenas esboçado*. Nosso interesse nessas duas passagens se deve ao objetivo que temos com este texto: perseguir no CLG[2] as grandes linhas de pensamento acerca da *linguística da fala*.

Nosso método de trabalho é simples: em um primeiro momento, tentamos explicitar o *programa* da *linguística da fala* que, segundo os editores, está *apenas esboçado* no CLG; em um segundo momento, damos destaque ao objeto *fala* no CLG; finalmente, propomos uma leitura própria dos elementos reunidos a partir de um estudo específico acerca da analogia, fenômeno que, segundo pensamos, nos possibilita argumentar em favor da indissociabilidade *língua/fala*.

O programa de uma *linguística da fala*

Comecemos pelo óbvio: há no CLG um capítulo dedicado à *linguística da fala*. Tal capítulo é normalmente lido como argumento para comprovar as exclusões feitas por Saussure do objeto da linguística, dentre as quais a própria *fala*.

Sobre o capítulo "A linguística da língua e a linguística da fala", a primeira observação que vale a pena fazer é a respeito da ambiguidade conceitual que o termo *fala* assume nos diferentes contextos em que aparece no capítulo. Vejamos:

> Com o outorgar à ciência da língua seu verdadeiro lugar no conjunto dos estudos da linguagem, situamos ao mesmo tempo toda a linguística. **Todos os outros elementos da linguagem, que constituem a fala**, vêm por si mesmos subordinar-se a esta primeira ciência [...]. (CLG, p.26, grifos nossos)

Nessa passagem, Saussure não é explícito sobre o que entende ser a *fala*. Ele, na verdade, centra sua atenção na noção de *língua*. No entanto, é possível atribuir à *fala*, aqui, uma definição obtida por contraste: faz parte da *fala* tudo o que é da *linguagem*, mas que não está contido na ideia de *língua*, ou seja, fazem parte da *fala* os *outros elementos da linguagem* que não os da *língua*.

Esse entendimento que formulamos é corroborado, por exemplo, no segundo capítulo da primeira parte do CLG, "Mutabilidade e imutabilidade do signo", em que encontramos a seguinte passagem: "a língua é para nós a linguagem menos a *fala*" (CLG, p.92). Então, numa primeira aproximação, poderíamos dizer: é *fala*, para Saussure, tudo o que pertence à *linguagem*, mas que não encontra abrigo no interior da *língua*.

Ora, algo se acrescenta a essa impressão logo a seguir, no mesmo capítulo, "A linguística da língua e a linguística da fala", quando é dado um exemplo: "consideremos, por exemplo, a produção **dos sons necessários à fala**: os órgãos vocais são tão exteriores à língua como os aparelhos elétricos que servem para transcrever o alfabeto Morse são estranhos a esse alfabeto" (CLG, p.26, grifos nossos).

Nesse último uso, o termo *fala* parece estar associado à fonação. É isso que é possível compreender da passagem *sons necessários à fala*. Poderíamos dizer, então, que também é *fala*, para Saussure, os sons emitidos: "a essa separação da **fonação e da língua** se oporão, talvez, as transformações fonéticas..." (CLG, p.26, grifos nossos).

Na página seguinte do mesmo capítulo, o CLG registra ainda: "e o que dizemos da fonação será verdadeiro no tocante a todas **as outras partes da fala**" (CLG, p.27, grifos nossos). Nessa ocorrência, podemos claramente ver que a *fonação* é apenas *uma parte* da *fala*, o que conduz à conclusão de que a *fala* é algo mais amplo que a fonação, embora a inclua.

Continuando a leitura do capítulo encontramos, também: "**a atividade de quem fala** deve ser estudada num conjunto de disciplinas que somente por sua relação com a língua têm lugar na linguística" (CLG, p.27, grifos nossos). Nesse caso, Saussure parece estabelecer uma nova perspectiva de entendimento da *fala*: a *atividade de quem fala*.

Mas as ambiguidades não cessam aí. Há mais. Lembremos a tão criticada hierarquia estabelecida entre *linguística da língua* e *linguística da fala*. Ela vem logo adiante, na mesma página do capítulo:

> o estudo da linguagem comporta, portanto, duas partes: uma, essencial, tem por objeto a língua, que é social em sua essência e independe do indivíduo; esse estudo é unicamente psíquico; outra, secundária, tem por objeto **a parte individual da linguagem, vale dizer, a fala**, inclusive a fonação e é psicofísica. (CLG, p.27, grifos nossos)

Aqui, facilmente percebemos que as ambiguidades conceituais e terminológicas do CLG saltam aos olhos: a *fala* não está identificada à fonação, mas ao aspecto *individual* da linguagem.

Aos críticos de plantão, aqueles que costumam recorrer a essa passagem do CLG para provar que Saussure desautoriza o estudo da *fala* – uma vez que parece que o coloca em posição *secundária* em relação ao estudo da *língua* –, cabe ainda fazer mais um alerta: no parágrafo seguinte, no mesmo capítulo, encontramos esboçada uma complexa relação de interdependência entre *língua* e *fala*: "sem dúvida, esses objetos estão estreitamente ligados **e se implicam mutuamente**; a língua é necessária para que a fala seja inteligível e produza todos os seus efeitos; mas esta é necessária para que a língua se estabeleça" (CLG, p.27, grifos nossos).

Há no *Curso*, inclusive, um aspecto de supremacia dado à *fala*: "[...] historicamente, o fato da fala vem sempre antes" (CLG, p.27). E agora uma pergunta notável para o seu tempo: "como se imaginaria associar uma ideia a uma imagem verbal se não se surpreendesse de início essa associação num **ato de fala**?" (CLG, p.27, grifos nossos). E acrescenta: "enfim é a fala que faz evoluir a língua" (CLG, p.27). Concluindo: "existe, pois, interdependência da língua e da fala" (CLG, p.27) o que "não impede que sejam duas coisas absolutamente distintas" (CLG, p.27).

Se entendemos bem, então, o texto do *Curso de linguística geral*, a preocupação que move a reflexão recuperada até aqui é, sobretudo, quanto à natureza do objeto. Saussure parece preocupado em distinguir dois objetos: um, de natureza social, a *língua*; outro, de natureza individual, a *fala*.

O programa, propriamente dito enfim, da *linguística da fala* se concretiza logo adiante. Observemos: "[...] seria ilusório reunir, sob o mesmo ponto de vista, a língua e a fala. **O conjunto global da linguagem é incognoscível**" (CLG, p.28, grifos nossos). E acrescenta, de uma forma preditiva: "**Essa é a primeira bifurcação** que se encontra quando se procura estabelecer a teoria da linguagem. Cumpre escolher entre dois caminhos impossíveis de trilhar ao mesmo tempo; devem ser seguidos separadamente" (CLG, p.28, grifos nossos).

Agora, sim, podemos dizer que está esboçado um programa de uma outra linguística que não a da *língua*. O objeto da *linguística da fala* não se confunde com o objeto da *linguística da língua*. São de naturezas distintas.

O objeto da *linguística da fala* é a *fala*, mas o que é a *fala*?

A primeira parte do título deste item parece encerrar, em si, uma obviedade. No entanto, todos os que já se ocuparam da leitura do CLG sabem que o conceito de *fala* não é menos ambíguo que os demais constantes no livro. No item anterior, listamos termos e noções que aparecem associados à *fala*: *fonação*, *parte individual da linguagem*, *atividade de quem fala*, *ato de fala*, entre outras.

Vejamos, ainda, apenas uma passagem do CLG, agora do capítulo "O objeto da linguística":

> A fala é [...] um ato individual de vontade e inteligência, no qual convém distinguir 1°, as combinações pelas quais o falante realiza o código da língua no propósito de exprimir seu pensamento pessoal; 2°, o mecanismo psicofísico que lhe permite exteriorizar essas combinações. (CLG, p.22)

Nesse fragmento, à *fala* são atribuídas características de duas ordens distintas: a realização da *língua* – o aspecto combinatório do código – e o mecanismo psicofísico – o aspecto articulatório propriamente dito. Essa oscilação entre *fala* como realização da *língua* – portanto, de natureza gramatical tanto quanto *língua* – e *fala* como fenômeno acústico-articulatório se mantém em toda a extensão do CLG e as passagens estudadas no item anterior são prova disso.

Nesses termos, não seria absurdo pensar que a *fala* entendida como uso da *língua* é também um aspecto desta, uma vez que esta contém aquela. São indissociáveis. A seguir, avaliamos essa indissociabilidade na análise feita por Saussure de um fenômeno linguístico específico: a analogia.

Antes, porém, queremos dizer que se, por um lado, é bem verdade que Saussure esforça-se para estabelecer o objeto da sua linguística, a da *língua*, por outro lado, ele é bastante lacônico no que diz respeito à *fala* enquanto objeto de uma linguística, a *linguística da fala*, embora não economize na atribuição de características à *fala*. É importante reter isto: Saussure considera que o estudo da *fala* deve ser feito por *uma linguística*. Logo, estudar a *fala* é, aos olhos de Saussure, fazer *uma* linguística e isso está por ser desenvolvido no escopo de sua reflexão. E mais: considerando-se o aspecto de "realização da língua" contido na *fala*, o estudo feito pela *linguística da fala* não excluiria o estudo feito pela *linguística da língua*.

Um exemplo da indissociabilidade língua/fala: a analogia

No CLG, a analogia aparece especialmente na Terceira Parte, dedicada à linguística diacrônica: há os capítulos IV e V (CLG, p.187-201); há o capítulo VII (CLG, p.205-208); há o *capítulo VIII* (CLG, p.209); há os "Apêndices" (CLG, p.220); entre outros. Mas é possível encontrar reflexão sobre analogia em várias outras passagens do livro, inclusive nas dedicadas à linguística sincrônica. Por exemplo: no capítulo VII da "Introdução" (CLG, p.45) e no *capítulo V* da *Segunda Parte* (CLG, p.145).

No *Curso de linguística geral* a analogia está ligada – por afinidade ou por contraste – à distinção arbitrário absoluto/arbitrário relativo, às mudanças fonéticas, à etimologia popular, à aglutinação, à mudança e à evolução da língua, além de à dicotomia *língua/fala*, de maior interesse para nós aqui.

Por ora, tentemos apenas circunscrever o fenômeno. E como Saussure vê a analogia?

Inicialmente, a analogia tem papel regularizador da transformação linguística: "a analogia supõe um modelo e sua imitação regular. *Uma forma analógica é uma forma feita à imagem de outra ou de outras, segundo uma regra determinada*" (CLG, p.187). O exemplo dado por Saussure é simples: o nominativo latino *honor* é analógico. Como chega ele a essa conclusão?

> A princípio se disse *honōs* : *honōsem*, depois por rotacismo do *s*, *honōs* : *honōrem*. O radical tinha, desde então, uma forma dupla; tal dualidade foi eliminada pela nova forma *honor*, criada sobre o modelo de *orator* : *oratorem* etc., por um procedimento que estudaremos logo e que reduzimos desde já ao cálculo da quarta proporcional. (CLG, p.187)

Saussure assim apresenta o procedimento: *ōrātōrem* : *ōrātor* = *honōrem* : *X*
X = *honor* (CLG, p.188).

A diversificação operada pela mudança fonética em *honōs* : *honōrem* é contida pela ação da regularidade analógica cuja tendência é a unificação dos *processos de formação e flexão*. O método é reduzido ao cálculo da quarta proporcional.

No CLG, assim é ilustrado o fenômeno:

> Todo o fato analógico é um drama de três personagens: 1º o tipo transmitido, legítimo, hereditário (por exemplo, *honōs*); 2º o concorrente (*honor*); 3º uma personagem coletiva, constituída pelas formas que criaram esse concorrente (*honōrem*, *ōrātor*, *ōrātōrem* etc.). (CLG, p.189)

Para o mestre, é falso considerar que *honor* teria sido gerada por *honōs*. *Honor* foi gerada por analogia de *ōrātor*, *ōrātōrem*. Logo, tem-se o seguinte esquema:

FORMAS TRANSMITIDAS		FORMA NOVA
honōs	*honōrem*	
(que não entra	*ōrātor*, *ōrātōrem etc.*	→ *honor*
em linha de conta).	*(grupo gerador)*	

(CLG, p.190).

Como se pode ver, *honor* não é um metaplasmo de *honōs*, mas um paraplasmo, um concorrente da forma tradicional, uma *criação*, portanto. Com isso, Saussure quer dizer que na analogia não há a substituição de uma forma antiga por uma forma nova. *Honor* não substituiu *honōs*. *Honor* foi criado com relação a *honōrem* seguindo o modelo de *ōrātor*, *ōrātōrem*, o que é muito bem ilustrado pelo cálculo da quarta proporcional.

O CLG, nesse ponto, explicita um raciocínio interessante no que diz respeito à relação da analogia com a dicotomia *língua/fala*: a criação analógica "só pode pertencer, de começo, à fala" (CLG, p.192).

Esse princípio de que a *fala* é a sede da mudança é ratificado em muitas outras partes do CLG. Por exemplo, no fim do capítulo III da Primeira Parte – "linguística estática e linguística evolutiva" – lê-se: "é na fala que se acha o germe de todas as modificações: cada uma delas é lançada, a princípio, por um certo número de indivíduos, antes de entrar em uso" (CLG, p.115). Ou antes, ainda: "historicamente o fato da fala vem sempre antes" (CLG, p.27).

Saussure enuncia algo que tem valor de princípio teórico-metodológico aqui: "nada entra na língua sem ter sido antes experimentado na fala" (CLG, p.196). Para que *honor* se torne um substituto possível de *honōs* é preciso que uma pessoa, um indivíduo, o tenha proferido: "foi preciso que uma primeira pessoa o improvisasse, que outras a imitassem e o repetissem, até que se impusesse ao uso" (CLG, p.196). É na esfera da *fala*, *à margem da língua*, que o fenômeno da analogia deve ser primeiramente buscado. Porém, duas distinções devem ser feitas:

> 1º a compreensão da relação que une as formas geradoras entre si; 2º o resultado sugerido pela comparação, a forma improvisada pelo falante para a expressão do pensamento. **Somente esse resultado pertence à fala.** (CLG, p.192, grifos nossos)

Se bem entendemos as distinções presentes nessa citação, a primeira diz respeito à *língua*; a segunda à *fala*. Uma não ocorre sem a outra, logo, são inseparáveis.

Se *na analogia tudo é gramatical* (CLG, p.192) isso somente se pode entender se acrescentarmos que a criação pertence à *fala* a partir do que há na *língua*. Ela pertence à *fala* porque é *obra ocasional de uma pessoa isolada* (CLG, p.192); ela é de ordem gramatical porque supõe as relações das formas entre si.

Porém, o CLG é ambíguo, nesta parte, uma vez que acrescenta a essa passagem, uma afirmação, à primeira vista, estranha: "a analogia nos ensina [...] a separar a língua da fala" (CLG, p.192). O estranhamento aumenta quando lemos a continuação dessa mesma afirmação: "ela [a analogia] nos mostra a segunda [a fala] como dependente da primeira [a língua] e nos faz tocar com o dedo o jogo do mecanismo linguístico" (CLG, p.192). Na primeira citação é afirmada a separação *língua/fala* no fenômeno da analogia; na segunda, é a dependência entre ambas que é afirmada.

Na verdade, Saussure considera que simultaneamente há separação e indissociabilidade. Há separação do ponto de vista da construção dos objetos científicos; há indissociabilidade do ponto de vista da realização empírica.

Além disso, o *processo gerador* que é a analogia não se produz apenas no momento em que se dá a criação analógica, mas os elementos já estão dados na *língua*.

> uma parte toda do fenômeno se realiza antes que se veja aparecer a forma nova. **A atividade contínua da língua**, a decompor unidades que lhe são dadas, contém em si não somente todas as possibilidades de um falar conforme ao uso, mas também todas as possibilidades das formações analógicas. (CLG, p.192, grifos nossos)

É isso que o exemplo a seguir ilustra:

> Uma palavra que eu improvise, tal como *in-decor-ável*, já existe em potência na língua; encontramos-lhe todos os elementos em sintagmas como *decor-ar*, *decor-ação* : *perdo-ável*, *manej-ável* : *in-consciente*, *in-sensato* etc., e **sua realização na fala** é um fato insignificante em comparação com a possibilidade de formá-la. (CLG, p.193, grifos nossos)

Nessas passagens, nada há de separação entre a *língua* e a *fala*. Elas são indissociáveis: "Toda criação deve ser precedida de uma comparação inconsciente dos materiais depositados no tesouro da língua" (CLG, p. 192). E, como sabemos, a indissociabilidade *língua/fala* é reafirmada em várias passagens do CLG mesmo naquelas em que a analogia não é o ponto de estudo.

Se nosso raciocínio estiver certo, ou seja, se a analogia é exatamente um fenômeno que ilustra a indissociabilidade *língua/fala*, então a ideia de que *a analogia ensina a separar língua e fala*, presente no CLG, deve ser lida com alguma precaução. Essa separação deve ser vista somente do ponto de vista da circunscrição de um objeto. Apenas desse ponto de vista é possível ver o que é da ordem de uma e o que é da ordem da outra com nitidez.

No CLG, a relação *língua/fala* quanto à analogia é também explicitada no primeiro parágrafo do capítulo "Analogia e Evolução". Nele, Saussure recorre à fala infantil para ilustrar que, se é bem verdade que muitas criações analógicas entram na *língua*, também não é menos comum criações que não têm esse mesmo fim: "a todo instante, encontramos combinações analógicas sem futuro, que a língua provavelmente não adotará" (CLG, p.196). Para ele, "a linguagem das crianças está cheia delas, porque as crianças conhecem mal o uso e ainda não lhe estão sujeitas; as crianças francesas dizem *viendre* por *venir*, *mouru* por *mort* etc." (CLG, p.196).

Esse exemplo é utilizado para tratar da interdependência *língua/fala*: "todas essas inovações são, em si, perfeitamente regulares; explicam-se da mesma maneira que as que a língua aceitou" (CLG, p.196). E o exemplo é colocado no cálculo da quarta proporcional:

> *éteindrai* : *éteindre* = *viendrai* : X
> X = *viendre* (CLG, p.196)

Ora, podemos deduzir disso que se, por um lado, a criação analógica *só pode pertencer, de começo, à fala*, por outro lado, não é menos verdade que essas formações somente podem ser feitas em conformidade com a *língua*.

Conclusão

A determinação de um objeto para a linguística foi, sem dúvida, uma das principais contribuições de Ferdinand de Saussure para a linguística de nosso tempo. A distinção[3] *língua/fala* possibilitou a Saussure dar início ao estabelecimento do objeto da linguística.

Para ele, a *língua* é um sistema social, adotado pelos indivíduos, que permite o exercício dessa faculdade. *Língua* não é nem *linguagem* – "[...] é somente uma parte determinada e essencial dela" (CLG, p.17) –, nem *fala*. No entanto, como vimos, no CLG, o termo *fala* aparece empregado com diferentes significações, inclusive confundindo-se com *língua*.

Enfim, em termos de conclusão, esperamos ter mostrado que *fala* é um conceito fundamental da reflexão saussuriana presente no CLG[4] e que, estando ligado ao conceito de língua, complexifica as relações da criação linguística. A analogia é um claro testemunho disso: exemplos não faltam no CLG para se entender melhor esse aspecto criativo. Deixemos o leitor, ao menos, com um:

> de um lado, ouve-se dizer analogicamente em francês *finaux* por *finals*, o qual passa por ser mais regular; de outro, qualquer pessoa poderia formar o adjetivo *firmamental* e dar-lhe uma plural *firmamenteux*. Pode-se dizer que em *finaux* há mudança e em *firmamenteux* criação? **Nos dois casos há criação.** (CLG, p.191, grifos nossos)

Notas

1 Doravante, utiliza-se a sigla CLG para referir ao livro, inclusive nas citações, onde aparece seguida da página.

2 Intencionalmente, este estudo não estende seus propósitos às demais fontes saussurianas. Pensamos que ainda é tempo de reler o CLG.

3 Sabemos que o caráter opositivo da distinção é, inclusive, colocado de lado em passagens dos manuscritos. Mas estamos, conscientemente, limitados, neste estudo que fazemos, ao CLG.

4 Isso se confirma também em outras fontes de Ferdinand de Saussure.

Bibliografia

SAUSSURE, Ferdinand de. *Curso de linguística geral*. Trad. Antônio Chelini, José Paulo Paes e Izidoro Blikstein. São Paulo: Cultrix, 1975.

Os autores

Maria da Glória di Fanti

É doutora em linguística aplicada e estudos da linguagem (LAEL) pela Pontifícia Universidade Católica de São Paulo, com doutorado-sanduíche no Departamento de Ergologia na Universidade de Provence (França), e mestre em letras pela Universidade Federal de Santa Maria. Atualmente é professora do Departamento de Estudos Linguísticos e do Programa de Pós-Graduação em Letras da Pontifícia Universidade Católica do Rio Grande do Sul, atuando nas linhas de pesquisa teoria e uso da linguagem e fundamentos linguístico-literários da linguagem. É líder do grupo de pesquisa "Tessitura: vozes em (dis)curso" (CNPq) e coordenadora do GT "Linguagem, enunciação e trabalho" da ANPOLL.

Leci Borges Barbisan

É mestre em língua portuguesa pela Universidade Federal do Rio Grande do Sul, doutora em *didactique des langues* pela Université de Grenoble III, França, e pós-doutora pela École des Hautes Études en Sciences Sociales de Paris. É professora titular da Pontifícia Universidade Católica do Rio Grande do Sul, onde atua na área da semântica linguística, desenvolvendo atualmente estudos e pesquisas concernentes a discurso, com apoio na Teoria da Argumentação na Língua e na Teoria dos Blocos Semânticos, criadas por Oswald Ducrot e Marion Carel. É autora de artigos e capítulos de livros e bolsista Produtividade em Pesquisa do CNPq.

Aracy Ernst Pereira

É mestre e doutora em linguística e letras pela Pontifícia Universidade Católica do Rio Grande do Sul. Realizou estágio pós-doutoral na Universidade de Paris III, Sorbonne-Nouvelle, desenvolvendo o trabalho *O discurso proverbial e o discurso das alterações. Elementos para uma análise semântico discursiva*. Atualmente é professora titular da Universidade Católica de Pelotas. Tem experiência na área de linguística, com ênfase em teorias da enunciação e análise de discurso.

Diana Pessoa de Barros

É mestre pela Universidade de Paris III e doutora e livre-docente pela Universidade de São Paulo (USP). Realizou estágios de pós-doutoramento na École des Hautes Études en Sciences Sociales em Paris. Professora do Departamento de Linguística da Faculdade de Filosofia, Letras e Ciências Humanas da USP e do Programa de Pós-Graduação em Letras da Universidade Presbiteriana Mackenzie, orienta teses de doutorado e dissertações de mestrado nas duas universidades. Foi representante da área de linguística no Comitê de Letras e Linguística do CNPq. Publicou livros, capítulos de livros e artigos em periódicos especializados, em anais de congressos, no Brasil e no exterior, principalmente nas áreas de teoria e análise do discurso e do texto, análise da conversação, estudos da língua falada, semiótica narrativa e discursiva e história das ideias linguísticas. É bolsista de produtividade em pesquisa nível 1 do CNPq.

Dominique Maingueneau

É professor de linguística na Universidade Paris-Est Créteil, onde participa das atividades do CEDITEC (Centro de estudos do discurso, textos escritos, imagens, comunicações). Inscreve-se na tradição francesa da análise do discurso, privilegiando as contribuições de M. Foucault, da pragmática e das teorias da enunciação linguística. Desde os anos 1990, interessa-se principalmente pelos "discursos constituintes" (filosófico, religioso, científico, literário...), que legitimam, em última instância, o conjunto de práticas de uma sociedade. No Brasil, publicou diversas obras, entre elas *Dicionário de análise do discurso* (organizado com Patrick Charaudeau) e *Discurso literário*, editadas pela Contexto.

José Gaston Hilgert

É doutor em letras – filologia e língua portuguesa – pela Universidade de São Paulo e pós-doutor pela Universidade de Freiburg (Alemanha) e pelo Institut für Deutsche Sprache (IDS), Mannheim (Alemanha). Atualmente é professor e coordenador do Programa de Pós-Graduação em Letras da Universidade Presbiteriana Mackenzie. Atua na área de linguística, com ênfase em estudos da enunciação e na descrição do português falado do Brasil. Em seu currículo Lattes, os termos mais frequentes na contextualização da produção científica são: análise da conversação, compreensão, descrição do português falado, ensino do português, enunciação, estratégias de construção do texto falado, interação, leitura e interpretação textual, língua falada, paráfrase, problemas de compreensão. É bolsista de produtividade em pesquisa do CNPq.

José Luiz Fiorin

É mestre em Linguística pela Universidade de São Paulo e doutor em linguística pela mesma Universidade. Fez pós-doutorado na École des Hautes Études en Sciences Sociales de Paris e na Universidade de Bucareste e livre-docência em teoria e análise do texto na Universidade de São Paulo. Atualmente é professor-associado do Departamento de Linguística da FFLCH da Universidade de São Paulo. Foi membro do Conselho Deliberativo do CNPq e representante da área de letras e linguística na CAPES. Além de muitos artigos em revistas especializadas e capítulos de livros, publicou diversas obras, entre as quais *Em busca do sentido: estudos discursivos*, *Elementos de análise do discurso*, *Introdução à linguística I* e *II*, todas publicadas pela Contexto.

Maria Cecília Souza-e-Silva

É professora-pesquisadora do Programa de Pós-Graduação em Linguística Aplicada e Estudos da Linguagem (LAEL) da Pontifícia Universidade Católica de São Paulo. Fez mestrado e doutorado nessa mesma universidade e pós-doutorado na Université Sorbonne Nouvelle – Paris III. Coordenou o Departamento de Português, o curso de língua e literatura portuguesas e o Programa de Pós-Graduação em Língua Portuguesa. Coordenou, ainda, o acordo bilateral com a França *Atividades de Linguagem em situação de trabalho* e o GT da ANPOLL "Linguagem, enunciação e trabalho". É líder do grupo de pesquisa Atelier Linguagem e Trabalho (certificado pelo CNPq) e bolsista produtividade em pesquisa nível 1 do CNPq. Autora de artigos publicados em revistas especializadas, colaboradora em obras coletivas, coautora de obras didáticas e tradutora de livro e artigos na área de análise do discurso. Pela Editora Contexto publicou como coautora *Comunicação e análise do discurso* e como coorganizadora *Texto ou discurso?*.

Marlene Teixeira

É mestre e doutora em letras pela Pontifícia Universidade Católica do Rio Grande do Sul, professora no curso de letras e no Programa de Pós-Graduação em Linguística Aplicada da Universidade do Vale do Rio dos Sinos (PPG/LA, UNISINOS, RS), bolsista produtividade em pesquisa do CNPq. Coordena o grupo de estudos "Enunciação em Perspectiva" (GEEP), que tem por objetivo estabelecer princípios norteadores de uma análise enunciativa no campo aplicado. É autora de diversos artigos, capítulos de livros e livros, e foi coorganizadora de *Introdução à linguística da enunciação* e *Dicionário de linguística da enunciação*, ambos publicados pela Contexto.

Rosângela Hammes Rodrigues

É mestre em linguística pela Universidade Federal de Santa Catarina e doutora em linguística aplicada e estudos da linguagem pela Pontifícia Universidade Católica de São Paulo. Atualmente, é professora-associada da UFSC e coordenadora do Programa de Pós-Graduação em Linguística da mesma universidade. É editora geral da revista *Working Papers em Linguística* e coordenadora do Núcleo de Estudos em Linguística Aplicada (NELA). Tem experiência na educação básica e no ensino superior, com ênfase em linguística aplicada, atuando principalmente nos seguintes temas: gêneros do discurso, ensino-aprendizagem de língua materna, produção textual, letramento, metodologia de ensino do português, formação de professores, análise dialógica do discurso, linguística textual, Círculo de Bakhtin.

Tânia Maris de Azevedo

É mestre e doutora em letras – linguística aplicada – pela PUC-RS; professora do corpo permanente do Programa de Pós-Graduação em Educação – mestrado –, e do curso de letras, da Universidade de Caxias do Sul; pesquisadora nas áreas de educação e letras, mais especificamente, no que diz respeito às relações ensino, aprendizagem e linguagem, à formação de conceitos, à semântica argumentativa, à enunciação e aos gêneros de texto. Autora de diversas publicações, produziu alguns verbetes do *Dicionário de linguística da enunciação* publicado pela Contexto.

Telisa Furlanetto Graeff

É doutora em letras pela Pontifícia Universidade Católica do Rio Grande do Sul e pós-doutora pelo Centre de Recherches sur les Arts et le Langage, da École des Hautes Études en Sciences Sociales, Paris, sob a orientação da *maître de conférences* (HDR) *à* l'EHESS, Marion Carel. Foi professora da Universidade Federal do Rio Grande do Sul e da Pontifícia Universidade Católica do Rio Grande do Sul. É professora titular da Universidade de Passo Fundo, onde atua na graduação e no Programa de Pós-Graduação em Letras. Suas publicações revelam tanto a preocupação com temas vinculados à formação do leitor e do produtor de textos quanto com a análise de textos, nas perspectivas da linguística textual e da semântica argumentativa, especialmente das Teorias da Polifonia e dos Blocos Semânticos a cujo estudo tem se dedicado ultimamente.

Valdir do Nascimento Flores

É doutor em linguística pela Pontifícia Universidade Católica do Rio Grande do Sul e tem pós-doutorado nas Universidades de Paris XII-Val-de-Marne e Paris X-Nanterre. É bolsista produtividade em pesquisa do CNPq e professor-associado de linguística e língua portuguesa do curso de graduação em letras da Universidade Federal do Rio Grande do Sul, e professor e orientador do Programa de Pós-Graduação em Letras da mesma universidade. É autor de livros, capítulos de livro e artigos, tanto em âmbito nacional como internacional. Destacam-se pela Editora Contexto: *Introdução à linguística da enunciação*, *Enunciação e gramática* e *Dicionário de linguística da enunciação*.

NOVA GRAMÁTICA DO PORTUGUÊS BRASILEIRO

Ataliba T. de Castilho

A *Nova gramática do português brasileiro*, de Ataliba Castilho, não é "mais uma gramática", por vários e bons motivos: em vez de ser uma gramática da língua portuguesa, assume ser a gramática do português falado por quase 200 milhões de indivíduos no Brasil; é a obra da vida de um dos mais importantes linguistas que o país já produziu, Ataliba Castilho, da USP, Unicamp, pesquisador do CNPq, consultor do Museu da Língua Portuguesa, líder de importantes equipes que vêm mapeando a fala brasileira. O livro procura dotar os brasileiros de um certificado a mais à sua identidade. Não se trata de um certificado qualquer, pois é na língua que se manifestam os traços mais profundos do que somos, de como pensamos o mundo, de como nos dirigimos ao outro. Faltava clarificar a gramática do português brasileiro, para dar status científico a essa percepção. É o que se faz neste livro, fruto de cinquenta anos de pesquisas, desenvolvidas nas três universidades oficiais paulistas e em várias universidades do exterior. Esta não é uma gramática-lista, cheia de classificações, que começam pela Fonética, atravessam a Morfologia e perdem o fôlego na Sintaxe. Nesta obra, o autor focalizou o que se esconde por trás das classificações, identificando os processos criativos do português brasileiro que conduziram aos produtos listados. Ultrapassa-se a barreira da descrição, encaminhando o olhar para o que ocorre também na linguagem mental, pré-verbal. Ultrapassa-se a fronteira da sentença, pois o trabalho tem início no texto.

Leia também

O funcionalismo linguístico considera a linguagem sob uma perspectiva interacional e incorpora, assim, as intenções comunicativas dos interlocutores às descrições. Essa corrente teórica, uma das mais influentes das áreas de Letras e Linguística, é esmiuçada por autores renomados do Brasil e do exterior nesta obra dividida em dois volumes – o primeiro de natureza teórica e o segundo com base descritiva.

FUNCIONALISMO LINGUÍSTICO **NOVAS TENDÊNCIAS TEÓRICAS**

Edson Rosa de Souza (org.)

Neste primeiro volume, Ataliba Teixeira de Castilho, Mário Eduardo Martelotta, J. Lachlan Mackenzie, Kees Hengeveld, entre outros importantes linguistas, discutem diversas questões ligadas ao estudo da linguagem pelo viés de teorias funcionalistas – muitas vezes dialogando com outras abordagens teóricas –, promovendo e ampliando, assim, o debate na área acadêmica e contribuindo para divulgar as novas tendências teóricas e desenvolvimentos da pesquisa sobre o funcionalismo.

FUNCIONALISMO LINGUÍSTICO **ANÁLISE E DESCRIÇÃO**

Edson Rosa de Souza (org.)

Neste segundo volume, os diversos temas tratados ao longo dos capítulos refletem as várias possibilidades de estudo da linguagem admitidas pelo funcionalismo e revelam a riqueza da linguística funcionalista brasileira aplicada em pesquisa.

Os autores aqui reunidos, todos especialistas na área, atestam que existem técnicas válidas para desvendar a influência determinante da comunicação sobre a gramática, a organização do discurso e a mudança das línguas, divulgando novos conhecimentos não só sobre a língua portuguesa, mas também sobre línguas indígenas.

GRÁFICA PAYM
Tel. (011) 4392-3344
paym@terra.com.br